Die Baby-Bibel für vielbeschäftigte Eltern [2 in 1]

Alles, was Sie brauchen, um empfindliche Kinder zu erziehen und Kinder Schlaflosigkeit ohne Stress zu heilen [The Baby Bible: Baby Sleep Training and Toddler Discipline, German Version]

Amanda La Bianca

Text Copyright © Alle Rechte vorbehalten. Kein Teil dieses Leitfadens darf ohne schriftliche Genehmigung des Herausgebers in irgendeiner Form reproduziert werden, mit Ausnahme von kurzen Zitaten, die in kritischen Artikeln oder Rezensionen enthalten sind.

Rechtliches & Haftungsausschluss

Die in diesem Buch enthaltenen Informationen und sein Inhalt sind nicht dazu gedacht, irgendeine Form von medizinischer oder professioneller Beratung zu ersetzen oder an deren Stelle zu treten; und sie sind nicht dazu gedacht, die Notwendigkeit einer unabhängigen medizinischen, finanziellen, rechtlichen oder anderen professionellen Beratung oder Dienstleistung zu ersetzen, wie sie möglicherweise erforderlich ist. Der Inhalt und die Informationen in diesem Buch wurden ausschließlich zu Bildungs- und Unterhaltungszwecken bereitgestellt.

Die in diesem Buch enthaltenen Inhalte und Informationen wurden aus als zuverlässig erachteten Quellen zusammengestellt und sind nach bestem Wissen und Gewissen des Autors korrekt. Der Autor kann jedoch nicht für die Richtigkeit und Gültigkeit garantieren und kann nicht für etwaige Fehler und/oder Auslassungen haftbar gemacht werden. Darüber hinaus werden an diesem Buch regelmäßig Änderungen vorgenommen, wenn dies erforderlich ist. Wo es angemessen und/oder notwendig ist, müssen Sie einen Fachmann konsultieren (einschließlich, aber nicht beschränkt auf Ihren Arzt, Anwalt, Finanzberater oder einen anderen professionellen Berater), bevor Sie die in diesem Buch vorgeschlagenen Heilmittel, Techniken oder Informationen anwenden.

Mit der Verwendung der in diesem Buch enthaltenen Inhalte und Informationen erklären Sie sich damit einverstanden, den Autor von jeglichen Schäden, Kosten und Ausgaben, einschließlich eventueller Anwaltskosten, freizustellen, die sich aus der Anwendung der in diesem Buch enthaltenen Informationen ergeben könnten. Dieser Haftungsausschluss gilt für alle Verluste, Schäden oder Verletzungen, die durch die Nutzung und Anwendung, ob direkt oder indirekt, der vorgestellten Ratschläge oder Informationen verursacht werden, sei es aufgrund von Vertragsbruch, unerlaubter Handlung, Fahrlässigkeit, Körperverletzung, kriminellem Vorsatz oder aus einem anderen Grund.

Sie erklären sich damit einverstanden, alle Risiken bei der Verwendung der in diesem Buch enthaltenen Informationen zu übernehmen.

Sie erklären sich damit einverstanden, dass Sie durch die weitere Lektüre dieses Buches, wo es angebracht und/oder notwendig ist, einen Fachmann zu Rate ziehen (einschließlich, aber nicht beschränkt auf Ihren Arzt, Anwalt oder Finanzberater oder einen anderen Berater nach Bedarf), bevor Sie eines der vorgeschlagenen Heilmittel, Techniken oder Informationen in diesem Buch anwenden.

INHALTSVERZEICHNIS

Baby-Schlaf-Training

EINLEITUNG 13

Kapitel 1: Lernen, dass Schlaf wichtig ist 15

    Warum Baby-Schlaf so wichtig ist 17

    Schlaftraining für Ihr Baby 20

    Auswahl des richtigen Bettes 20

    Schlafen mit Ihrem Baby 21

    Schlaf Baby Schlaf 22

    Baby-Schlaf-Techniken 24

    Säugling versus Baby. 26

    Die Ferber-Methode. 27

    Die Methode der stetigen Elternentfernung. 27

    Die Aufschrei-Methode. 28

    KLEINKIND-SCHLAF-TRAININGSTECHNIKEN 28

    Die Auswirkungen des Schlaftrainings 30

    Baby Schlafen Tipps und Anforderungen 32

    Kleinkinder 33

    3 bis 6 Monate 33

    6 Monate bis 1 Jahr 33

Kapitel 2: Lernen Sie das Schlafverhalten von Neugeborenen .. 36

Kapitel 3: Studieren Sie die Schlafstadien und Schlafzyklen 39

Kapitel 4: Einen schlaffreundlichen Raum schaffen 50

Was ist SIDS? 53

Kapitel 5: Eine Routine etablieren 56

"Gähnen 59

NICHT ZU KURZ, NICHT ZU LANG. Mit einer 63

HALTEN SIE DIE BADEZEIT GETRENNT VOM 63

Kapitel 6: Umgang mit nächtlichem Erwachen 65

Gesunde Schlafgewohnheiten des Babys verwalten 73

Warum Baby nachts aufwacht und nicht schlafen will 80

Kapitel 7: Wichtigkeit der Fütterung 84

Kapitel 8: Zeitplan Fütterungszeitpunkte 90

Kapitel 9: Auf Mama aufpassen 92

Kapitel 10: Achten Sie auf die richtige Ernährung 97

Kapitel 11: Versuchen Sie, Ihren Schlaf mit dem Neugeborenen in Einklang zu bringen 107

Den ganzen Tag durchschlafen 108

Das Baby ist das Zentrum der Dinge 109

Das Schlafverhalten von Babys verstehen 109

POLYPHASISCHER SCHLAF 111

Wie es funktioniert 111

Vorteile 112

Schlafgewohnheiten von Baby und Mutter 113

Kapitel   Lernen Sie Ihre Verantwortlichkeiten 117

Kapitel 13: Periodische Bewegungsstörungen der
Gliedmaßen und ihre Behandlungen 130

   Wann beginnt eine Schlafstörung? 131

   So beugen Sie Schlafstörungen vor 134

Kapitel 14: Was ist Schlaflähmung? 137

Kapitel 15: Nocturie als häufige Schlafstörung verstehen 140

Kapitel 16: Ein Überblick über das Sleep Talking 142

Kapitel 17: Wie gehe ich mit Schnarchen um? 145

SCHLUSSFOLGERUNG 148

Töpfchentraining für neugeborene Superhelden

Einführung 153

Herausforderungen eines neuen Elternteils 155

   Entwöhnung 156

   Stillen beenden 157

   Umstellung auf gesundes Essen 158

   Auto-Ablasshandel 159

   Temperierung von Wutanfällen 160

   Wutanfall-Typen 161

   Abrechnung 162

   Vermeiden von Nachteilen 162

   Bewältigungstricks 163

Führen Sie Ihr Kind durch die Komplexität des Wachstums 163

Zonen in der Entwicklung: Alter 2 bis 4 168

Grenzen setzen 168

Essen und Verhalten bei den Mahlzeiten 169

Zonen in der Entwicklung: Alter 5 bis 8 171

Auf dem Weg zum Training 172

Test zum Schreiben 173

Probleme mit allgemeinem Verhalten: Wann sollten Sie Hilfe suchen? 174

Ausagieren von Verhaltensweisen 175

Sorgen und Ängste 178

Der Prozess der professionellen Hilfe 181

Wie kann ich durchsetzungsfähig sein und nicht die Fassung verlieren 182

Abschaffung von Bestrafung und Einführung von positiver Disziplin 185

Grundgesetze zur effizienten Elternschaft 196

Automatische vs. absichtliche Disziplinierung 199

Anwendung der Montessori-Methode zur Disziplinierung Ihres Kindes 229

Allgemein 262

Ordnungsgemäße Methodik 269

Nassspülbare Pads 269

Papier für das Bad 270

Spülen lernen 271

Lernen, die Hände zu reinigen 271

Fazit **275**

Baby-Schlaf-Training

Die No-Cry Lösungen für Neugeborene und Kleinkinder, um Ihrem Kind beizubringen, mit dem Weinen aufzuhören, die ganze Nacht zu schlafen und die Disziplin zu verbessern. Schritt-für-Schritt-Plan, um Eltern zu ermüden und ihre tägliche Routine zu verbessern

Amanda La Bianca

INHALTSVERZEICHNIS

EINLEITUNG 13

Kapitel 1: Lernen, dass Schlaf wichtig ist 15

    Warum Baby-Schlaf so wichtig ist 17

    Schlaftraining für Ihr Baby 20

    Auswahl des richtigen Bettes 20

    Schlafen mit Ihrem Baby 21

    Schlaf Baby Schlaf 22

    Baby-Schlaf-Techniken 24

    Säugling versus Baby. 26

    Die Ferber-Methode. 27

    Die Methode der stetigen Elternentfernung. 27

    Die Aufschrei-Methode. 28

    KLEINKIND-SCHLAF-TRAININGSTECHNIKEN 28

    Die Auswirkungen des Schlaftrainings 30

    Baby Schlafen Tipps und Anforderungen 32

    Kleinkinder 33

    3 bis 6 Monate 33

6 Monate bis 1 Jahr 33

Kapitel 2: Lernen Sie das Schlafverhalten von Neugeborenen 36

Kapitel 3: Studieren Sie die Schlafstadien und Schlafzyklen 39

Kapitel 4: Einen schlaffreundlichen Raum schaffen 50

Was ist SIDS? 53

Kapitel 5: Eine Routine etablieren 56

"Gähnen 59

NICHT ZU KURZ, NICHT ZU LANG. Mit einer 63

HALTEN SIE DIE BADEZEIT GETRENNT VOM 63

Kapitel 6: Umgang mit nächtlichem Erwachen 65

Gesunde Schlafgewohnheiten des Babys verwalten 73

Warum Baby nachts aufwacht und nicht schlafen will 80

Kapitel 7: Wichtigkeit der Fütterung 84

Kapitel 8: Zeitplan Fütterungszeitpunkte 90

Kapitel 9: Auf Mama aufpassen 92

Kapitel 10: Achten Sie auf die richtige Ernährung 97

Kapitel 11: Versuchen Sie, Ihren Schlaf mit dem Neugeborenen in Einklang zu bringen 107

Den ganzen Tag durchschlafen 108

Das Baby ist das Zentrum der Dinge 109

Das Schlafverhalten von Babys verstehen 109

POLYPHASISCHER SCHLAF 111

Wie es funktioniert 111

Vorteile 112

Schlafgewohnheiten von Baby und Mutter 113

Kapitel   Lernen Sie Ihre Verantwortlichkeiten 117

Kapitel 13: Periodische Bewegungsstörungen der Gliedmaßen und ihre Behandlungen 130

Wann beginnt eine Schlafstörung? 131

So beugen Sie Schlafstörungen vor 134

Kapitel 14: Was ist Schlaflähmung? 137

Kapitel 15: Nocturie als häufige Schlafstörung verstehen 140

Kapitel 16: Ein Überblick über das Sleep Talking 142

Kapitel 17: Wie gehe ich mit Schnarchen um? 145

SCHLUSSFOLGERUNG 148

EINLEITUNG

Für den Anfang, müssen Sie nicht vergessen, wo die Kinder kommen aus. Noch vor kurzem entwickelte sich das Baby unter sehr sanften Bedingungen - im Mutterleib. Er kannte weder Hunger, noch Durst, noch Kälte, noch laute Geräusche, noch Müdigkeit, noch Tageslicht. Er war nie allein - die Bewegungen seiner Mutter haben ihn immer wieder eingelullt. Und nun liegt vor ihm die ganze Welt, die er zu erschließen hat.

Niemand redet davon, die Bedingungen in dem Haus wiederholen zu wollen, in dem das Kind im Bauch der Mutter war. Es hat dieses Haus bereits verlassen, und es gibt kein Zurück mehr; es wird sich an seinen neuen Lebensraum anpassen müssen. Allerdings wird es dem Baby viel leichter fallen, wenn wir ihm diesen Übergang erleichtern.

Wir wissen, wie friedlich sich das Kind fühlt, wenn Mama oder Papa den Kopf auf seine Brust legen. Wir wissen auch sehr gut, wie gereizt es auf laute Geräusche oder plötzliche Bewegungen reagiert. Sorgen Sie dafür, dass das Kind es bequem hat, dass es nicht lange warten muss, wenn es essen möchte, achten Sie auf seine Temperatur - all das gehört zur Pflege, die es braucht.

Säuglinge brauchen über einen langen Zeitraum hinweg Hilfe; sie sind nicht in der Lage, ihre eigenen Bedürfnisse zu befriedigen - sowohl körperliche als auch emotionale. In der Nähe der Mutter beginnt das Kind allmählich, für sich und seinen eigenen Körper die Trennung von der Mutter zu entdecken. Deshalb,

Körperkontakt ist besonders in den ersten Lebensmonaten und -jahren sehr wichtig. Das Kind fühlt sich beschützt und schöpft in diesen Momenten den Mut, sich von den Eltern zu entfernen und ruhig allein zu bleiben.

Die meiste Zeit des Tages schläft ein Neugeborenes, im Durchschnitt zwanzig Stunden - oder zumindest sechzehn bis zwanzig Stunden. Oft wacht es auf, weil es Hunger hat. Momente der Lebhaftigkeit dauern nur kurz an, das Kind ist fast immer aufgeregt, es weint oft. Ein sehr wichtiger Punkt in Bezug auf den Schlaf eines Neugeborenen ist, dass Sie nicht vergessen dürfen, dass das Baby bei unruhigem Schlaf fast sofort einschläft.

Kapitel 1: Lernen, dass Schlaf wichtig ist

Schlaf ... das ist etwas, das wir alle brauchen. Er ist entscheidend für Eltern, Babys, kleine Kinder und nun ja, für jeden! Tragischerweise bekommen eine beträchtliche Menge von uns nicht genug davon - unsere Babys eingeschlossen.

Wir alle brauchen ausreichende Mengen an Schlaf, um richtig zu funktionieren, und er ist besonders wichtig für die Entwicklung der Babys und jugendlichen Kinder. Es ist erwiesen, dass Erwachsene, denen der Schlaf verweigert wird, Probleme haben, sich zu konzentrieren und Leistung zu erbringen, und auf lange Sicht an geistigen und körperlichen Problemen leiden können. Wir können also nicht erwarten, dass ein Baby mit Schlafentzug auch funktioniert!

Schlaf ist grundlegend für die körperliche und geistige Erholung, ein funktionierendes unverletzliches Gerüst, die substanzielle Entwicklung und die kognitive Funktion. Ohne genügend Schlaf wird Ihr Baby unruhig, reizbar und traurig. Um die Situation noch zu verschlimmern, wird Schlafmangel in den frühen Stadien ihr längerfristiges Limit in Bezug auf einen tiefen, erholsamen Schlaf weiter beeinträchtigen.

Babys und Kinder, die nicht genug Schlaf bekommen, werden oft zu Unrecht als "anspruchsvoll" und "unberechenbar" bezeichnet, obwohl sie in Wirklichkeit zu erschöpft sind, um auch nur daran zu denken, richtig zu funktionieren. Es ist eine Selbstverständlichkeit, dass Babys, die unter diesem niedrigen Schlafqualität haben oft Eltern, die ebenfalls verbraucht und damit unfähig sind, ihre Kinder so wertzuschätzen, zu pflegen und zu unterstützen, wie sie es sich wünschen würden.

Wie aus einem aktuellen Bericht der National Sleep Association hervorgeht, haben über 70 % der neugeborenen Kinder und Babys ein Schlafproblem.

Wenn sie nicht behandelt werden, werden mehr als die Hälfte der Babys, die unter Schlafproblemen leiden, auch im Vorschul- und Schulalter Probleme haben.

Unzureichender Schlaf bei Babys und Kindern ist eine Gefahr für das Wohlbefinden, das Verhalten, die Denkweise, die Rücksichtnahme, das Gedächtnis und die Lernfähigkeit.

Einige Eltern haben das Gefühl, dass sie reizbare, verlassene Babys haben. "Mein Baby schreit den ganzen Tag, immer wenn es wach ist...natürlich ist es schwierig!" Unruhig - ja. Unaufhörlich reizbar - nein. Einige wenige Babys sind vielleicht empfindlicher und empfindlicher. Aber Babys, die so viel weinen, tun das auch, und das ist gut so. Wenn Sie davon ausgehen, dass es keine therapeutischen Unannehmlichkeiten gibt und dass ein Baby nicht gequält wird, kann es sein, dass Ihr Baby tagsüber weint, weil es im Grunde erschöpft ist. Unabhängig davon, ob er gelegentlich ein großes Nickerchen macht, wird dies nicht die allgemeine Schlafnot erklären, die für sein Wohlergehen so wichtig ist.

Also, zuallererst: Wenn Sie den Eindruck haben, dass Ihr Baby nicht die ausreichende Menge an Schlaf bekommt, um richtig zu funktionieren und rundum ausgeruht zu sein, ist das eine ideale Gelegenheit, sich um die Sache zu kümmern. Beobachten Sie sein Alltagsverhalten und stellen Sie sich ein paar Fragen:

Wie viele Nickerchen macht er pro Tag? Wie lang sind diese Nickerchen?

Wie lange bleibt er zwischen den Nickerchen wach?

Wie viel Schlaf würde er sagen, dass er am Abend bekommt?

Nachdem Sie die wesentlichen Beispiele Ihres Babys kennengelernt haben, müssen Sie möglicherweise bestimmte Teile seines täglichen Schlafs umgestalten, um zu gewährleisten, dass Ihr Baby gut ausgeruht und zufrieden ist

Warum Baby-Schlaf so wichtig ist

Schlaf ... das ist etwas, das wir alle brauchen. Er ist entscheidend für Eltern, Babys, kleine Kinder und nun ja, für jeden! Tragischerweise bekommen eine beträchtliche Menge von uns nicht genug davon - unsere Babys eingeschlossen.

Wir alle brauchen ausreichende Mengen an Schlaf, um richtig zu funktionieren, und er ist besonders wichtig für die Entwicklung dieser Babys und jugendlichen Kinder. Es ist erwiesen, dass Erwachsene, denen der Schlaf verweigert wird, Probleme mit der Fokussierung und Leistung haben und unter geistigen und körperlichen Problemen in der Zukunft leiden können.

Langstrecke. Wir können also nicht erwarten, dass ein Baby mit Schlafentzug auch funktioniert!

Schlaf ist grundlegend für die körperliche und geistige Erholung, ein funktionierendes unverletzliches Gerüst, die substanzielle Entwicklung und die kognitive Funktion. Ohne genügend Schlaf wird Ihr Baby unruhig, reizbar und traurig. Um die Situation noch zu verschlimmern, wird Schlafmangel in den frühen Stadien ihr längerfristiges Limit in Bezug auf einen tiefen, erholsamen Schlaf weiter beeinträchtigen.

Babys und Kinder, die nicht genug Schlaf bekommen, werden oft unangemessen als "anspruchsvoll" und "unberechenbar" bezeichnet, obwohl sie in Wirklichkeit zu erschöpft sind, um auch nur daran zu denken, richtig zu funktionieren. Es ist eine Selbstverständlichkeit, dass Babys, die unter dieser geringen Schlafqualität leiden, oft Eltern haben, die ebenfalls verbraucht und in diesem Sinne unfähig sind, ihre Kinder so zu schätzen, zu versorgen und zu unterstützen, wie sie es sich wünschen würden.

Wie aus einem aktuellen Bericht der National Sleep Association hervorgeht, haben über 70 % der neugeborenen Kinder und Babys ein Schlafproblem.

Wenn sie nicht behandelt werden, werden mehr als die Hälfte der Babys, die unter Schlafproblemen leiden, auch im Vorschul- und Schulalter Probleme haben.

Unzureichender Schlaf bei Babys und Kindern ist eine Gefahr für das Wohlbefinden, das Verhalten, die Denkweise, die Rücksichtnahme, das Gedächtnis und die Lernfähigkeit.

Einige Eltern haben das Gefühl, dass sie reizbare, verlassene Babys haben. "Mein Baby schreit den ganzen Tag, immer wenn es wach ist...natürlich ist es schwierig!" Unruhig - ja. Unaufhörlich reizbar - nein. Einige wenige Babys sind vielleicht empfindlicher und empfindlicher. Aber Babys, die so viel weinen, tun das auch, und das ist gut so. Wenn Sie annehmen, dass es keine therapeutischen Unannehmlichkeiten gibt und dass ein Baby nicht gequält wird, kann es sein, dass Ihr Baby tagsüber weint, weil es im Grunde erschöpft ist. Unabhängig davon, ob er gelegentlich ein großes Nickerchen macht, wird dies nicht die allgemeine Schlafnot erklären, die für sein Wohlergehen so wichtig ist.

Also, zuallererst: Wenn Sie den Eindruck haben, dass Ihr Baby nicht die ausreichende Menge an Schlaf bekommt, um richtig zu funktionieren und rundum ausgeruht zu sein, ist das eine ideale Gelegenheit, sich um die Sache zu kümmern. Beobachten Sie sein Alltagsverhalten und stellen Sie sich ein paar Fragen:

Wie viele Nickerchen macht er pro Tag? Wie lang sind diese Nickerchen?

Wie lange bleibt er zwischen den Nickerchen wach?

Wie viel Schlaf würde er sagen, dass er am Abend bekommt?

Nachdem Sie die wesentlichen Beispiele Ihres Babys kennengelernt haben, müssen Sie möglicherweise bestimmte Teile des täglichen Schlafs umgestalten, um zu gewährleisten, dass Ihr Baby gut ausgeruht und zufrieden ist.

Schlaftraining für Ihr Baby

Alle Menschen müssen schlafen. Schlafen ist wichtig, weil es dem Körper die Möglichkeit gibt, sich zu erholen und aufzuladen. Erwachsene brauchen 6 bis 8 Stunden Schlaf, um sich zu erholen, während Babys insgesamt 8 Stunden Schlaf in der Nacht und Ruhe während des Tages benötigen. Der Schlaf hat eine große Bedeutung in unserem Leben. Er beinhaltet die Erholung der Zellen, konditioniert das sensorische System und hilft allgemein bei der Entwicklung unseres Körpers, unseres Gehirns und unseres Wohlbefindens. Babys brauchen Schlaf, um Muskeln, Skelettstrukturen, die Gehirnfunktion und verschiedene Organe aufzubauen. Außerdem ermöglicht der Schlaf dem Körper die Regeneration von Fingernägeln, Zehennägeln, Haaren und Haut. Schlaf animiert die Entwicklung Ihres Babys, und wenn dies erreicht ist, kann Ihr Baby ein gesundes Leben erreichen.

Auswahl des richtigen Bettes

Es ist empfehlenswert, eine geschützte Schlafumgebung für Ihr Baby einzurichten, noch bevor es nach Hause kommt. Sie können ein bezauberndes Bettchen und Bettlaken in verschiedenen Geschäften kaufen. Die Mitarbeiter in den Babyfachgeschäften können Sie über die besten Bettwaren für Ihr Baby informieren. Damit Ihr Baby gut schläft, sollte das Bett oder

den muss sich perfekt anfühlen. Ihr Baby muss ein angenehmes Bett und eine ruhige Situation haben, um die Ruhe zu fördern.

Der Komfort des Bettes Ihres Babys ist nur ein Anliegen. Eine andere ist, dass es ihm Sicherheit geben sollte, um einen guten Schlaf zu bekommen. Die Bettwäsche sollte für die empfindliche Haut Ihres Babys angenehm und zart sein. Eine unangenehme oder gar zu kuschelige Schicht mindert den Trost Ihres Babys in diesem Sinne. Das stört den Schlaf. Das Bettchen sollte ebenfalls gut für die Augen Ihres Babys sein. Es gibt heute eine große Auswahl an brillanten Plänen und Texturen auf dem Markt, die die Auswahl von qualitativ hochwertigem Bettzeug zu einer lustigen und einfachen Aufgabe für die Betreuer macht.

Schlafen mit Ihrem Baby

Die günstige Grundposition beim Schlafen mit Ihrem Baby ist die erweiterte Haltezeit. Das ist vorteilhaft für Sie, denn es ist alles andere als schwierig, Ihr Baby an Ihrer Seite zu haben, besonders wenn Sie stillen, und die Nähe ist ermutigend für Ihr Baby. Wie Untersuchungen zeigen, haben Babys, die neben ihrer Mutter schlafen, weniger Schlafprobleme und weinen weniger. Co-Sleeping bietet Ihrem Baby Wärme, Geräusche, Düfte, Kontakt und andere taktile Reize, die Ihr Baby positiv reagieren lassen. Das Schlafen mit Ihrem Baby ist außergewöhnlich sicher und gewinnbringend. Allerdings hängt es von den individuellen Umständen ab. Wenn die Erziehungsberechtigten rauchen oder ungesetzliche Medikamente konsumieren, ist das Schlafen mit Ihrem Baby nicht sicher.

Wenn Sie nicht mit Ihrem Baby schlafen, setzen Sie es möglichen Gefahren aus, z. B. einem Unfall. Außerdem ist es immer ideal, eine feste, aber bequeme Schlafunterlage zu verwenden und die Verwendung von Unterlage und Bezügen einzuschränken. Dies könnte ebenfalls schwierig für Ihre Beziehung sein, da Sie vielleicht Ihrem Baby nahe stehen, aber weniger Ihrem Partner, da Sie das Baby als Barriere zwischen Ihnen und Ihrem Partner nutzen könnten. Das Schlafen mit Ihrem Baby erfordert besondere Vorsichtsmaßnahmen, um die Sicherheit des Babys zu gewährleisten.

Schlaf Baby Schlaf

Wie oft haben Sie das schon zu Ihrem Baby, sich selbst und dem Universum gesagt? Wenn es doch nur eine magische Lösung gäbe, um das Baby zum Schlafen zu bringen. Eine, die keine Vermittlung bezüglich eines Elternteils bietet und überhaupt nicht problematisch für das Baby zu lernen ist.

Das Baby könnte mit der Schlafqualität geboren werden, die sich auf geheimnisvolle Weise einstellt, wenn es aus dem Bauch heraus ist. Traurigerweise ist das nicht der Fall. Wir müssen uns einmischen, und das ist eine Fähigkeit, die ein Baby lernen muss. Haben Sie jemals den Ausdruck "schlafen wie ein Baby" gehört? Nun, ich weiß nicht, wie es Ihnen geht, aber nach dem, was ich gesehen habe, schlafen relativ wenige Kinder wie ein Baby, wenn sie geboren werden. Sicher, sie schlafen tagsüber und für kurze Zeit während der Nacht, aber meistens schlafen sie dann, wenn wir am besten damit umgehen könnten, dass sie wach sind und wach, wenn wir am besten damit umgehen könnten, dass sie schlafen.

Der am weitesten verbreitete Grund, warum ein Baby nicht schlafen will, ist, dass es nicht weiß, wie. Sie können auf uns, im Fahrzeug, mit einem Schnuller, durch Schütteln usw. einschlafen, können aber ohne unsere Hilfe nicht einschlafen. Mit den besten Absichten haben wir eine Situation geschaffen, in der es für unser Baby unmöglich ist, im Laufe der Nacht zu schlafen. Sie brauchen uns, um die Bedingungen wiederherzustellen, unter denen sie anfangs eingenickt sind. Wir brauchen uns nicht darüber zu ärgern, warum wir das zulassen, sondern wir sollten anfangen zu lernen, warum wir die Schlafbereitschaft unseres Babys verbessern müssen.

Wäre es eine gute Idee für uns, unserem Baby die Möglichkeit zu geben, bis spät in die Nacht zu schluchzen? Es ist unmöglich, nicht ein gewisses Maß an Weinen zu haben, wenn wir Baby-Schlaf-Arrangements durchführen. Es gibt ein paar Techniken, die kein Weinen anpreisen und dass wir unserem Kind nicht ermöglichen sollten, während der Schlafenszeit zu weinen, aber ich habe nicht beobachtet, dass diese Strategien robust sind, und ich konnte mich nicht auf sie konzentrieren. Es wurde viel Forschung über die mentale Seite des Erlaubens von etwas Weinen während des Schlaftrainings betrieben, und sie zeigt, dass es harmlos ist und keine langfristigen Auswirkungen hat. Unsere Babys können auf eine Weise kommunizieren, und das ist durch Weinen. Sie weinen, um ihre Enttäuschung über die Veränderung auszudrücken, nicht aus Unbequemlichkeit oder gebrochenem Herzen.

Es gibt eine Schritt-für-Schritt-Anleitung, die Sie durch das Schlaf-Training für Neugeborene mit einem vernachlässigbaren Maß an Weinen und der Fähigkeit, bei

Ihr Baby, bis es einschläft. Sie demonstrieren Ihrem Baby damit, dass Sie es nicht im Stich lassen, sondern mit ihm zusammenarbeiten, um ihm für den Rest seines Lebens einen gesunden Schlaf zu ermöglichen.

Kein Trainingsplan ist einfach; Sie sollten sich letztlich unterwerfen, aber erkennen, dass Ihr Baby mit Beharrlichkeit und Toleranz während dieser Zeit und tagsüber schlafen wird, wie es seinem Alter entspricht. Ich habe diesen Schritt für Schritt selbst angewandt und bin von den Ergebnissen begeistert. Ich habe zwei fröhliche, ausgeglichene und ausgeruhte Kleinkinder, und mein Lebensgefährte und ich genießen sie durchweg und können alle wie ein Baby schlafen.

Baby-Schlaf-Techniken

Wenn Sie ein anderes Elternteil sind, haben Sie wahrscheinlich nach Baby-Schlaf-Techniken gesucht, damit Ihr Säugling nachts besser einschläft. Sie sind nicht der Einzige! Zahlreiche unerfahrene Eltern haben mit Schlafproblemen zu kämpfen, und das geht in der Regel so lange, bis das Kind etwa ein Jahr alt ist, manchmal auch länger. Wenn Sie diese essentiellen Tipps befolgen, werden Sie sicherstellen, dass die dunklen Ringe unter Ihren Augen schnell verschwinden, und Sie werden sich in kürzester Zeit zunehmend gestärkt und kraftvoll fühlen.

Die wichtigste aller Baby-Schlaf-Techniken ist es, Ihr Baby so schnell wie möglich auf einen Zeitplan zu bringen

vernünftigerweise erwartet werden, und zwar zweifellos im Alter von etwa zwei Monaten. Der allgemeine Leitfaden ist, dem Muster für Ermutigung, Wickeln, Spielzeit und Mittagsschlaf für den Tag zu folgen, so dass Ihr Säugling mehr mit der täglichen Praxis vertraut wird und beginnt zu lernen, was als nächstes kommt im Prozess. Stellen Sie ungeachtet des Tagesablaufs auch einen Plan für die Nacht zusammen. Das kann so einfach sein wie ein Bad, gefolgt von einem Fläschchen, und dann legen Sie Ihren Liebling für die Nacht in die Koje. Befolgen Sie jeden Abend ähnliche Abläufe, und das Kleine wird nach und nach verstehen, dass nach dem Bad ein Fläschchen kommt, und danach ist es Zeit für den Schlaf.

Einige Baby-Schlaftechniken funktionieren für verschiedene Babys, aber vielleicht nicht für Ihres. Wie dem auch sei, ich empfehle, Ihr Baby auf jeden Fall in den ersten drei Monaten vor dem Schlafengehen zu wickeln. Es wirkt im Allgemeinen Wunder für Säuglinge, die die Gemütlichkeit und den Komfort brauchen, den sie im Bauch gewohnt waren. Legen Sie Ihr Kind stets auf dem Rücken schlafen, wie es die American Association of Pediatrics zur Vermeidung des plötzlichen Kindstods (SIDS) empfiehlt. Sie empfehlen ebenfalls, dass Babys nachts einen Schnuller verwenden, da dies ebenfalls die Gefahr von SIDS zu senken scheint.

Im Idealfall werden diese Baby-Schlaf-Techniken ermöglichen es Ihnen, nachts schrittweise zu bekommen shut-eye. Wenn nicht, sollten Sie sich daran erinnern, dass sie auf lange Sicht schlafen werden, wie

die Nacht fortschreitet - wir als Ganzes finden irgendwann heraus, wie es geht!

Der Versuch, Ihr Baby in der Nacht zur Ruhe zu bringen, kann ein Alptraum sein. Mütter und Väter haben unzählige schlaflose Nächte damit verbracht, zu versuchen, ihr Baby in ein Schlafmuster zu bringen, damit sie etwas Ruhe bekommen können. Die schreckliche Wahrheit ist, dass die Vorbereitung des Babyschlafs sowohl verwirrend als auch lähmend für die Eltern sein kann, die die Verpflichtung haben, das Baby zum Schlafen zu bringen. Ihr Baby zum Schlafen zu bringen, kann aus verschiedenen Blickwinkeln betrachtet werden, und das Schlafmuster eines Babys unterscheidet sich vom Schlafmuster eines Säuglings. Es ist sicher, dass Sie schlaflose Nächte damit verbringen, zu überlegen, wie Sie Ihr Baby zum Schlafen bringen? Brauchen Sie einen verdienten anständigen Schlaf? An diesem Punkt, hier sind ein paar Methoden, die es Ihrem Baby ermöglichen können, ein Schlafmuster zu entdecken, so dass Sie etwas Ruhe bekommen können.

Säugling versus Baby.

Wenn Sie anfangs mit Ihrem neuen Säugling aus dem Krankenhaus nach Hause kommen, werden Sie vielleicht feststellen, dass das Baby häufiger schläft als nicht. Säuglinge bleiben in der Regel zur

Aufrechterhaltung des Bewusstseins, und diese Routine ist nicht überraschend. Wie auch immer, je weiter sie sich entwickeln, desto mehr Stunden verbringen sie wach, und Sie werden eine Menge Schlaf verlieren, bis Sie Ihr Baby an ein Schlafmuster gewöhnen können. Das ist der Zeitpunkt, an dem die Eltern versuchen müssen, Interventionstechniken anzuwenden, um dem Baby zu ermöglichen, in ein allmählich angemessenes Schlafmuster überzugehen. Interventionstechniken funktionieren,

Doch welche Sie wählen, hängt von Ihren individuellen Umständen ab.

Die Ferber-Methode.

Die Anwendung der Ferber-Methode bedeutet, dass Ihr Baby, wenn es wach, aber bereit ist, sich auszuruhen, ins Bett gelegt wird und der Elternteil den Raum verlässt. Wenn das Baby schreit, kehrt der Elternteil fünf Minuten lang nicht in den Raum zurück. Wenn das Baby erneut schreit, wartet der Elternteil zehn Minuten, um zu reagieren. Dieser Vorgang wird wiederholt, einschließlich zusätzlicher Zeit zwischen den Pausen, in denen der Elternteil zurückkehrt, um das weinende Kleinkind zu beruhigen, bis es einschläft. In den darauffolgenden Nächten werden die Eltern die zusätzliche Zeit zum Hauptereignis machen und die Zeit, in der sie zurückkehren, erhöhen, bis das Baby schließlich herausfindet, wie es allein schlafen kann.

Die Methode der stetigen Elternentfernung.

Die Methode des ständigen Entfernens durch den Elternteil beinhaltet das Verbleiben bei Ihrem Baby, nachdem Sie es ins Bett gebracht haben. Der Elternteil wird zwei Nächte lang in der Nähe der Höhle sitzen, bis das Baby einschläft. In der dritten und vierten Nacht sitzt der Elternteil weiter weg vom Bett, bis das Baby erneut einschläft. Dieser Vorgang wird so lange wiederholt, bis der Elternteil nicht mehr im Zimmer ist und das Baby herausgefunden hat, wie es ohne die Anwesenheit einer anderen Person schlafen kann.

Die Aufschrei-Methode.

Bei der Schrei-Methode ist die Anordnung einfach: Legen Sie das Baby ins Bett und geben Sie ihm die Chance, sich in den Schlaf zu schreien. Diese Methode kann das Verlangen jedes aufmerksamen Elternteils auf die Probe stellen, der untätig dasitzen muss, während sein Kind lange Zeit schreit.

KLEINKIND-SCHLAF-TRAININGSTECHNIKEN

Vermeiden von Störungsstellen

Ich bin der Meinung, dass es die Aufgabe der Eltern ist, für die richtige Umgebung zu sorgen, wenn ihr Kleinkind zur Ruhe kommt. Die Schlafenszeit ist kein guter Zeitpunkt, um Ihr Kind oder Ihren Partner anzuschreien, lange Telefongespräche zu führen oder Ihrem Kleinkind nicht die nötige Aufmerksamkeit zu schenken. Nicht viele

Kinder schlafen gut, wenn sie sich angespannt, unglücklich oder abgewiesen fühlen.

Geben Sie Ihrem Kind von Anfang an das Gefühl, dass sein Bett ein Ort ist, an dem es sich sicher fühlen kann. Eltern können helfen, das Bett zu einem fröhlichen Ort zu machen, indem sie ein paar Lieblingsplüschtiere und eine niedliche Decke darauf legen. Versuchen Sie, das Kinderbett oder das Bett nicht als Bestrafung zu benutzen. Ihr Kleinkind wird keine liebevollen Assoziationen mit seinem Bett haben, wenn Sie es dorthin schicken, wenn es "böse" ist.

Wie dem auch sei, die bei weitem wichtigste Art und Weise, wie Eltern einem Kleinkind helfen können, ist, es herausfinden zu lassen, wie es alleine einschlafen kann. Zum Beispiel, wenn Sie Ihr Kind konsequent in den Schlaf geschaukelt haben,

Versuchen Sie, ihn zu halten, ihn allmählich zu streicheln und ihn danach abzusetzen, wenn seine Augen noch offen sind.

Wenn Sie Ihrer Tochter immer wieder die Möglichkeit gegeben haben, mit der Flasche einzuschlafen, versuchen Sie einmal, ihr die Flasche in einem abgedunkelten Raum zu geben und sie danach ohne die Flasche ins Bett zu bringen, bevor sie einschläft. Sagt ein Vater: "Unsere Tochter war so daran gewöhnt, mit der Flasche zu schlafen, dass sie, wenn sie in der Nacht überhaupt aufwachte, sofort schrie: 'Flasche'. Zu einem bestimmten Zeitpunkt bekam sie vier Flaschen pro Nacht! Sie hatte keine Ahnung, wie sie ohne Flasche einschlafen sollte."

Es überrascht nicht, dass Eltern, die zum ersten Mal Eltern werden, die meisten Probleme mit dem Schlaf haben. Es kann so schwer sein, ein kleines, kuscheliges Kind allein in der Ungewissheit zu lassen. "Es gab kein großartigeres Gefühl, als diesen winzigen Säugling zu spüren, wenn ich ihn in meinen Armen hielt und in den Schlaf schaukelte", sagt eine Mutter. Mit der Zeit empfinden die meisten Eltern die nächtliche Nähe ohnehin nicht mehr so sentimental.

Danach von der gleichen Mutter: "Meine Tochter fühlt sich nie wieder so toll in meinen Armen an, ich bin total erschöpft! Abgesehen davon, dass ich dieses dreißig Pfund schwere Kind nachts eine Stunde lang schaukeln muss, und wenn sie aufwacht, muss ich das immer wieder tun." Diese Mutter war an ihre Grenzen gestoßen. Innerhalb einer Woche hatte sie eine Kampagne gestartet, um ihre Tochter dazu zu bringen, in ihrem Kinderbett einzuschlafen.

Die Auswirkungen des Schlaftrainings

Angesichts der Tatsache, dass Experten für Babyschlaf-Training, Spezialisten und Betreuer alle eine Anleitung anbieten, wie man sein Baby zum Schlafen bringt, z. B. mit der Aufforderung, das Baby von 19 bis 7 Uhr schlafen zu lassen, ist es keine große Überraschung, dass sich zahlreiche Menschen darauf einlassen. Dieses Training widerspricht unseren Sinnen und ist, wie Sie vielleicht gesehen haben, entsetzlich zu ertragen. Ich akzeptiere, dass diese Anfänge im Leben die kritischsten sind, und Schlaftraining gefährdet enge Bindungen, Verbindungen und Vertrauen.

Wenn ein Baby weint, verlangt es nach Aufmerksamkeit. Weinen zeigt, dass das Baby sich unwohl fühlt (nass, heiß, kalt), hungrig ist, Schmerzen hat, Angst hat oder müde ist. Eine normale Reaktion des Menschen ist es, auf dieses Weinen zu reagieren, um sicherzustellen, dass wir auf dieses Bedürfnis eingehen. Das ist der Grund, warum wir es nicht ertragen können, wenn ein Baby weint und warum es eine Neigung gibt, zu helfen. Ein Baby wird aus diesen Gründen weinen. Wenn Sie sich um diese Probleme kümmern, wird es aufhören zu weinen.

Übermüdet - Wiegen Sie sie in einem dunklen Raum in Ihren Armen in den Schlaf.

Nasse Windel/Windel Kalt oder heiß

Wind Schmerz Zähne bekommen

Zerebrale Schmerzen, Fieber oder Krankheit

Nicht alle der oben genannten Probleme können schnell behoben werden; es hilft jedoch, sie in irgendeiner Weise zu verbessern, oder Sie bekommen vielleicht etwas, um sie abzumildern. Achten Sie auch nicht darauf, ob Sie eine Windel gewechselt haben, sondern schauen Sie noch einmal nach! Ein Baby kommt auf die Welt und weiß, dass es eine Mutter und eine enge Familie (den Vater mitgerechnet) hat, die sich um es kümmern und es versorgen. Viel mehr weiß es nicht von der Welt, denn es hat viel von Ihnen zu gewinnen. Wenn sie sich also in einem stillen, dunklen Raum befinden und entweder Angst haben oder sich unwohl fühlen und sie um Hilfe schreien, und niemand kommt. Sie schrien immer weiter und immer lauter, und trotzdem kam niemand. Was sagt ihnen das?

Dass, wenn sie von allen anderen getrennt sind und Angst haben oder Hilfe brauchen, niemand für sie da ist und sie allein auf dieser Welt sind. Wenn Sie eine Welt sehen, in der sich Menschen nicht um andere kümmern, denken Sie dann, dass das vielleicht daher kommt, dass sich andere nicht um sie gekümmert haben, als sie das erste Mal geboren wurden? Also, wenn Ihr Baby weint, trösten Sie es, gehen Sie hinein und stellen Sie sicher, dass es ihm gut geht. Es wird bedeuten, dass Sie mitten in der Nacht aufstehen müssen, aber auf lange Sicht wird es sich leichter selbst beruhigen und ein zunehmend sicherer Kerl sein, wenn es merkt, dass Sie da sind, wenn es Hilfe braucht.

Baby Schlafen Tipps und Anforderungen

Ruhe ist für das Wohlbefinden und die Entwicklung von Kindern unabdingbar. Wenn Ihr Baby nicht genug Ruhe bekommt,

kann es Schwierigkeiten haben, den Tag und insbesondere die Nacht zu überstehen. Als Elternteil ist es hervorragend zu erkennen, dass ein Nickerchen ein Baby dazu ermutigt, sich nachts ausreichend auszuruhen. Es ist also eine abwegige Überzeugung, dass Ihr Baby, wenn Sie es tagsüber wach halten, nachts besser schlafen wird.

Ein Baby zur Ruhe zu bringen, ist für die meisten Eltern eine schwierige Zeit. Die meisten Eltern freuen sich auf die Nacht, in der sie ihr Baby im Kinderzimmer zur Ruhe bringen und sich selbst ungestört erholen können. Wenn das Baby in der Nacht häufig aufwacht, werden auch die Eltern effektiv erschöpft. In diesem Sinne ist es von grundlegender Bedeutung, die Schlafprobleme Ihres Babys zu besiegen, wenn Sie können, um Ihrem Baby zu Wohlbefinden und Entwicklung zu verhelfen. Ihr Baby zur Ruhe zu bringen, ist keine einfache Aufgabe, und es bedarf einer umfassenden Vorbereitung auf die Babyruhe.

Kleinkinder

Säuglinge ruhen regelmäßig mindestens sechzehn Stunden pro Tag. Während sich das sensorische System Ihres Babys entwickelt, wird es im Laufe seines Lebens ein zunehmend vorhersehbares Schlafmuster aufbauen. Wie dem auch sei, mit 3 Monaten ruhen zahlreiche Säuglinge etwa fünf Stunden am Stück. Im Alter von 6 Monaten beträgt die Ruhezeit zwischen neun und zwölf Stunden.

3 bis 6 Monate

Mit 3 Monaten wird das Ruhebedürfnis des Babys immer zuverlässiger. Ab jetzt können Sie beginnen, einen gewöhnlichen Mittagsschlafplan aufzustellen. Säuglinge haben ihr ganz eigenes Verständnis und brauchen die richtigen Zeichen, um zu wissen, wann die Zeit zum Ausruhen gekommen ist. Egal, ob es nicht schnell klappt, bald wird Ihr Baby beginnen, es zu lernen. Bis zum vierten Monat brauchen Babys auf jeden Fall drei Nickerchen pro Tag; im ersten Teil des Tages, am Abend und in der frühen Nacht.

6 Monate bis 1 Jahr

In dieser Zeit des Lebens Ihres Babys beträgt die durchschnittliche Ruhezeit vierzehn Stunden pro Tag, jedoch kann auch alles weniger oder mehr für Ihr Baby typisch sein. Die Schlafenszeiten von Kindern ändern sich von 3 Nickerchen pro Tag auf 2; längere Nickerchen im ersten Teil des Tages und gegen Abend.

Baby-Schlaftipps

Legen Sie Ihr Baby ins Bett, wenn es schläfrig, aber wach ist, und verwenden Sie ein angenehmes, ebenes und zartes Bettzeug. Ein Schnuller kann Ihrem Baby ebenfalls beim Einschlafen helfen; verwenden Sie diesen jedoch erst, wenn das Stillen gefestigt ist. Versuchen Sie, Ihr Baby nicht mit einer Flasche auf der Seite ins Bett zu legen. Ein vorhersehbarer Tages- und Nachtrhythmus ist nützlich, und es ist notwendig, eine feste Schlafenszeit-Routine einzuhalten.

Sie können ebenfalls Babyberuhigungsmittel verwenden, um Ihr Baby beim Schlafen zu unterstützen. Das Wichtigste ist eine

zarte Decke, die Ihr Baby bequem hält und ihm Sicherheit und Wärme bietet. Musik kann ebenfalls nützlich sein. Sie können das bevorzugte Schlaflied Ihres Babys spielen, um es zu beruhigen und seine Entspannungszeit angenehmer zu gestalten.

Außerdem sollten Babys unter sechs Monaten nicht im gleichen Bett wie ihre Eltern liegen, da Studien eine erhöhte Gefahr des Plötzlichen Kindstods (SIDS) zeigen. Etwa 50 % der Säuglinge, die an SIDS sterben, befinden sich im Bett der Eltern. Faktisch stirbt jedes Jahr einer von 2.000 Säuglingen an SIDS.

Kapitel 2: Lernen Sie das Schlafverhalten von Neugeborenen

Ein schlafendes Baby wirkt auf einen außenstehenden Beobachter sehr aktiv. Es bewegt seine Augen - manchmal hebt es sogar die Augenlider. Manchmal beginnt es, seine Arme und Beine zu bewegen. Es kann beginnen, leise Geräusche zu machen, sogar ein wenig zu weinen.

Doch der Eindruck täuscht - das Kind schläft tatsächlich. Es träumt sogar. Aber sein Traum ist sehr oberflächlich, und das Baby ist leicht zu wecken mit Lärm oder Bewegungen. Dies ist definitiv nicht der beste Moment, um sich um ein Kind zu kümmern, das fälschlicherweise glaubt, dass es Ihre Hilfe braucht.

Wenn das Kind weiterschläft, geht es in einen erholsamen Schlaf über. Bei drei Stunden Dauerschlaf durchläuft das Kind zwei bis drei Zyklen von unruhigem und ruhigem Schlaf. Jeder von ihnen wird etwa 50 Prozent der gesamten Schlafzeit ausmachen.

Ein Neugeborenes, wenn es schläft oder wach ist, unterscheidet absolut nicht zwischen Tag und Nacht. Es muss rund um die Uhr gefüttert und umsorgt werden. Es hat keine Kontrolle über seinen Schlaf oder seine Bedürfnisse. Dies ist lähmend, aber nur vorübergehend. Wundern Sie sich nicht, wenn der Schlaf Ihres Kindes in dieser Zeit ein wenig chaotisch und unberechenbar ist.

Die Aufgabe der Eltern in den ersten Lebenswochen eines Kindes ist es, ihr Baby kennen zu lernen und ihm die Möglichkeit zu geben, sie kennen zu lernen. Die Eltern entdecken, indem sie versuchen, sich nicht in diesen Prozess einzumischen, in welchen Momenten das Kind einschläft, in welcher Position es gerne schläft, ob es gerne sanft oder eher rhythmisch geschaukelt wird, usw. Sie lernen, sein Weinen zu verstehen und auf die Bedürfnisse einzugehen, die sie feststellen können, wobei sie nicht vergessen, dass es mit jeder Woche leichter und einfacher wird, da das Kind lernt, sie besser auszudrücken.

Die Schwierigkeiten, mit denen Eltern konfrontiert sind, sind sehr oft mit ihrer eigenen Erschöpfung verbunden. Sie müssen ein schmerzhaftes Aufwachen aufgrund von Weinen und schlaflosen Nächten ertragen. Ein paar Wochen reichen aus, um sie bis zur Vergessenheit zu erschöpfen.

Passen Sie sich Ihrem Kind an, lernen Sie, sich seinem Rhythmus anzupassen, das heißt, entspannen Sie sich in den Momenten, in denen es schläft.

Die Gewöhnung an ein neugeborenes Baby kann für Eltern schwierig sein. Die größte Veränderung für die meisten Eltern ist die Gewöhnung an das Schlafverhalten des Babys. Es ist eine unbestreitbare Tatsache, dass frischgebackene Eltern mit zahlreichen schlaflosen Nächten rechnen müssen. Zu wissen, welche Art von Schlaf ihr Baby bekommen wird, kann Eltern helfen, zu erkennen, wie diese ersten Monate aussehen werden.

Ein neugeborenes Baby tut in der Regel nicht viel mehr als schlafen und essen. Das hält die Mutter beschäftigt mit

Stillen und ständiges Windelwechseln. Das Schlafverhalten des Babys sollte in den ersten drei Wochen insgesamt 16-20 Stunden Schlaf pro Tag betragen. Da das Baby etwa 2 Stunden am Stück schläft, bedeutet dies, dass die Eltern in den ersten drei Wochen mit Sicherheit kurze Nickerchen machen oder in Schichten schlafen sollten. Mit drei Wochen wird das Baby anfangen zu schlafen

16 bis 18 Stunden am Tag, vielleicht mit längeren Schlafphasen. Mit sechs Wochen wird das Baby noch weniger schlafen, etwa 15 bis 16 Stunden am Tag. Das bedeutet, dass Eltern in diesem Alter etwas mehr Schlaf erwarten können.

Im Alter von vier Monaten schläft das Baby 9 bis 12 Stunden in der Nacht, zusätzlich zu 2 Nickerchen am Tag. Die Eltern werden jubeln, wenn das Schlafverhalten des Babys ihnen endlich ermöglicht, eine ganze Nacht durchzuschlafen. In den folgenden Monaten wird das Baby immer stabilere Schlafmuster haben und den Eltern eine wirklich notwendige Pause von der Einmischung in den Schlaf bieten. Diese Baby-Schlafmuster sind grundlegend für das Baby, um die Nahrung und den Trost zu bekommen, die es braucht, um richtig zu wachsen. Der Versuch zu verstehen, was in den verschiedenen Stadien zu erwarten ist, kann den unerfahrenen Eltern helfen, sich auf den Schlaf einzustellen, den sie mit ziemlicher Sicherheit bekommen werden, wenn sich das Baby entwickelt.

Kapitel 3: Studieren Sie die Schlafstadien und Schlafzyklen

Babys benötigen im Vergleich zu Erwachsenen mehr Schlaf, besonders wenn sie noch sehr jung sind. Das durchschnittliche Baby, das weniger als 3 Monate alt ist, neigt dazu, doppelt so viel zu schlafen wie seine Eltern, wobei die Hälfte dieser Schlafperiode tagsüber stattfindet. Vielleicht haben Sie bemerkt, dass Ihr Kind besonders tagsüber häufig aufwacht. Das liegt daran, dass Babys nicht am Stück schlafen; sie müssen für regelmäßige Fütterungen aufwachen.

Während alle Neugeborenen einen Großteil des Tages schlafen, haben keine zwei Babys den exakt gleichen Schlafzyklus. Im Allgemeinen kann jedoch erwartet werden, dass der durchschnittliche Säugling tagsüber in Intervallen von jeweils etwa 2 Stunden und nachts von 4 bis 6 Stunden schläft.

Was sind die Schlafphasen? Babys durchlaufen verschiedene Schlafphasen, genau wie Erwachsene auch. Obwohl Sie sich dessen vielleicht nicht bewusst sind und denken, dass Schlaf so einfach ist wie das Schließen Ihrer Augen und das Aufwachen am nächsten Tag, gibt es tatsächlich verschiedene Schlafphasen, die Sie durchlaufen. Außerdem gibt es verschiedene Stufen des Schlafs, die Sie durchlaufen, von Schläfrigkeit über leichten Schlaf bis hin zum Traumschlaf und dann zum Tiefschlaf. Der Traumschlafzyklus wird auch als Rapid Eye Movement oder REM-Schlaf bezeichnet. Der Zyklus setzt sich fort bis Sie schließlich aufwachen, wobei Erwachsene diesen Prozess im Durchschnitt fünfmal pro Nacht durchlaufen.

Der gleiche Prozess gilt auch für Babys. Tatsächlich hat Ihr Baby schon vor der Geburt begonnen, Schlafzyklen zu erleben. Es hat bereits Traumschlaf erlebt, als es sich noch in Ihrer Gebärmutter befand, etwa im sechsten oder siebten Monat der Schwangerschaft.

Sie können feststellen, ob sich Ihr Baby im Traum- oder Nicht-Traumschlaf befindet, indem Sie es beim Ruhen beobachten. Wenn sich das Kind im REM- oder Traumschlaf befindet, werden Sie feststellen, dass die Augen unter den Augenlidern hin und her huschen, die Atmung unregelmäßig wird und der Körper bis auf ein paar Zuckungen ab und zu ganz ruhig bleibt.

Wenn sich Ihr Baby in einem Nicht-Traumschlaf befindet, der auch als ruhiger Schlaf bezeichnet wird, wird die Atmung regelmäßig und tief sein, und es kann auch gelegentlich einen großen Seufzer von sich geben. Während dieser Zeit wird das Baby sehr ruhig liegen, aber der Mund kann kleine Saugbewegungen machen oder der ganze Körper kann einen plötzlichen Anlauf geben. Diese plötzlichen Startbewegungen werden auch als "hypnagogisches Aufschrecken" bezeichnet und gelten als normale Erscheinungen bei Säuglingen.

Diese "hypnagogischen Schreckzustände" kommen auch bei Erwachsenen und älteren Kindern vor. Sie treten am häufigsten auf, wenn man gerade dabei ist, einzuschlafen. Dieser Nicht-Traum-Schlaf ist bei Neugeborenen gut entwickelt. Sie treten jedoch auf in kurzen, kleinen Schüben im Vergleich zu dem kontinuierlichen Fluss, den Erwachsene und ältere Kinder erleben. Dieses Muster wird für Ihr Neugeborenes während des ersten Lebensmonats zunehmend kontinuierlich sein, bis die Erschütterungen allmählich verschwinden.

Wenn Babys 3 Monate alt sind, beginnen sie allmählich, mehr in der Nacht und weniger am Tag zu schlafen. Das durchschnittliche 3 Monate alte Baby schläft in der Nacht doppelt so lange wie am Tag. Wenn Babys 6 Monate alt sind, werden die Nickerchen am Tag allmählich länger, aber es werden weniger Nickerchen benötigt. In diesem Alter macht Ihr Baby vielleicht nur noch zwei Nickerchen am Tag mit einer Länge von jeweils 1 bis 2 Stunden. Zur gleichen Zeit schlafen die meisten Babys durchschnittlich 12 Stunden pro Nacht. Sie können jedoch immer noch mit gelegentlichen Aufwachphasen dazwischen rechnen.

Wenn Ihr Baby 1 Jahr alt ist, kann es insgesamt 12 bis 14 Stunden schlafen, einschließlich eines Mittagsschlafs (zu diesem Zeitpunkt meist nur einer). Wenn Ihr Baby 2 Jahre alt wird, kann dieser Mittagsschlaf entfallen oder auch nicht.

Um gute Schlafgewohnheiten zu etablieren, können Sie üben, die Nickerchen Ihres Babys zu steuern. Es ist eine wunderbare Idee, Ihr Kleines nicht zu spät am Tag ein Nickerchen machen zu lassen, da dies den Schlaf später am Abend beeinträchtigen kann. Je später der Mittagsschlaf am Tag ist, desto später ist auch die Schlafenszeit in der Nacht, da Ihr Kind vielleicht nicht so schnell nach dem Mittagsschlaf einschlafen muss.

Es wird stattdessen empfohlen, den Mittagsschlaf auf den frühen Teil des Vormittags und des Nachmittags zu beschränken. Wenn das Kind etwas älter wird, wird empfohlen, den Hauptschlaf etwas nach dem Mittagessen zu halten, um sicherzustellen, dass zwischen dem Aufwachen und dem Schlafengehen in der Nacht ein großer Abstand besteht. Einige glauben, dass es für Ihr Kind wichtig ist, eine angemessene Menge an neuen Erfahrungen zu haben, die es nachts als Träume "abheften" kann.

Wie bei einem normalen Erwachsenen steht der Schlaf-Wach-Rhythmus Ihres Babys in direktem Zusammenhang mit dem Rhythmus der Körpertemperatur, der Nahrungsaufnahme und der Hormonausschüttung. Diese Dinge haben großen Einfluss auf den biologischen Zyklus (auch zirkadianer Rhythmus genannt), den der Körper in 24-Stunden-Intervallen durchläuft. Der Mensch schläft ein, wenn sein Nebennierenhormonspiegel zusammen mit der Temperatur sinkt, und wacht dann auf, wenn die Körpertemperatur und der Hormonspiegel wieder ansteigen.

Denken Sie daran, dass es schwieriger sein kann, einzuschlafen, wenn der Hormonspiegel und die Körpertemperatur hoch sind. Es ist auch schwieriger, aufzuwachen, wenn diese Faktoren niedrig sind. Dies erklärt, warum Reisende einen Jetlag erleben und Schichtarbeiter sich auf ihre Nachtschichten oder ungewöhnlichen Arbeitszeiten einstellen müssen, um gut zu funktionieren.

Manche Menschen sind von Natur aus besser darin, nachts aufzubleiben oder spät aufzustehen. Deshalb sind manche Eltern toleranter und begrüßen es, wenn ihr Baby sie auch nachts weckt.

Schlafstadien des Babys Neugeborene (1 bis 3 Monate)

Es ist keine gute Idee, mit dem Schlaftraining eines Neugeborenen zu beginnen. Sie sind nicht nur körperlich und emotional nicht reif genug, um ein Schlaftraining durchzuführen, sondern müssen auch alle paar Stunden mit Milch ernährt werden. Der Einsatz von Schlaftrainingstechniken bei einem Neugeborenen wird seine Nahrungsaufnahme beeinträchtigen, was bedeutet, dass es möglicherweise nicht genug der benötigten Nährstoffe für den Tag bekommt.

Was Sie tun können, um einem Neugeborenen dabei zu helfen, gute Schlafgewohnheiten zu entwickeln, ist, für natürliches Licht zu sorgen. Diese Praxis hilft, den zirkadianen Rhythmus Ihres Babys früh im Leben einzustellen und hilft, spätere Schlafprobleme zu vermeiden. Ihr zirkadianer Rhythmus ist auch als Ihre Körperuhr bekannt.

Wahrscheinlich haben Sie Ihr schlafendes Neugeborenes beobachtet und so etwas wie eine aufgeschreckte Bewegung bemerkt, die den ganzen Körper betrifft. Dies wird auch als "Moro"-Reflex bezeichnet, der das Aufwachen des Babys bewirken kann oder auch nicht. Einige Babys können wieder einschlafen, während andere unruhig oder wütend werden und möglicherweise wieder in den Schlaf beruhigt werden müssen.

Sobald Ihr Baby 6 Wochen alt ist, können Sie damit beginnen, eine Schlafenszeit-Routine zu etablieren, die die Erwartung an den Schlaf fördert und bis zu einem gewissen Grad die Körperuhr des Säuglings einstellt. Als Elternteil können Sie ziemlich entscheiden Sie selbst, was Sie in diese Schlafenszeit-Routine einbauen möchten. Einige gute Aktivitäten sind z. B. ein warmes Schwammbad, ein Schlaflied singen, tanzen oder Ihr Kind in den Schlaf wiegen, eine Gute-Nacht-Geschichte vorlesen oder ein letztes Mal füttern, bevor Sie Ihr Kind ins Bett bringen.

Etwa zur gleichen Zeit können Sie auch damit beginnen, eine feste Zeit einzuführen, zu der Ihr Baby schlafen gehen soll. Halten Sie sich so genau wie möglich an diesen Zeitplan; dies ist für das Schlaftraining unerlässlich. Natürlich kann es einige Ausnahmen geben, die von Ihnen als Elternteil Weisheit und Diskretion erfordern, z. B. wenn das Kind krank ist oder wenn Sie auf Reisen sind.

Genauso müssen Sie damit beginnen, Ihr Kleines jeden Morgen zur gleichen Zeit zu wecken. Das gilt auch für den Mittagsschlaf. Machen Sie es sich zur Gewohnheit, Ihr Kind jeden Morgen und jeden Nachmittag zur gleichen Zeit schlafen zu legen. Damit legen Sie den Grundstein für das Schlaftraining, und schon bald wird Ihr Kind diese Schlaf-, Bett- und Aufwachzeiten erwarten.

Sie können diese Schlafroutinen und Zeitpläne nach eigenem Ermessen anpassen. Es wird nicht lange dauern, bis Ihr Baby zu reifen beginnt, tagsüber weniger Nickerchen braucht und nachts mehr schläft. Seien Sie sich dessen bewusst und passen Sie die Routine entsprechend an.

3 bis 6 Monate

Im Alter von etwa 4 Monaten werden Sie feststellen, dass Ihr Baby ein ausgeprägteres Gefühl für Schlaf- und Wachphasen hat. Es wird Sie vielleicht freuen zu wissen, dass weniger nächtliche Fütterungen notwendig sein werden. Das bedeutet mehr Schlaf für Sie!

Dennoch müssen Sie Vorsicht walten lassen; selbst wenn Ihr Baby (einige) Anzeichen von Selbstständigkeit zeigt, bedeutet das nicht, dass Sie ihm plötzlich ein strenges Schlafprogramm auferlegen können. Denken Sie daran, dass Sie es immer noch mit einem Baby zu tun haben, also seien Sie sich dieser Tatsache bewusst.

Vielleicht zeigt Ihr Kleines bereits ein gutes Schlafverhalten, das gut in Ihr bisheriges Familienleben passt. Vielleicht müssen Sie das Schlaftraining gar nicht anwenden. Wenn Sie jedoch immer noch das Gefühl haben, dass Ihr Baby nicht genug Schlaf bekommt und Sie möchten, dass es länger schläft, sind 4 bis 5 Monate die beste Zeit, um eine Art Schlaftraining durchzuführen.

Es ist wichtig, dass Sie die Reaktion Ihres Kindes auf Ihr Schlaftraining beobachten. Wenn der Säugling nicht gut damit umzugehen scheint oder noch nicht bereit dafür zu sein scheint, dann gibt es keinen Grund, streng zu sein. Machen Sie einen Schritt zurück und gehen Sie es langsamer an. Sie können es in ein paar Wochen immer noch einmal versuchen.

Auch wenn die Dinge gut zu laufen scheinen, kann es sein, dass Ihr Baby plötzlich wieder mitten in der Nacht aufwacht. Dies kann verwirrend oder sogar frustrierend sein, besonders nachdem

Sie haben endlich angefangen, Ihren Schlaf wieder in den Griff zu bekommen. Machen Sie sich keine Sorgen. Selbst wenn Babys wochen- oder sogar monatelang durchgeschlafen haben, ist es ganz normal, dass sie plötzlich wieder mitten in der Nacht aufwachen.

Neben dem Training des Einschlafens ist ein weiteres wichtiges Element des Schlaftrainings, Ihr Baby dazu zu bringen, ohne Hilfe einzuschlafen. Wenn Ihr Baby nicht in der Lage ist, selbstständig einzuschlafen, müssen Sie ihm das beibringen. Dies ist eine wichtige Fähigkeit, die Babys beherrschen müssen, um das Beste aus ihrem Schlaf herauszuholen. Eine Methode, um den Prozess voranzutreiben, besteht darin, Ihr Kind in das Kinderbettchen zu legen, wenn es schläfrig, aber noch wach ist.

Wenn Ihr Baby nicht auf Anhieb schläft und Sie denken, dass zusätzliche Unterstützung nötig ist, können Sie anfangen, aufwändigere Techniken des Schlaftrainings auszuprobieren. Es gibt auch andere Methoden, wie z. B. das CIO und die "No Cry"-Methode. Denken Sie daran, dass Ihr Erziehungsstil, Ihre Werte und Überzeugungen sowie die Persönlichkeit Ihres Kindes Ihnen bei der Entscheidung über die beste Art der Trainingsmethode helfen werden.

6 bis 9 Monate

Sobald Babys 6 Monate alt sind, sind sie in der Lage, bis zu 14 Stunden Schlaf in Nachtschlaf und Mittagsschlaf aufzuteilen. Vielleicht freut es Sie zu wissen, dass Ihr Baby nun in der Lage ist, viel längere Zeiträume zu schlafen.

Etwa im Alter von 6 bis 9 Monaten beginnen Babys, den Tagesschlaf in eine Reihe von Nickerchen zu konsolidieren. Ihr Zeitplan kann etwa so aussehen: ein Nickerchen am Morgen, ein weiteres am Nachmittag und ein letztes am frühen Abend. Wenn Ihr Kind mehr als nur drei Nickerchen pro Tag zu brauchen scheint, machen Sie sich keine Sorgen, denn das ist völlig normal. Wichtig ist, dass Sie sowohl für den Mittagsschlaf als auch für die Schlafenszeit einen festen Zeitplan einhalten. Auch dies ist entscheidend für die Regulierung des Schlafverhaltens.

Wie viele Stunden Schlaf pro Nacht bekommt Ihr Baby jetzt? Wenn Ihre Antwort gute 9 oder 10 Stunden pro Nacht lautet, ist das ein gutes Zeichen dafür, dass Ihr Kleines gelernt hat, selbstständig wieder einzuschlafen; andernfalls würde es immer noch weinen und nach Ihnen oder einer anderen Form der Beruhigung suchen. Wenn Sie selbst genauso gut schlafen können, dann herzlichen Glückwunsch! Sie haben einen guten Schläfer großgezogen.

Jetzt ist dieses Alter auch perfekt, um Ihr Baby von der nächtlichen Fütterung zu entwöhnen, wenn Sie dies bevorzugen. Achten Sie jedoch darauf, die Reaktion Ihres Babys auf die nächtliche Entwöhnung zu beobachten. Die meisten Babys sollten jetzt schon bereit dafür sein, aber wenn Ihr Kind nicht gut darauf reagiert, dann gehen Sie es langsam an und versuchen Sie es in ein paar Wochen erneut. Es gibt sicherlich keinen Grund, Ihr Baby zu etwas zu drängen, wofür es noch nicht bereit ist.

Auch hier kann Ihr Baby andere Gründe für das Aufwachen haben, als dass es gefüttert werden möchte. Denken Sie daran,

wir alle wachen nachts für kurze Zeit auf, ob als Kleinkind oder Erwachsener. Während Erwachsene in der Lage sind, sofort wieder einzuschlafen, versteht Ihr Baby vielleicht noch nicht, wie es sich selbst beruhigen kann, und weckt Sie vielleicht weinend auf. Das bedeutet nicht unbedingt, dass es gestillt werden möchte.

Es gibt keinen Grund zur Sorge, wenn Ihr Baby nachts wieder aufwacht und Schwierigkeiten hat, wieder einzuschlafen. Dies ist bei Babys im Alter von 9 Monaten bis zu 1 Jahr völlig normal.

Dafür gibt es in der Tat mehrere Gründe. Erstens kann Ihr Kind aufgrund von Zahnungsbeschwerden aufwachen. Zweitens kann Ihr Kleinkind unter Trennungsangst leiden, was zu diesen Weckrufen führt. Trennungsangst ist für Babys in diesem Alter ganz normal. Ihr Baby nimmt Sie in diesem Alter zunehmend wahr und möchte vielleicht immer bei Ihnen sein. Wenn es aufwacht und feststellt, dass niemand anderes im Zimmer ist, kann dies zu einer gewissen Verzweiflung führen, die oft nachlässt, sobald Sie das Zimmer betreten und es begrüßen.

Darüber hinaus nehmen Babys im Alter von 6 Monaten bis zu 1 Jahr eine Menge neuer Fähigkeiten auf und lernen sie. Sie können dabei sein, herauszufinden, wie sie sich selbst aufsetzen, krabbeln und sogar aufstehen und selbständig laufen können. In der Tat ist diese Zeit mit aufregenden, neuen Entwicklungen für Ihr kleines Baby gefüllt. Ihr Baby ist vielleicht so begeistert von diesen neuen Fähigkeiten, dass es sie sogar ausprobiert

während des Schlafs! Ob Sie es glauben oder nicht, Ihr Baby kann tatsächlich nur versuchen, sich aufzusetzen und dabei aufwachen.

Was die Etablierung gesunder Schlafgewohnheiten für Ihr Baby in diesem Alter betrifft, so ist es so ziemlich das Gleiche wie im Alter von 3 bis 6 Monaten. Um es noch einmal zu sagen: Schlaftraining bezieht sich auf die Entwicklung eines Schlafenszeitmusters. Ob es sich um ein warmes Bad, ein Schlaflied, eine Gutenachtgeschichte oder ein Kuscheln handelt - tun Sie alles in einer ähnlichen Reihenfolge. Diese Aktivitäten helfen, die Voraussetzungen für den Schlaf Ihres Babys zu schaffen.

Entwickeln Sie eine gleichbleibende Routine für Ihr Baby. Das bedeutet nicht, dass Ihr Baby jeden Tag zur exakt gleichen Zeit sein Mittagessen bekommt. Sie müssen nur einen vorhersehbaren Tagesablauf formulieren, der Ihrem Baby hilft, zur fast gleichen Zeit einzuschlafen.

Ermutigen Sie das Kind, ohne Ihre Hilfe zu schlafen. Legen Sie Ihr Baby einfach in das Bettchen, wenn es schläfrig, aber noch hellwach ist, und haben Sie einen Plan für den Fall, dass es weint, sobald Sie den Raum verlassen. Versuchen Sie, einige Minuten verstreichen zu lassen, um festzustellen, ob Ihr Kleines wirklich aufgeregt ist oder nur ein wenig herumzappelt, bevor Sie es in den Schlaf wiegen.

Wenn Ihr Baby in seinem Bettchen sehr unruhig ist, versuchen Sie, die Schlafenszeit dreißig Minuten früher festzulegen. Es könnte sein, dass Ihr Baby einfach übermüdet ist und sich nur schwer beruhigen kann. Eine frühere Schlafenszeit kann ihm helfen, nachts besser zu schlafen.

Kapitel 4: Einen schlaffreundlichen Raum schaffen

Ihre Lieben halten vielleicht nicht damit zurück, ihre "besten" Ratschläge zu geben, um Ihnen und Ihrem Kleinen zu einem guten Schlaf zu verhelfen. Doch auch wenn sie es gut meinen, ist es manchmal frustrierend, einen Ratschlag nach dem anderen zu erhalten, der manchmal keinen Sinn ergibt.

Daher habe ich in diesem Kapitel einige gesunde Schlafpraktiken von Experten und Eltern aufgelistet, um Ihnen bei der Entscheidung zu helfen, welche für Ihr Kind geeignet ist.

- **Legen Sie Ihr Baby in die "beste" Schlafposition -** Es gibt einige Säuglinge, die es bequemer finden, auf dem Bauch oder auf der Seite zu schlafen.

Mein Erstgeborener, Ethan, schlief zum Beispiel besser, wenn er auf den Bauch gelegt wurde, aber dann haben wir gelernt, dass diese Position für Säuglinge gefährlich ist.

Tatsächlich besteht laut Kinderärzten für Babys, die auf der Seite oder auf dem Bauch schlafen, ein höheres Risiko für **SIDS oder das Plötzliche Kindstod-Syndrom.** Die American Academy of Pediatrics (AAP) empfiehlt, dass die beste Schlafposition für Babys bis zu einem Alter von 1 Jahr auf dem Rücken ist.

- **Seien Sie sensibel für die Signale Ihres Babys -** Stellen Sie sicher, dass Ihr Baby sich wohl fühlt und satt ist. Der Schlüssel dazu ist, auf die Signale Ihres Kleinen zu achten. Erfüllen Sie zuerst seine Bedürfnisse, damit es zufrieden ist und sich wohlfühlt, bevor Sie es in den Schlaf wiegen.

- **Berücksichtigen Sie die Zeit, zu der Sie Ihr Baby schlafen legen -** Legen Sie einen Zeitplan fest, wann Sie Ihr Baby schlafen legen, und stellen Sie sicher, dass Sie sich an diese Zeit halten. Ihr Baby wird sich eher daran gewöhnen und nach ein paar Wochen zu dieser Stunde schläfrig werden.

Der Mittagsschlaf ist zwar wichtig, aber Sie möchten nicht, dass Ihr Baby einen Mittagsschlaf hält, der zu nah an seinem üblichen nächtlichen Schlafplan liegt.

- **Schaffen Sie eine schlaffreundliche Umgebung -** Dies ist einer der Tipps, die ich für meinen Sohn am effektivsten fand. Da Neugeborene nicht wissen, was Tag und Nacht sind, können Sie beginnen, ihnen dieses Konzept beizubringen, indem Sie Folgendes tun:

Legen Sie Ihr Baby tagsüber in nicht zu ruhigen Räumen zum Schlafen hin, denn es soll erkennen, dass es zu dieser Tageszeit viele (laute) Aktivitäten gibt.

Achten Sie nachts darauf, dass Sie die Geräusche auf ein Minimum beschränken, und legen Sie alles weg, was Ihr Kind stimulieren kann. Halten Sie die Lichter niedrig und sprechen Sie nur mit Ihrer sanften Stimme mit ihm/ihr.

Achten Sie darauf, dass die Raumtemperatur angenehm ist, damit Ihr Baby nicht überhitzt oder zu kalt ist.

Für Babys besteht ein höheres SIDS-Risiko, wenn es ihnen zu warm wird. Eine gute Raumtemperatur liegt bei etwa 16-20 °C (60-70 °F).

☐ **Verwenden Sie Windeln -** Die meisten Säuglinge schlafen nachts fest, wenn sie **richtig** gewickelt werden. Das Einwickeln gibt Neugeborenen das Gefühl, im Mutterleib sicher und geborgen zu sein.

Bei jüngeren Babys kommt es außerdem häufig zu einem Schreckreflex (oder Moro-Reflex), der sie aufwecken kann. Dieser wird reduziert, wenn Babys gewickelt werden. Es wurde auch festgestellt, dass das Wickeln das Risiko von *SIDS verringert*. Beachten Sie jedoch, dass Sie mit dem Wickeln aufhören sollten, wenn Ihr Baby gelernt hat, sich umzudrehen.

☐ **Beginnen Sie mit einer Routine vor dem Schlafengehen -** Es ist nie zu früh, mit einer Routine vor dem Schlafengehen zu beginnen. Dies gibt Ihrem Kind ein Zeichen, dass bald Schlafenszeit ist. Sie könnten Dinge einschließen

wie ihm/ihr ein Schwammbad zu geben, ein Buch zu lesen oder das Licht zu dimmen.

Was ist SIDS?

Das National Institute of Child Health and Human Development (Nationales Institut für Kindergesundheit und menschliche Entwicklung) definiert SIDS als "eine plötzliche und stille medizinische Störung, die bei einem scheinbar gesunden Säugling auftreten kann." Ein Bericht der AAP zeigt, dass SIDS die führende Ursache für Todesfälle jenseits des Neugeborenenstadiums ist und auch jederzeit auftreten kann, bis das Kind ein Jahr alt ist.

SIDS wird auch als "Krippentod" bezeichnet, weil es mit der Zeit in Verbindung gebracht wird, in der das Baby schläft. Es gibt viele Dinge, die Eltern tun können, um das SIDS-Risiko zu verringern, einige davon sind:

- Legen Sie Ihr Kind zum Schlafen immer auf den Rücken.

- Legen Sie Ihr Baby nur auf eine feste oder flache Unterlage. Verwenden Sie nur ein Spannbetttuch - vermeiden Sie lose Gegenstände in seinem Bettchen.

- Stillen hilft nachweislich, SIDS um 50%.

- Erwägen Sie, zumindest in den ersten 6 Monaten Ihr Zimmer mit Ihrem Baby zu teilen, und stellen Sie sein Bett in die Nähe von Ihrem.

- Legen Sie niemals Spielzeug, Kinderbett-Stoßfänger, Kissen oder Decken in den Schlafbereich Ihres Babys.

- Achten Sie darauf, dass Ihr Baby die richtige Schlafkleidung trägt, um die richtige Körpertemperatur halten.

- Ziehen Sie in Betracht, Ihrem Kind einen Soothie oder Schnuller zu geben, da dies das SIDS-Risiko tatsächlich verringern kann. Wenn Sie ausschließlich stillen, sollten Sie sicherstellen, dass Sie Ihr Kind zuerst an die Brust gewöhnen, bevor Sie ihm einen Schnuller anbieten, da es sonst zu einer Verwechslung der Brustwarzen kommen kann.

- Wenn Sie noch schwanger sind, stellen Sie sicher

Sie mit dem Rauchen aufhören und den Umgang mit rauchenden Menschen vermeiden. Das SIDS-Risiko erhöht sich für Mütter, die während der Schwangerschaft geraucht haben.

Die gesunden Schlafpraktiken, die in diesem Kapitel besprochen wurden, sind großartige Ideen, um damit zu beginnen. Denken Sie daran, dass es Zeit und etwas Ausprobieren braucht, bis Sie die gewünschten Ergebnisse erzielen können.

Kapitel 5: Eine Routine etablieren

Das Einrichten einer Routine hilft, eine gewisse Vorhersehbarkeit in Ihrem Tag zu schaffen. Es hilft Ihrem Baby zu wissen, wann bestimmte Dinge passieren werden. Eine vorhersehbare Routine verringert die Angst vor dem, was kommen wird, und das Endergebnis ist ein zufriedeneres Baby, besonders wenn es Zeit zum Schlafen ist. Zu einer typischen Routine gehören Fütterungen gemäß den vom Kinderarzt empfohlenen Fütterungszeiten, regelmäßige Spiel- oder Aktivitätszeiten und natürlich die Schlafenszeit, die sich nach dem natürlichen Rhythmus Ihres Babys richtet, der bestimmt, wann es schlafen muss.

Essen, spielen, schlafen

Unabhängig vom Alter Ihres Babys befindet es sich den ganzen Tag über in einem sich wiederholenden Zyklus aus Essen, Spielen und Schlafen. Idealerweise sollten Sie die Aktivitäten in dieser Reihenfolge beibehalten, um eine Assoziation zwischen Füttern und Schlafen zu verhindern, bei der ein Baby erwartet, dass es kurz vor dem Einschlafen gefüttert wird. Ein Baby, das zum Schlafen gefüttert wird, wacht typischerweise zwischen den Schlafzyklen auf und verlangt, *wieder* in den Schlaf gefüttert zu werden. Die Trennung von Füttern und Schlafen durch eine Aktivität ist ein kluger Anfang für das Erlernen guter Schlafgewohnheiten.

Hier ist ein Beispiel dafür, wie ein Ess-, Spiel- und Schlafplan für ein sechs Monate altes Kind aussehen könnte:

"7:00: Aufwachen für den Tag

"7:30: Essen

" 8:00-9:00: Spielen

" 9:30-10:30: Nickerchen 1

"10:45: Essen

" 11:15 -12:30 Uhr: Spielen

»1:00–2:00: Mittagsschlaf 2

"2:15: Essen

" 2:45-4:00: Spielen

" 4:30-5:15: Schlaf (Nickerchen)

"5:30: Essen

" 5:45-6:45: Spielen

"7:00: Essen

"7:15: Schlafenszeit-Routine

"7:45: Schlafen

Bitte beachten Sie die Empfehlungen Ihres Kinderarztes für den Fütterungsplan.

QUICK FIX Wenn Ihr Baby vorzeitig aus dem Schlaf erwacht, z. B. immer kurze Nickerchen macht oder morgens zu früh aufwacht, können Sie eine kurze Aktivität zwischen Aufwachen und Essen einbauen: essen, spielen, schlafen, spielen, dann wiederholen. Dadurch wird das Füttern weiter vom Schlaf entkoppelt. Wenn Ihr Baby zu früh aufwacht, tut es das vielleicht, weil es weiß, dass es in dem Moment, in dem es aufwacht, seine Lieblingsbeschäftigung bekommt: eine Fütterung. Wenn Ihr Baby aber weiß, dass es zuerst etwas anderes tun muss, wenn es aufwacht, wird es dadurch ermutigt, wieder einzuschlafen, wenn es zu früh aufwacht.

Erkennen von Schläfrigkeitsanzeichen

Es ist wichtig, die Müdigkeitsanzeichen Ihres Babys zu kennen, damit Sie das Schlafenszeitfenster nicht verpassen: das beste Zeitfenster, um Ihr Baby ins Bett zu bringen. Ein Baby zum Schlafen zu bringen, wenn es über- oder untermüdet ist, kann in einem tränenreichen Kampf enden. Der beste Zeitpunkt, um Ihr Baby ins Bett zu bringen, ist, wenn es gerade anfängt, müde zu werden, aber bevor es übermüdet ist. Wenn ein Baby übermüdet ist, wird sein Körper kompensiert, indem sie Adrenalin produziert. Am Ende ist sie nicht müde, sondern aufgedreht.

Hier sind einige typische Schläfrigkeitshinweise:

"Augen reiben

"Gähnen

"**Umständlichkeit**

"Geräusche/Schreie oder Schreie, die allmählich in Länge und Häufigkeit zunehmen

"Verringerung der Aktivität

"Verlust des Interesses am Spielen festgelegte Schlaf- und Aufwachzeit

Möchten Sie die innere Uhr Ihres Babys einstellen? Halten Sie eine feste Schlaf- und Aufwachzeit ein. Wenn ein Baby jeden Tag zu etwa den gleichen Zeiten schlafen geht und aufwacht, beginnt sein Körper, zu diesen Zeiten bestimmte Hormone zu produzieren, um den Schlaf zu unterstützen und es aufzuwecken, wenn es Zeit zum Aufstehen ist. Dies ist Teil der inneren biologischen Uhr Ihres Babys.

Ein Baby an einem Abend um 18:30 Uhr und am nächsten Abend um 21:00 Uhr schlafen zu legen, bedeutet nicht nur

stört ihre innere Uhr, macht es aber auch sehr schwer für sie, einzuschlafen und zu schlafen. Das Einhalten einer konstanten Schlaf- und Aufwachzeit ist ein wichtiger Bestandteil zur Verbesserung des Schlafs Ihres Babys.

ALTER	NUMMER NAP VON NICKERCHEN	NAP SCHLAFEN	NACHT SCHLAFEN	GESAMT SCHLAFEN
NEWBORN	Sehr viele	5-8 Stunden	Variiert	14-17 Stunden
3 MONATE	4	2-4 Stunden	10–12 Stunden	14–17 Stunden
6 MONATE	2-3	2–3.5 Stunden	10–12 Stunden	12–15 Stunden
9 MONATE	2	2-3 Stunden	10–12 Stunden	12–15 Stunden

3 MONATE 42-4 Stunden		10–12 Stunden	14–17 Stunden
6 MONATE 2-3 Stunden	2–3.5	10–12 Stunden	12–15 Stunden
9 MONATE 22-3 Stunden		10–12 Stunden	12–15 Stunden

Das heißt, Sie müssen sich nicht zwanghaft bemühen, die Schlafenszeit jede Nacht genau einzuhalten. Ein Unterschied von bis zu 30 Minuten hat selten Auswirkungen auf den Schlaf. Und wenn Ihr Baby gelegentlich ausschlafen möchte, z. B. an einem gemütlichen Sonntagmorgen, lassen Sie es! Sie können sich darauf einstellen, indem Sie eines seiner Nickerchen verkürzen.

Eine ideale Schlafenszeit für Babys ab 3 Monaten bis zum Kleinkindalter liegt zwischen 19:00 Uhr und 20:30 Uhr. Eine ideale Weckzeit liegt zwischen 6:00 Uhr und 8:30 Uhr

Natürlich können individuelle Abweichungen im Zeitplan aufgrund von Arbeit oder anderen Verpflichtungen notwendig sein. Dies sind vorgeschlagene Schlafens- und Aufwachzeiten in einer idealen Welt. Wir alle wissen, dass das Ideal nicht immer möglich ist, und das ist auch gut so. Folgen Sie

diese Zeiten, wenn sie für Sie funktionieren, und wenn Sie das nicht können, passen Sie sich einfach dem Zeitplan Ihrer Familie an.

Neugeborene halten sich nicht wirklich an festgelegte Schlaf- und Aufwachzeiten, da sie eine unreife und unterentwickelte innere Uhr haben. Ihre Schlafenszeit ist tendenziell spät, da sie sich am frühen Abend nur schwer ins Bett bringen lassen. Dies ist ein Phänomen, das als "Geisterstunde" bekannt ist. Es ist nicht ungewöhnlich, dass Neugeborene erst nach 21 oder 22 Uhr ins Bett gehen, manchmal sogar noch später. Machen Sie sich keinen Stress und versuchen Sie nicht, Ihr Neugeborenes zum frühen Einschlafen zu zwingen; folgen Sie einfach seinem Beispiel. Mit der Zeit werden Sie feststellen, dass Ihr Baby eine frühere Schlafenszeit akzeptieren wird. Im Alter von drei bis vier Monaten sollte sich Ihr Baby an eine Schlafenszeit von etwa 20:00 oder 20:30 Uhr gewöhnen.

Erstellen Sie eine Schlafenszeit-Routine

Schlafenszeit-Routinen sind eine wunderbare Gelegenheit für Sie und Ihr Baby, sich zu entspannen, zu erholen und eine Bindung aufzubauen. Sie sind auch ein wichtiges Signal für Ihr Baby, dass die Schlafenszeit naht. Wenn Ihr Baby weiß, was auf es zukommt, wird es viel weniger ängstlich sein. Manche Babys freuen sich sogar auf die Schlafenszeit. Hier sind einige Dinge, die Sie bei der Erstellung einer Schlafenszeit-Routine beachten sollten:

HABEN SIE SPASS! Ihre Routine sollte für Sie und Ihr Baby angenehm sein. Schließen Sie Dinge ein wie

Wiegenlieder, Gute-Nacht-Bücher, Kuscheln oder etwas anderes, das Sie und Ihr Baby genießen.

NICHT ZU KURZ, NICHT ZU LANG. Mit einer

kurze Routine, hat Ihr Baby nicht genug Zeit, sich zu entspannen. Eine zu lange Routine kann Ihr Baby desinteressieren. Eine ideale Routine ist 20 bis 25 Minuten lang, oder 10 bis 15 Minuten für ein Neugeborenes bis zu drei Monaten alt.

HALTEN SIE ES EINFACH. Ich sage Eltern immer, dass die Routine so einfach sein sollte, dass Sie, wenn Sie zur Schlafenszeit nicht zu Hause sind, trotzdem einige der Aktivitäten durchführen können, um Ihr Baby zum Schlafen zu bringen. Wenn Ihre Schlafenszeit-Routine sehr aufwendig ist, kann es schwierig sein, sie unterwegs zu wiederholen. Dies kann Sie davon abhalten, auszugehen, und Sie verdienen es, gelegentlich nach dem Schlafengehen auszugehen!

HALTEN SIE DIE BADEZEIT GETRENNT VOM

SCHLAFENSZEIT-ROUTINE. Ich betrachte die Badezeit normalerweise nicht als Teil der Schlafenszeit-Routine. Zum einen brauchen die meisten Babys nicht jede Nacht ein Bad. Ihr Baby jede Nacht zu baden, nur um der Routine willen, ist nicht sehr praktisch, und Sie werden sich selbst verrückt machen, wenn Sie versuchen, dies jede

Nacht umzusetzen! Sie sollten eine ausreichende Routine (20 bis 25 Minuten) haben, die kein Baden beinhaltet. Zweitens: Denken Sie an die Zeiten, in denen Sie beim Abendessen oder bei einem Freund sind und Ihr Baby nicht baden können. Wie oben, halten Sie es einfach für den Erfolg!

EXTRA HILFE: RAUSGEHEN

Sie *können* ausgehen und nach der Schlafenszeit wegbleiben. Jeden Abend um 19.00 Uhr zu Hause zu sein, wird Ihr soziales Leben sehr belasten, und Sie müssen nicht so streng sein. Ihrem Baby wird es nichts ausmachen, wenn es ab und zu nach der Schlafenszeit aufbleibt oder auf dem Heimweg im Auto einschläft. Wenn Sie wissen, dass Sie lange unterwegs sein werden, nehmen Sie den Schlafanzug Ihres Babys mit, stellen Sie sicher, dass es seine letzte Mahlzeit bekommen hat, benutzen Sie einen Schlüsselsatz, um es zum Schlafen zu bringen, wie z.B. "es ist Schlafenszeit", und legen Sie es hin, wo immer Sie sind. Wenn Sie nach Hause kommen, legen Sie Ihr Baby einfach in die Krippe; Sie müssen die Schlafenszeit-Routine nicht noch einmal durchgehen.

Kapitel 6: Umgang mit nächtlichem Erwachen

Ihr Baby ist eingeschlafen! Aber was nun? Vielleicht warten Sie ängstlich darauf, dass Ihr Baby schreiend aufwacht. In den ersten Nächten wird es das vielleicht nur tun, um zu sehen, ob Sie es wirklich ernst meinen mit der Sache mit dem unabhängigen Schlaf. Um die Dinge konsistent zu halten, sollten Sie das nächtliche Aufwachen ähnlich wie die Schlafenszeit handhaben. Hier ist, was Sie wissen müssen.

Wann Sie sich fernhalten sollten

Wenn Ihr Baby aufwacht, ist es sehr wichtig, ihm genügend Zeit zu geben, um herauszufinden, wie es ohne Ihre Hilfe wieder einschlafen kann. Die Verzögerung Ihres Eingreifens ist der wichtigste Teil, um nächtliches Aufwachen im Keim zu ersticken. Wenn man dem Baby genug Zeit gibt, schläft es oft von selbst wieder ein. Sobald es das tut, wird sich sein Schlaf in der Regel dramatisch verbessern, sogar bis zu dem Punkt, dass es kurz darauf die Nacht durchschläft.

Wie lange Sie warten, bevor Sie eingreifen, hängt von vielen Faktoren ab, aber es sollten mindestens drei bis fünf Minuten sein. So lange braucht ein Baby, um vollständig zu erwachen und überhaupt zu merken, dass es wach ist. Wenn Sie vor dieser Zeit eingreifen, kann es sein, dass Ihr Baby vollständig erwacht, und dann wird es schwierig für es, wieder einzuschlafen. Wenn Sie Ihrem Baby genügend Zeit geben, können Sie sicher sein, dass es vollständig wach ist und nicht nur zwischen den Schlafzyklen wechselt.

Es ist nicht ungewöhnlich, dass ein Baby, das gerade lernt, selbstständig zu schlafen, im Schlaf schreit und dann wieder einschläft. Mit dem Eingreifen zu warten, gibt Ihrem Baby auch eine faire Chance, das Wiedereinschlafen allein zu üben. Jetzt denken Sie wahrscheinlich: "Sie wollen, dass ich warte, bis mein Baby komplett wach ist, bevor ich zu ihm gehe?" Ja, unbedingt! Denken Sie daran, dass wir am selbständigen Schlaf arbeiten, d.h. wir wollen, dass Ihr Baby zur Schlafenszeit und später in der Nacht von selbst einschläft. Wir arbeiten nicht mehr an der "Aufrechterhaltung", sondern daran, Ihrem Baby beizubringen, selbstständig zu schlafen. Das heißt, wenn es aufwacht, soll es ohne Hilfe wieder einschlafen können.

Zu früh ins Bett zu gehen ist der größte Fehler, den Eltern beim nächtlichen Aufwachen machen. Ich verstehe das vollkommen - ich habe es selbst getan! Sie wollen schnell hineinrennen, bevor Ihr Baby ganz wach ist, damit alle wieder einschlafen können. Aber das ist oft das, was die Schlafprobleme überhaupt erst auslöst. Ihr Baby hat nicht gelernt, wie es zwischen den Schlafzyklen selbständig übergehen kann und wacht immer wieder auf und erwartet, dass Sie das für es tun. Wenn Sie sich ständig davor fürchten, dass Ihr Baby aufwacht, schreit und nicht wieder einschlafen kann, werden diese Aufwachvorgänge einfach weitergehen. Jetzt ist es an der Zeit, daran zu arbeiten. Seien Sie stark - Sie schaffen das!

SICHERHEITSPRÜFUNG

✓ Wenn Sie mit dem Eingreifen warten, vergewissern Sie sich bitte, dass Sie Ihr Baby sehen oder hören können (z. B. auf einem Videomonitor) und Sie wissen, dass nichts nicht in Ordnung ist. Das Kinderbett sollte sicher sein, und wenn die Sicherheit ein Anliegen ist, sehen Sie bitte zuerst nach Ihrem Baby.

✓ Die Bedürfnisse Ihres Babys sollten immer erfüllt werden. Wenn Sie wissen, dass Ihr Baby Schmerzen hat, hungrig ist, friert, sich unwohl fühlt usw., hat dies Vorrang vor dem Schlaftraining und sollte angesprochen werden.

Wann Sie eingreifen sollten

Es mag Zeiten geben, in denen Sie eingreifen möchten, z. B. wenn Ihr Baby für Ihren Geschmack zu stark oder zu viel weint, und das ist völlig in Ordnung. Sie können nach Ihrem Baby sehen, indem Sie die gleiche Vorgehensweise wie zur Schlafenszeit anwenden. Solange Ihr Baby von selbst wieder einschläft, können Sie nach ihm sehen, wann Sie es für richtig halten, wobei Sie das Prinzip beachten sollten, Ihrem Baby genügend Zeit zu geben, um den unabhängigen Schlaf zu üben.

Je nach Alter, Wachstum oder Entwicklungsstadium Ihres Babys müssen Sie Ihr Baby möglicherweise nachts füttern. Bitte erkundigen Sie sich bei Ihrem Kinderarzt, wie viele Fütterungen Ihr Baby gegebenenfalls erhalten sollte und wie oft Sie es füttern sollten. Es ist hilfreich, diese Informationen im Voraus zu kennen, damit Sie genau wissen, wie Sie mit einem Aufwachen umgehen müssen. Wenn Ihr Kinderarzt oder Ihre Gesundheitsberaterin der Meinung ist, dass Ihr

Baby nachts noch essen muss, stellen Sie sicher, dass Sie Ihr Baby wach halten

während der Fütterung, so dass es danach immer noch von selbst einschläft. Auf diese Weise können Sie gute Schlafgewohnheiten erlernen, auch wenn Ihr Baby nachts essen muss.

QUICK FIX Manche Babys werden während der nächtlichen Fütterung sehr schläfrig und schlafen unweigerlich ein. Wenn Ihr Baby warm eingepackt ist und seine Lieblingsbeschäftigung, das Füttern in Ihren Armen, genießt, ist dies ein perfektes Rezept für eine schläfrige Zeit. Einige Tricks, die Sie ausprobieren können, um Ihr Baby wach zu halten, sind das Kitzeln seiner Füße, das Bäuerchen machen, das Aufdecken oder Ausziehen seines Schlafanzugs und schließlich, wenn alles andere fehlschlägt, das Wechseln seiner Windel nach der Fütterung.

Wenn Sie zu irgendeinem Zeitpunkt während des Schlaftrainings glauben, dass Ihr Baby hungrig, krank oder unruhig ist, sind die Schlaftrainingsregeln außer Kraft gesetzt - kümmern Sie sich um Ihr Baby. Ihr Baby kann sichtbare Symptome wie Husten, Verstopfung, Erbrechen oder Fieber haben, oder es kann überhaupt keine Symptome haben, aber Ihr elterliches Bauchgefühl sagt Ihnen, dass etwas nicht in Ordnung ist. Das sind alles triftige Gründe, das Schlaftraining zu unterbrechen und Ihren Arzt anzurufen, um eine Untersuchung zu vereinbaren, bevor Sie es wieder aufnehmen.

Wenn Ihr Kind lernt, alleine zu schlafen, wird das Aufwachen mitten in der Nacht tendenziell seltener, weil es sich daran gewöhnt hat, dass Sie oder Ihr Ehepartner nicht mehr da sind, wenn es mitten in der

Nacht aufwacht. Während Ihr Kind noch dabei ist, diesen Punkt zu erreichen, ist es gut möglich, dass es nachts immer noch aufwacht,

Vor allem, wenn er Sie immer noch in seiner Nähe braucht, um einschlafen zu können.

In diesen Zeiten kann es einfacher sein, Ihr Kleinkind einfach auf Ihr Bett klettern zu lassen, um mit Ihnen zu schlafen, da es noch nicht gelernt hat, von selbst einzuschlafen, ohne gehalten zu werden. Andernfalls kann dies zu häufigem Aufwachen in der Nacht führen. Wenn er sich daran gewöhnt, nur mit Ihnen einzuschlafen und Sie nicht zu berühren, wird er schließlich in der Lage sein, nachts wieder alleine einzuschlafen, ohne Sie aufwecken zu müssen.

Wenn Ihr Kind Sie dann doch weckt und Sie nachts braucht, können Sie beginnen, dieses Verhalten zu unterbinden, indem Sie Ihr Kind zurück in sein Bett bringen und sich neben es setzen, während es wieder einschläft.

Wenn Sie eine Mutter sind und Ihr Kleinkind stillen, ist es in Ordnung, es nachts zu stillen, solange es für Sie in Ordnung ist. Aber, wie bei vielen anderen Kleinkindern auch, ist es möglich, dass Ihr Kind die ganze Nacht aufwacht, um nach Milch zu fragen. In einem solchen Fall empfehle ich Ihnen, Ihr Kleinkind bereits nachts zu entwöhnen, was Ihre Stillbeziehung nicht beeinträchtigen sollte. Sorgen Sie einfach dafür, dass Ihr Kind während der wachen Stunden viele Stillgelegenheiten hat, um den Mangel an Milch am Abend auszugleichen.

Eine der besten Möglichkeiten, die nächtliche Stillgewohnheit zu unterbrechen, wenn Sie eine Mutter sind, ist, um Hilfe zu bitten von

Ihren Mann oder Partner, indem Sie ihn nachts zu Ihrem Kind schicken, wenn es aufwacht. Und wenn Sie stark genug sind, dies strikt durchzusetzen, indem Sie Ihr Kleinkind tagsüber darüber informieren, dass Sie nachts nicht zur Hilfe kommen können, weil Sie sich ausruhen müssen, und dass nur Ihr Mann oder Partner das tun kann, wird Ihr Kind langsam lernen, dies zu akzeptieren und sich zu fügen. Der Schlüssel dazu ist, dass jemand da ist, der Ihr Kind in den nächtlichen Wachphasen tröstet.

Gründe, warum Ihr Baby nachts aufwacht und nicht schlafen will

Ein Baby, das nachts aufwacht, ist eines der am weitesten verbreiteten Probleme, mit denen Eltern kämpfen, damit ihr Baby durchschläft. Ein Schritt zum Verständnis, wie es einem Baby ermöglicht wird, nachts besser zu schlafen, ist ein besseres Verständnis dafür, warum ein Baby nachts aufwacht. In diesem Kapitel werden wir die fünf Hauptgründe für das nächtliche Aufwachen eines Babys vorstellen.

1. Ihr Baby hat eine Schlafassoziation

Schlafassoziationen werden auch als Krücken oder Schlafstützen bezeichnet. Dazu gehört, dass Ihr Baby ein bestimmtes Ding oder eine bestimmte Art und Weise hat, an die es sich gewöhnt hat und die es "braucht", um die Möglichkeit zum Einschlafen zu haben. Für manche Babys wird dies eine Flaschenfütterung, oder das Stillen, ein Schnuller zum Einschlafen sein. Für andere Babys könnte dies eine bestimmte

Entwicklung sein, zum Beispiel Schaukeln, Hüpfen, Spazierengehen oder eine Fahrt im Fahrzeug. Einige Babys mit höheren Bedürfnissen werden auf eine

Mix aus Schlafkrücken, z. B. Springen mit Schnuller.

Das Alter des Babys und die Art der Schlafassoziation sind die beiden Dinge, an die man denken muss, wenn man den besten Spielplan aufstellt, um ein Baby anzuleiten, alleine einzuschlafen und seine Abhängigkeit von seiner Schlafkrücke zu brechen. Es ist zusätzlich eine gute Idee, sich an die Persönlichkeit des Babys zu erinnern, wenn man einen Schlafvorbereitungsplan erstellt.

2. Ihr Baby zahnt

Es kann sich so anfühlen, als ob Ihr Baby ständig zahnt, vor allem, wenn zahlreiche Babys manchmal Unannehmlichkeiten beim Zahnen haben, bevor überhaupt ein Zahn durchkommt. Wenn das Zahnen den Anschein erweckt, dass Ihr Baby nachts häufiger aufwacht, ist es tendenziell schwierig zu sagen, wie Sie vorgehen müssen, um Ihrem Baby zu zeigen, dass es gut schläft. Eltern grübeln vielleicht: "Hat mein Baby Schmerzen?" "Ist das der Grund, warum mein Baby die ganze Nacht wach ist?" Oft ist das Aufwachen des Babys wegen des Zahnens nur eine kurze Phase, in der das Baby zu seinen normalen Schlafgewohnheiten zurückkehrt, sobald es sich besser fühlt, solange die Eltern versucht haben, konsequent beim Einschlafen des Babys zu bleiben, wie sie es vor dem Zahnen und während des Zahnens getan haben. Versuchen Sie, einen Schlafplan für Ihr Baby während dieser Zahnungsphasen aufzustellen.

3. Baby ist eifrig

Zahlreiche Eltern werden darüber informiert, dass ihr Baby ab einem bestimmten Alter keine nächtliche Fütterung mehr benötigen sollte. Das mag zutreffen, wenn jedes Baby gleich wäre und genau die gleichen Bedürfnisse hätte. Das ist aber meist nicht der Fall. Im Durchschnitt werden zahlreiche Babys im Alter von einem halben Jahr auf jeden Fall ein oder zwei Fütterungen benötigen. Es ist wichtig, sich daran zu erinnern, dass 11-13 Stunden für ein Baby mit einem kleinen Bauch eine ganze Weile sind, um das Essen aufzugeben. Ein Baby, das nachts aus Verlangen aufwacht, kann auf jeden Fall gefördert werden, ohne dass eine Fütterung mit dem Schlafen assoziiert wird, und regelmäßig eine Fütterung in der Nacht ist genau das, was ein Baby braucht, um den Rest der Nacht durchzuschlafen.

4. Auch Babies sind Menschen.

Während die Fakten zeigen, dass die meisten Babys mit einem anständigen Zeit- und Ablaufplan aufblühen, können Eltern manchmal den Blick dafür verlieren und sich darüber aufregen, dass ihr Baby nicht immer gleich schläft. Auch Babys sind Individuen und keine Roboter. Sie haben eine gewisse Unbeständigkeit an sich, ihren Charakter und ihre Bedürfnisse. Es gibt ein paar Babys, die vorhersehbar schlafen und aufwachen, aber es gibt ebenso viele, die das nicht tun. So wie ein Elternteil vielleicht nicht jeden Tag zur gleichen Zeit hungrig ist, schläft ein Baby vielleicht nicht jede Nacht zur gleichen Zeit. Babys haben tolle Tage zum Schlafen und schreckliche Tage wie jeder andere Mensch auch.

Es gibt zahlreiche Gründe, warum ein Baby nachts aufwachen kann, und bei Kleinkindern sind es vor allem Schlafprobleme

Punkt Anzahl der Ziele wird im Allgemeinen zunehmen. Versuchen Sie zu verstehen, warum Ihr Baby nachts aufwachen könnte, und arbeiten Sie danach daran, eine Antwort zu finden, sei es ein kurzer Trost während einer problematischen Phase oder die Entwöhnung von einem Schlafverband. Während sich Babys entwickeln, werden sie sich verändern und ihre Fähigkeit zu lernen und zu verstehen nimmt deutlich zu. Das Gleiche gilt für ihre Schlafgewohnheiten, daher ist es ideal, wenn Sie versuchen, anpassungsfähig und verständnisvoll, aber dennoch konsequent zu sein, wenn Sie Ihrem Baby zeigen, wie es besser schlafen kann.

Gesunde Schlafgewohnheiten des Babys verwalten

Ihrem Kind beizubringen, wie es alleine schlafen kann, kann eine entmutigende Aufgabe sein, besonders für die bereits erschöpften und überforderten Eltern. Für viele Eltern kann der Zyklus, einem Kind beim Erlernen der Selbstversorgungsfähigkeiten zu helfen und schließlich einzuschlafen, emotional belastend sein, da sie auf die Proteste des Kindes mit einer festen Haltung reagieren. Die gute Nachricht ist, dass ein Kind diese Fähigkeit sehr schnell erlernt, unabhängig vom Alter (normalerweise in weniger als fünf Tagen). Wenn es das Talent beherrscht, ist es wie Fahrradfahren - es ist immer da. Solange Sie Ihr Kind alleine schlafen lassen, werden sich keine schädlichen Schlafgewohnheiten bilden.

Doch gesunde Schlafgewohnheiten sind kontrolliert und keine einmalige Angelegenheit. Dies gilt insbesondere für die ersten fünf bis sechs Jahre, wenn ein Kind vom Bettchen auf das Bettchen umsteigt.

zum Bett des Kindes. Drei spezifische Bereiche stören typischerweise die Übernachtung eines Kindes in diesen Jahren, die ein elterliches Management erfordern: das Erfüllen von Entwicklungsmeilensteinen, das Erhalten eines Snacks und der Wechsel vom Bett zum Bett.

Meilensteine der Entwicklung

Viele Babys entwickeln im Alter von sechs bis neun Monaten Schlafprobleme. Dies gilt sogar für jene Babys, die bis zu diesem Zeitpunkt gut geschlafen haben. Es wird angenommen, dass solche Schwierigkeiten als Folge der kognitiven und körperlichen Veränderungen entstehen, die gerade stattfinden. Kinder werden sozialer und verstehen, wie ihr Körper manipuliert werden kann. Ein Kind beginnt auch, seinen Bauch abzuschalten, eine Weile bevor es lernt, sich zurückzurollen. Viele Kinder schlafen und lieben es, in ihrem Bauch zu liegen, während andere aufwachen und vor Frustration schreien. Ein weiteres typisches Beispiel ist ein Kind, das weiß, wie man sich hinsetzt, aber noch nicht weiß, wie man sich entspannt. Wenn ein Elternteil dieses Kind ins Bett bringt, zieht es sich zum Stehen hoch und schreit um Hilfe. Natürlich, wenn die Eltern ihr Kind immer wieder umdrehen oder ihm beim Sitzen helfen, kann das schnell zu einem hervorragenden Spiel für das Kind werden!

Die Eltern werden mit diesen Problemen auf verschiedene Weise umgehen, aber eine Strategie muss festgelegt werden, bevor die Nacht beginnt. Das Einhalten des Zeitplans während der ganzen Nacht ist ebenso wichtig. Viele Eltern entscheiden sich dafür, ihrem Kind so lange zu helfen, bis es die erforderlichen Fähigkeiten erlernt hat (z. B. vom Stehen in eine sitzende Position).

Typischerweise wird sich das Kind innerhalb eines Monats wieder selbst versorgen. Anderen Eltern kann das jedoch zu anstrengend sein. Die schnellere Lösung ist es, das Kind nachts selbständig herausfinden zu lassen. Wenn sich ein Kind zum Beispiel auf den Bauch rollt, lernt es, sich zurückzurollen oder auf dem Bauch zu schlafen. Das Gleiche gilt für ein Kind, das einen Ständer macht. Das Kind muss schließlich loslassen, sich hinlegen und einschlafen. In einem Kinderbett ist dies vollkommen sicher. Die meisten Eltern würden ihr Kind in Intervallen testen, ohne dem Kind körperlich aus der "Patsche" zu helfen.

Für Eltern ist es wichtig, das Alter des Schlafes zu verstehen.

Ein junges Baby macht vier oder mehr Nickerchen pro Tag. In den ersten zwei Jahren wird es langsam seine Nickerchen reduzieren, bevor es nur noch eines macht. Es ist der halbe Kampf, zu wissen, wann Ihr Kind in dem Alter ist, ein Nickerchen fallen zu lassen. Sobald Ihr Kind dieses Stadium erreicht hat, kann es eine schwierige Zeit geben, in der das Fehlen des Mittagsschlafs zu müde ist. Diese

Zeit sollte bei richtiger Zeiteinteilung weniger als zwei Wochen betragen.

Bett an großes Kind

Bett Für viele Eltern ist der Wechsel von der Krippe zum Bett schmerzlos, während andere mit nächtlichen Herausforderungen kämpfen, sobald ihr Kind die Krippe verlassen hat. Das Timing ist entscheidend, und es ist notwendig, einen klaren Plan zu haben. Es wird nicht empfohlen, ein Kind vor dem Alter von zwei Jahren ins Bett zu legen, es sei denn, die Sicherheit

Bedenken unbedingt notwendig sind. Das Kind wird vorzugsweise verbal kompetent und in der Lage sein, die "Gesetze" des Umzugs in einen Raum zu befolgen.

Bestimmte Bedingungen können auch die Schlafgewohnheiten eines Säuglings beeinflussen. Dazu gehören Urlaub oder Reisen, Proteste, Krankheiten und soziale Aktivitäten. Wenn eine dieser Störungen auftritt, sollte der Schlafzyklus so weit wie möglich abgedeckt werden. Versuchen Sie, die meisten Mittagsschläfchen in den Urlaub zu legen oder bringen Sie Ihr Kind in der Nacht früh ins Bett. Nickerchen zu vermeiden und spät ins Bett zu gehen ist meist ein Rezept für einen emotional anstrengenden Urlaub. Es ist wichtig, dass Sie Ihr Kind so schnell wie möglich wieder in den Tagesablauf einbeziehen. An dem Tag, an dem Ihr Kind nicht mehr krank ist, oder an dem Tag, an dem Sie von Ihrer Reise nach Hause zurückkehren, gehen Sie sofort auf Ihren ursprünglichen Schlaf und Ihre Hoffnungen ein. Ihr

Kind wird protestieren, aber das wird nur von kurzer Dauer sein, wenn Sie standhaft und konsequent bleiben.

Wenn Ihre Tochter die Fähigkeit erlernt hat, alleine zu schlafen, liegt es an Ihnen, den Schlaf kontinuierlich aufrechtzuerhalten und dafür zu sorgen, dass sie sich gut erholt. Um einen kontinuierlichen Fortschritt zu gewährleisten, ist es notwendig, die Routine altersgerecht zu verändern und nicht nach dem Schlafbedürfnis (z. B. "Ich will kein Nickerchen machen!") oder zu versuchen, den Schlaf so gut es geht zu bestimmen. Es ist notwendig, bei Unterbrechungen sofort zum normalen Schlafzyklus zurückzukehren. Wenn Sie diese Dinge tun, werden die Schlafenszeitkämpfe reduziert. Das Kind sollte genau wissen, was es will, was ihm ein Gefühl von Sicherheit und Geborgenheit gibt.

Das Management von gesundem Schlaf ist ein vielseitiger Vorgang. Erstens müssen Eltern die verschiedenen Entwicklungsmeilensteine von Kleinkindern berücksichtigen und einen Plan entwickeln, der hilft, sie in Bezug auf den Schlaf effektiv zu verwalten. Zweitens müssen die Eltern einen Dialog schaffen und dem Kind helfen, sein Schlafbedürfnis selbst zu regulieren.

Wenn der Schlafzyklus durch Urlaub, Krankheit, Arzttermine und Spieltermine gestört ist, brauchen Eltern einen Managementplan.

Urlaubs- oder Hosting-Unternehmen

Es ist eine gute Idee, vorzubereiten und zu planen, wie Sie mit dem Schlaf Ihres Kindes umgehen, wenn Sie verreisen. Packen Sie wichtige

Schlafsachen ein, die Ihr Kind gerne hat, während es bei ihm schläft. Wenn Ihr Kind während der Reise ein Zimmer mit Ihnen teilt, überlegen Sie, wie Sie sich von Ihrem Sohn isolieren können. Viele Zimmer haben umfangreiche Kleiderschränke, Toiletten oder kleine, kinderbetttaugliche Buchten. Wenn nötig, suchen Sie sich Hotelzimmer, die eine Trennung erleichtern. Ziehen Sie in Erwägung, ein Reisegeräuschgerät mitzunehmen, damit Ihre Bewegungen und Geräusche Ihr Kind nicht stören, während es schläft. Die andere Möglichkeit ist, einige oder alle Nächte zusammen zu schlafen, wenn dadurch alle besser schlafen können.

Versuchen Sie, den Schlafrhythmus Ihres Kindes auf Reisen so weit wie möglich zu berücksichtigen. Die Nachmittage können eine ausgezeichnete Zeit für eine Siesta und eine ruhige Zeit für die ganze Familie sein. Wenn ein Nickerchen verpasst wird, versuchen Sie

Ihr Kind in der Nacht früher ins Bett bringen. Halten Sie die Muster für den Schlaf die gleichen, wie Sie es zu Hause tun. Dies wird Ihrem Kind den Übergang zum Schlaf viel leichter machen.

Den ersten ganzen Tag oder die erste Nacht kehren Sie direkt nach der Reise zu Ihrem gewohnten Tagesablauf zurück. Zu normalen Zeiten sollte das Kind in seinem Bettchen oder Bett schlafen. Es lernt den Unterschied zwischen "Urlaubsschlaf" und "Heimschlaf" kennen.

Wenn Sie das Geschäft zu Hause veranstalten, versuchen Sie, sich so weit wie möglich an den Zeitplan Ihres Kindes zu halten. Außerdem gilt: Je mehr Qualität der Schlaf Ihres Kindes hat, desto mehr Freude wird es am Spielen und Ausgehen haben.

Krankheit

Wenn Ihr Kind krank ist, dreht es sich um seine Bedürfnisse. Krankheit Ermöglichen Sie ihr zu schlafen, wenn sie kann, und trösten Sie sie auf jede hilfreiche Weise. Wenn Sie Ihr Kind mit ins Bett nehmen oder mit ihm in seinem Zimmer schlafen wollen, ist das in Ordnung. Familien müssen das tun, was für die Familie am besten funktioniert, um so viel wie möglich durch die Krankheit zu schlafen. Wenn Ihr Kind normalerweise isst und spielt, kehren Sie sofort zu Ihrem normalen Schlafplan zurück. Am Anfang wird sie vielleicht widersprechen, aber wenn Sie klar und robust sind, wird es schnell gehen. Frühmorgens sollte Ihre Tochter verstehen, was passiert

wenn sie krank ist und was von ihr erwartet wird, wenn sie gesund ist.

Verschiedene Krankheiten

Versuchen Sie, Arzttermine, Bestellungen und Spielverabredungen so weit wie möglich für den Schlafplan Ihres Kindes zu planen. Halten Sie fünf Tage/Woche zur Vorbereitung ein. Es ist wichtig, dass Eltern einen Ausgleich zwischen dem Gefühl, dass ihre Kinder in der Routine feststecken, und den Schlafbedürfnissen ihrer Kinder schaffen. Wenn Ihr Kind einen Vormittagsschlaf macht, legen Sie es für den Nachmittagsschlaf 15 bis 30 Minuten früher hin. Wenn Sie den Nachmittagsschlaf ausfallen lassen, dann bringen Sie Ihr Kind früher ins Bett. Generell ist es, wie auch in den Ferien, besser, den Schlafplan des Kindes nicht einen ganzen Tag lang zu ignorieren, d.h. den Mittagsschlaf ausfallen zu lassen und es sehr spät ins Bett zu bringen. Ihr Kind kann sich von dieser Art von Schlafverlust schnell erholen und fühlt sich sehr überfordert.

Beim Umgang mit jeder Schlafstörung, sei es für einen Tag oder für eine Weile, ist es wichtig, zu einem regelmäßigen Zeitplan zurückzukehren, wenn Sie dazu in der Lage sind. Wenn Sie nicht sofort auf den Plan reagieren, ist das Kind verwirrt. Schon in jungen Jahren lernt das Kind den Unterschied zwischen Tages- und Nachtschlaf, Urlaubs- und Krankheitsschlaf. Wenn diese Grenzen bei jeder Unterbrechung klar gezogen werden, lernt Ihr Kind schnell, was erwartet wird und beschwert sich weniger.

Warum Baby nachts aufwacht und nicht schlafen will

Eines der häufigsten Probleme, bei denen Eltern ihrem Baby helfen müssen, ist ein Baby, das nachts aufwacht. Ein Schritt, um zu lernen, wie man einem Baby helfen kann, nachts besser zu schlafen, ist zu verstehen, warum ein Baby nachts aufwacht.

Haupterklärungen für ein nachtwachendes Kleinkind.

I. Ihr Baby hat eine "Schlafgruppe", die auch als "Einschlafhilfen" oder "Krücken" bezeichnet wird. Das bedeutet, dass Ihr Baby ein bestimmtes Produkt oder eine bestimmte Technik hat, auf die es konditioniert ist und von der es glaubt, dass es sie zum Einschlafen "braucht". Für viele Babys wäre das ein Schnuller, eine Flaschennahrung oder das Stillen, um einzuschlafen. Für andere Kinder kann es jede Bewegung wie Springen, Hüpfen, Laufen oder Autofahren sein. Einige Babys mit höheren Bedürfnissen verlassen sich auf eine Kombination von Schlafkrücken als Rebound mit einem Schnuller.

Das Alter des Babys und die Form der Schlafbeziehungen sind beides Faktoren, die bei der Entscheidung, wie man dem Baby beim Schlafen helfen und seine Abhängigkeit von seiner Schlafkrücke brechen kann, berücksichtigt werden müssen. Es ist auch eine gute Idee, die Persönlichkeit des Babys bei der Entwicklung eines Schlaftrainings zu berücksichtigen.

II. Neue Entwicklungsmeilensteine All dies sind Entwicklungsmeilensteine, die Ihr

Der Schlaf Ihres Kindes in der Mittagszeit, während des Mittagsschlafs, wenn Ihr Baby krabbeln, sich hochziehen, laufen oder sprechen lernt. Das Wichtigste, was Sie über Schlafstörungen im Zusammenhang mit Entwicklungsmeilensteinen wissen müssen, ist, dass Sie rational bleiben, denn selbst wenn Ihr Baby eine neue Fähigkeit nicht zu haben scheint, bedeutet das nicht, dass es sie nicht immer versteht. Auch wenn ein Entwicklungsmeilenstein Ihre Schlafverbesserung kurzzeitig stören kann, bedeutet das nicht, dass es seine Schlafgewohnheiten noch nicht kennt, wenn Ihr Schlaftraining konsequent ist.

Wenn das Baby erst einmal alt genug ist, um zu lernen, alleine einzuschlafen, wird das nächtliche Aufwachen seltener und weniger störend für die ganze Familie sein.

III. Ihr Baby zahnt. Es kann sich so anfühlen, als ob Ihr Baby zwei Jahre lang ununterbrochen zahnt, vor allem, wenn viele Kinder Probleme mit dem Zahnen haben, lange bevor überhaupt ein Zahn erscheint. Wenn Ihr Baby durch irgendetwas häufiger nachts aufwacht, kann es eine Herausforderung sein, zu wissen, wie Sie Ihr Baby zum Einschlafen bringen können. Eltern, die sich fragen: "Hat mein Kind Schmerzen?" "Ist das der Grund, warum mein Baby nachts immer wieder aufwacht?" Das Aufwachen des Babys durch das Zahnen ist oft nur ein vorübergehendes Stadium, in dem das Baby wieder zu seinen normalen Schlafgewohnheiten zurückkehrt, solange die Eltern versuchen, so zu schlafen wie vorher und durch die Zähne. Versuchen Sie, Ihr Baby während dieser Zahnungsphasen in einen Schlafplan einzuordnen.

IV. Vielen Eltern wird gesagt, dass ihr Baby ab einem bestimmten Alter nicht mehr in der Nacht gefüttert werden muss. Das könnte so sein, wenn jedes Baby genau die gleichen Bedürfnisse hätte. Das ist aber nicht der Fall. Die meisten Babys müssen im Alter von sechs Monaten noch durchschnittlich zweimal gefüttert werden. Es ist wichtig zu bedenken, dass ein Baby mit einem kleinen Bauch 10-14 Stunden ohne Nahrung auskommen muss. Ein Baby, das nachts aus Hunger aufwacht, kann auch ohne Fütterungsschlafparty gefüttert werden, und oft ist eine Fütterung genau das, was ein Baby braucht, um die Nacht durchzuschlafen.

V. Auch Säuglinge sind Individuen.

Obwohl es stimmt, dass die meisten Babys von guten Zeiten und Routinen leben, verlieren Eltern gelegentlich den Fokus und regen sich darüber auf, dass ihr Baby nicht jeden Tag gleich schläft. Auch Babys sind Menschen, keine Maschinen. Sie sind unsicher in Bezug auf sich selbst, ihre Einstellungen, Wünsche und Bedürfnisse. Manche Babys schlafen und wachen wie ein Uhrwerk, aber ebenso viele sind es nicht. So wie eine Mutter vielleicht nicht jeden Tag hungrig ist, schläft ein Kind vielleicht nicht die ganze Nacht zur gleichen Zeit. Babys werden wie alle anderen auch gute und schlechte Schlaftage haben.

Es gibt viele Erklärungen dafür, warum ein Kind nachts aufwacht und Schlafprobleme bei Babys, also gibt es auch viele Gründe für das Aufwachen. Versuchen Sie zu verstehen, warum Ihr Baby in der Nacht aufwachen könnte und arbeiten Sie dann daran, herauszufinden, ob es sich um eine vorübergehende Erleichterung oder eine Entwöhnung von der Schlafgemeinschaft während einer

disruptiver Prozess. Wenn Babys wachsen, verändern sie sich, und ihre Fähigkeit zu lernen und zu verstehen nimmt deutlich zu. Das Gleiche gilt für Ihre Schlafgewohnheiten, damit Sie weiterhin vielseitig und anpassungsfähig, aber konsequent Ihrem Baby beibringen können, wie es am besten schläft.

Kapitel 7: Wichtigkeit der Fütterung

Das mag offensichtlich klingen, aber einem Baby die richtige Menge an Kalorien zuzuführen, kann manchmal schwieriger sein, als es scheint. Wenn Sie einen Tagesplan entwickeln, müssen Sie nicht nur die Zeit berücksichtigen, zu der Sie Ihr Baby in sein Bettchen legen. Die Menge der Kalorien, die es

verbraucht wird und wie oft, ist entscheidend.

Ein drei Monate altes Baby kann jetzt, da es etwas gewachsen ist, viel mehr in seinem Bauch halten, als wenn es als winziges Neugeborenes frisch auf die Welt gekommen ist. Das ist eine gute Nachricht für Sie, denn es kann länger zwischen den Mahlzeiten trinken.

Wenn Sie im Alter von drei Monaten eine Routine einführen, benötigt das durchschnittliche Baby bei jeder Fütterung 4 bis 6 Unzen Milch und insgesamt 32 Unzen alle 24 Stunden. Dies gilt sowohl für Muttermilch als auch für Milchnahrung.

Die folgenden Zeitpläne funktionieren für viele Eltern gut:

Neugeborenes :2 bis 3 UnzenAlle 3 bis 4 Stunden

Ein Monat :4 UnzenAlle 4 Stunden

Zwei Monate :4 Unzen6/7 Fütterungen in einem Zeitraum von 24 Stunden Vier Monate :4 bis 6 Unzen6 Fütterungen in einem Zeitraum von 24 Stunden

Bei Säuglingen, die mit Milchnahrung gefüttert werden, ist diese Routine viel einfacher zu befolgen, da Sie genau kontrollieren können, wie viel Ihr Baby trinkt, aber bei gestillten Babys werden Sie vielleicht feststellen, dass Ihr Baby tagsüber häufiger gefüttert wird, um die Kalorien zu speichern, damit es nachts länger schlafen kann. Dies folgt dem gleichen Prinzip, es kann nur in einem etwas anderen Zeitplan als dem oben genannten auftreten.

Wenn Ihr Baby die nächtlichen Fütterungen nicht einstellt, machen Sie sich keine Sorgen. Alle Babys sind unterschiedlich und entwickeln sich in unterschiedlichem Tempo. Wenn Ihr Baby etwas größer ist, können Sie versuchen, es zu überreden, tagsüber mehr zu trinken, so dass es nachts weniger trinkt, aber zwingen Sie es nicht. Ein gestilltes Baby braucht in der Regel länger, um nachts durchzuschlafen, als ein mit Muttermilch gefüttertes Baby, da es möglicherweise nicht bei jeder Mahlzeit die gleiche Menge an Kalorien erhält.

Sobald Ihr Baby alt genug ist, um abgestillt zu werden, können Sie beginnen, feste Nahrung einzuführen, um die Kalorienzufuhr zu erhöhen. Es wird empfohlen, damit zu warten, bis es etwa sechs Monate alt ist, aber das kann von Kind zu Kind variieren. Solange Ihr Baby mit Unterstützung aufrecht sitzen kann, eine gute Kopfkontrolle hat und den Zungenstoßreflex verloren hat, kann es anfangen, mit fester Nahrung zu experimentieren.

Der Zungenstoßreflex tritt in den ersten vier Lebensmonaten eines Babys auf, um es vor dem Verschlucken zu bewahren. Es ist wirklich die clevere kleine Art der Natur

um sicherzustellen, dass er den Fremdkörper aus dem

in den Mund, anstatt es versehentlich zu verschlucken. Warten Sie also unbedingt, bis dieser Reflex verschwunden ist, bevor Sie versuchen, das schöne breiige Gemüsemisch in den Mund Ihres Babys zu löffeln, sonst landet alles auf dem Boden oder auf der Kleidung Ihres Babys!

Aus irgendeinem Grund ist mir aufgefallen, dass die Menschen am meisten damit zu kämpfen haben, wenn es um gesunde Ernährung geht. Ich vermute, wir könnten es auf die Fülle von gentechnisch veränderten, schnellen und verarbeiteten Lebensmitteln in den Lebensmittelgeschäften zurückführen. Der beste Weg, dies zu überwinden, ist, einfach alle Lebensmittel, von denen Sie wissen, dass sie schädlich sind, aus dem Haus zu werfen und sie durch Lebensmittel zu ersetzen, die mit Liebe hergestellt wurden. Der erste Schritt ist, sich darüber bewusst zu werden, was für den menschlichen Körper optimal ist. Am Ende des Tages schadet etwas nur dann, wenn Sie es für schädlich halten, aber wenn Sie eine bewusste Entscheidung treffen, gesunde Bio-Lebensmittel zu essen, wird es für alle reichlich günstig sein. Das wiederum wird die Welt zu einem besseren Ort für uns alle machen.

Wenn Sie schnelle Ergebnisse bei der Gewichtsabnahme und eine bessere Gesundheit sehen wollen, dann versuchen Sie, auf eine ketogene Diät oder mit anderen Worten ein intermittierendes Fastenregime umzustellen. Menschen, die an dieser Disziplin teilnehmen, haben erstaunliche Ergebnisse. Die Methode bei dieser Diät besteht darin, innerhalb eines bestimmten Zeitrahmens zu essen, in der Regel etwa acht Stunden am Tag oder weniger. Dadurch wird Ihr Körper darauf umgestellt, Fett als Energiequelle zu nutzen, anstatt Kohlenhydrate. Eine weitere Möglichkeit, Ihre Gesundheit zu verbessern, besteht darin, mit dem Essen vor sechs oder

sieben Uhr abends, um eine optimale Verdauung und Nährstoffassimilation zu ermöglichen.

Die Wissenschaft beweist schnell, dass eine pflanzliche Ernährung optimaler für den menschlichen Körper ist. Ich entscheide mich für eine rein roh-vegane Ernährung, weil ich mich damit beschäftigt habe und es der gesündeste Lebensstil sein kann, wenn man es richtig macht. Ich finde sie für meinen Körper am optimalsten. Wenn Sie sich eine strahlende Gesundheit wünschen, dann empfehle ich Ihnen, alles darüber zu lernen, was Sie wissen müssen, bevor Sie auf diese Ernährungsweise umsteigen. Ich habe gelesen, dass, wenn alle Menschen zu Pflanzenfressern würden, es genug Nahrung gäbe, um den gesamten Planeten siebenfach zu ernähren und den Hunger zu heilen. Damit Ihr Körper die Nahrung aufspalten kann, um sie in Energie umzuwandeln, muss er Verdauungsenzyme produzieren. Dafür benötigt der Körper achtzig Prozent seiner Energie, und die Studien zeigen, dass der Körper nur so viele Verdauungsenzyme innerhalb einer Lebensspanne produzieren kann. Rohe pflanzliche Lebensmittel enthalten Verdauungsenzyme. Je frischer sie sind, desto mehr Enzyme enthalten sie. Wenn Sie schnelle, lang anhaltende Energie wollen, die Ihnen den ganzen Tag Energie gibt, ohne den Absturz, dann greifen Sie zu Obst und/oder Rohkost. Wenn Sie abnehmen wollen, egal wie viel Sie essen, und mehr Energie haben wollen, als Sie jemals hatten, dann versuchen Sie, auf eine rohe pflanzliche Ernährung umzusteigen. Es ist auch sehr gut möglich, mit einer roh-veganen Ernährung an Gewicht zuzunehmen, wenn Sie Ihre Fett- und Proteinzufuhr durch intensives Training und/oder Gewichtheben erhöhen. Man hat Studien über die am längsten lebenden Menschen durchgeführt und was sie gerne essen. Die Top fünf Langlebigkeit Lebensmittel als eine

Kollektiv gehören alle vegetarischen Quellen wie folgt: Schokolade, Zimt, rote Zwiebeln, Olivenöl und Honig. Was auch immer Sie essen, entscheiden Sie sich für organische oder hausgemachte und vorzugsweise roh.

Bio-Lebensmittel sind aus einer Reihe von Gründen wichtig. Sie können nicht bestrahlt oder mit giftigen Chemikalien wie Pestiziden, Herbiziden, Fungiziden oder Larviziden hergestellt werden. Sie können auch nicht aus gentechnisch verändertem Saatgut angebaut werden. Bestrahlung ist ein Verfahren zur Konservierung von Lebensmitteln, das alle gesunden Bakterien zerstört, die für den menschlichen Körper wichtig sind; außerdem werden dadurch nachweislich lebenswichtige Nährstoffe zerstört. Lokales und selbst angebautes frisches Bio-Obst und -Gemüse sind die sichersten und zugleich nahrhaftesten Lebensmittel. Ich esse täglich eine Avocado, um Nährstoffmängel auszugleichen, weil sie eine so vollständige Nahrungsquelle ist. Wenn Sie noch nie eine gegessen haben oder sie nicht mögen, probieren Sie eine mit kaltgepresstem Olivenöl und Meer- oder rosa Himalayasalz. Das ist meine Lieblingsnahrungskombination. Kräuter sind so wohltuend für den menschlichen Körper. Die tägliche Einnahme von Kräutern sorgt für optimale Gesundheit und hilft, Viren, Pilze und Bakterien einzudämmen, die versuchen, den menschlichen Körper zu übernehmen.

Kapitel 8: Zeitplan Fütterungszeitpunkte

Wenn Ihr Baby beginnt, nachts über längere Strecken (vier oder fünf Stunden) zu schlafen, werden Sie vermutlich sehen, dass es bereit ist, weniger regelmäßig zu trinken und möglicherweise seinen Essensplan zu ändern. Was nun? Eine Flaschen- oder Stillmahlzeit wie ein Uhrwerk, für eine Summe von acht oder so Fütterungen alle 24 Stunden. Wenn er dieses Stadium erreicht hat, können Sie versuchen, seinen regelmäßigen Zeitplan auf Zeiten zu verschieben, die für Sie am besten funktionieren, Schöpfer von From First Kicks to First Steps und Feeding Baby Green. Wenn Ihr Knirps eine beträchtliche Zeit lang von Ihnen trinkt oder den ganzen Tag über aus der Flasche nippt, sprechen Sie mit Ihrem Kinderarzt darüber, die Zeit zwischen den Fütterungen allmählich auszudehnen, damit Ihr Baby bei jeder Mahlzeit mehr trinkt. Ziehen Sie in Erwägung, Ihrem Kleinen zwischen den Mahlzeiten auch einen Schnuller zu geben; manche Kinder müssen sehr viel saugen.

Viele Mütter schätzen jedoch die Rund-um-die-Uhr-Nähe, die die Bedarfsfütterung mit sich bringt, und akzeptieren, dass ihre Säuglinge von ihrer unmittelbaren Ansprechbarkeit profitieren. Wenn das bei Ihnen der Fall ist, gibt es keinen Grund, Ihr Vorgehen zu ändern. Wenn Sie mit Formula füttern, achten Sie darauf, dass Sie nicht überfüttern (für gestillte Säuglinge ist es einfacher, ihre Nahrungsaufnahme selbst zu steuern); Dr. Greenes Standardrichtlinie lautet, Ihrem Baby für jedes Pfund seines Körpers ein paar Unzen Formula anzubieten

Gewicht, bis zu einem Maximum von 32 Unzen täglich. Wenn Ihr Baby vor Appetit weint, sollten Sie ihm natürlich nicht die Nahrung vorenthalten. Wenn ein Zeitplan für ein ruhigeres, fröhlicheres und ausgeruhteres Baby sorgt, sollten Sie ihn auf jeden Fall einhalten. Ihr Baby braucht es, dass Sie sich um seine Angelegenheiten kümmern.

Aber irgendwo im Bereich zwischen 4 und sechs Monaten entwirrt sich das sensorische System Ihres Kindes aus seiner verworrenen Säuglingsmasse und setzt sich selbst zusammen ... und es ist vielleicht bereit, sich selbst in den Schlaf zu beruhigen. Das Problem ist, dass Ihr kleiner Mensch derzeit nicht einschlafen wird, es sei denn, er hat eine scheinbar endlose Menge Ihrer beruhigenden Aufmerksamkeit vor dem Einschlafen bekommen. Und das ist der Zeitpunkt, an dem sich viele erschöpfte Erziehungsberechtigte für ein Schlaftraining entscheiden. Schlafvorbereitung hat viele verschiedene Formen. Wie dem auch sei, der Grundgedanke ist der folgende: Legen Sie Ihr Baby müde, aber wach hin. Wenn es weint, flüstern Sie und reiben Sie ihm den Rücken, um es zu unterstützen. Gehen Sie für ein paar Minuten weg und kommen Sie dann zurück, um es zu beruhigen, wenn es immer noch aufgeregt ist. Wiederholen Sie dies, bis er einschläft. Verlängern Sie jede Nacht die Zeit, in der Sie es weinen lassen, um ein paar Minuten, bis es nicht mehr vorkommt. Obwohl niemand sein Baby gerne weinen hört, akzeptieren die Befürworter, dass ein paar letzte Nächte trotz aller Schwierigkeiten gerechtfertigt sind, wenn Ihr Kind mehr ungestörte Ruhezeit bekommen kann.

Kapitel 9: Auf Mama aufpassen

Sie denken vielleicht, dass der Fokus dieses Buches auf dem Kleinkind liegt, aber Sie würden sich irren. Ich habe viele Ehen gesehen, die weniger erfolgreich wurden, weil die ganze Aufmerksamkeit auf das Kleinkind gerichtet war und die Eltern sich selbst aus dem Spiel genommen haben. Die Bedürfnisse der Eltern sind genauso wichtig, denn ein müder Elternteil wird nicht sehr geduldig sein. Die Stärke der Beziehung macht auch die Familie für das Kleinkind viel sicherer, wenn also beide Parteien glücklich sind, dann wird auch das Kleinkind glücklicher sein. Doch wie schaffen Sie den Spagat zwischen den elterlichen Pflichten und der Freiheit, die Sie beide brauchen?

Das Zuhause - Sie müssen hier ein glückliches Gleichgewicht finden, und wenn Sie und Ihr Partner sich zusammensetzen können, um Aufgaben auszuarbeiten, die täglich erledigt werden können, hilft das wirklich. Es muss geputzt werden, und je ordentlicher Sie Ihr Zuhause halten können, desto einfacher werden all diese Aufgaben. Wenn Sie und Ihr Partner lernen können, Dinge wegzuräumen, nachdem Sie mit ihnen fertig sind, hilft das auch, das Haus für das Kleinkind sicherer zu machen. Es macht Spaß, solche Dinge gemeinsam zu tun. Investieren Sie in einen Geschirrspüler, denn es ist ein Hauptargument, dass der Abwasch erledigt werden sollte. Das macht es einfacher, die lästigen Aufgaben aus dem Weg zu räumen. Investieren Sie auch in eine gute Waschküche mit viel Platz zum Aufhängen, damit die Wäsche einfacher wird. Die Kleidung des Kindes wird Sie veranlassen eine Menge zusätzlicher Wäsche und Sie und Ihr Partner können sich beim Waschen und Aufhängen der Wäsche abwechseln und beide die Verantwortung für Dinge übernehmen, die nicht so viel Spaß machen.

Die andere Sache, die Sie entscheiden müssen, ist, wie Sie Geld und Freizeit aufteilen. Ich weiß, Sie werden es für einen Witz halten, wenn ich Freizeit erwähne, aber mit vielen Menschen, die Telearbeit leisten, ist die Arbeit von zu Hause aus eine reale Möglichkeit, die Ihnen mehr Geld in die Tasche steckt, um sich tatsächlich mehr zu vergnügen. Ein Kind zu haben ist nicht das Ende des sozialen Lebens, wie Sie es kannten, und Sie müssen in der Lage sein, die Verantwortung manchmal abzugeben und dafür zu sorgen, dass Sie viel Zeit für "uns" haben. Gehen Sie zu einem wöchentlichen Date oder besuchen Sie Freunde ohne das Kleinkind im Schlepptau, denn es ist wichtig, dass die Hauptbezugsperson des Kindes Zeit mit Erwachsenen hat. Es kann in der Tat sehr langweilig werden, wenn die einzige Person, mit der man reden kann, ein Kleinkind ist!

Wenn Ihre Kinder älter werden, müssen Sie eine Art Vereinbarung mit Ihrem Partner treffen, dass Sie beide auf der gleichen Seite stehen, was jegliche Art von Elternschaft angeht. Wenn ein Kleinkind den Eindruck bekommt, dass es von Papa etwas bekommen kann, was es von Mama nicht bekommt, glauben Sie mir, wird es dieses Druckmittel nutzen, um sein Leben lustiger zu gestalten, aber es wird wahrscheinlich einen Keil zwischen Sie und Ihren Partner treiben. Sie müssen immer auf der gleichen Seite sein, damit das Kleinkind keinen Zweifel daran hat, dass es die Oberhand hat.

Die Sorge, das Kleinkind bei anderen zu lassen

Dies kann zu einer riesigen Last auf Ihren Schultern werden, wenn Sie es zulassen, dass es zu einer wird. Der beste Weg, einen Babysitter zu arrangieren oder dass Ihre Eltern sich mit dem Kleinkind beschäftigen, ist, eine sehr etablierte Routine zu haben und sicherzustellen, dass alle Personen, die sich um das Kind kümmern werden, sich daran halten. Erklären Sie die Notwendigkeit von regelmäßigen Schlafenszeiten. Sprechen Sie darüber, was akzeptabel ist und was nicht, denn das Problem dabei ist, dass es für die Eltern sehr schwer sein kann, das Kind wieder in die ursprüngliche Routine zurückzubringen, wenn es nach Hause kommt, wenn eine neue Routine eingeführt wird. Schreiben Sie einen Zeitplan auf und wenn Sie nicht sicher sind, dass sich die Personen, die das Kind betreuen, daran halten werden, finden Sie Alternativen.

Eines der größten Ärgernisse in der Beziehung ist die Tatsache, dass das Baby die ganze Aufmerksamkeit bekommt. Deshalb ist es für Paare wichtig, genügend Zeit miteinander zu verbringen und die Beziehung fortzuführen, obwohl das Baby nun auch ein Teil davon ist. Die Schmerzen und Freuden des Erwachsenwerdens zu teilen, ist etwas ganz Besonderes, und man kann heutzutage per Text oder sogar per Skype in Kontakt bleiben, wenn man voneinander abwesend ist. Denken Sie daran: Nur weil Sie mit einem Kleinkind zu Hause festsitzen, heißt das nicht, dass Sie keine Zeit für sich beanspruchen können. Wenn Sie Sport treiben wollen, warum legen Sie ihn nicht in die Zeit des Mittagsschlafs? Wenn Sie weiterhin von zu Hause aus arbeiten wollen, gibt es keinen Grund, warum Sie dies nicht erreichen können, solange Sie die Dinge in Ihrem Leben auf vernünftige Weise trennen können. Sie müssen nur daran denken, dass die

Das Kind steht an erster Stelle, denn das Kind braucht Führung. Wenn Sie jedoch Ihr Zuhause so organisieren, dass Sie in der Lage sind, sich um Ihr Kind zu kümmern, während Sie arbeiten, dann können Sie vielleicht ein gutes Gleichgewicht finden und weiterhin arbeiten und finanziell zur Beziehung beitragen. Das nimmt ein wenig Druck von Ihrem Partner und bedeutet, dass er mehr Zeit zu Hause mit Ihnen verbringen kann und es genießt, Ihr Kind aufwachsen zu sehen.

Sie brauchen soziale Interaktion. Sie müssen auch das Gefühl haben, dass Sie Freunde haben, also machen Sie nicht den Fehler, den Kontakt zu Freunden aufzugeben, nur weil Sie ein Kleinkind haben. Okay, diese Freunde stehen vielleicht nicht auf Kleinkindgespräche, aber Sie können die Abende mit Ihrem Partner tauschen, so dass Sie beide sowohl Zeit mit Ihren Freunden als auch als Hauseltern haben. Auf diese Weise behalten Sie die Balance und sind ein glücklicheres und ausgeglicheneres Elternteil für Ihr Kind. Ein Elternteil, das sein Leben nur ungern der Mutterschaft überlässt, trägt oft eine Menge Bitterkeit mit sich herum, und Sie denken jetzt vielleicht nicht so, aber Kinder können das aufschnappen. Es hilft auch nicht der Beziehungsdynamik, wenn Sie Groll hegen, anstatt Ihr Leben so anzupassen, dass es sowohl Ihnen als auch Ihrem Kind gerecht wird.

Von allen Kleinkindern, die ich in Krisenzeiten betreut habe, erinnere ich mich daran, dass die Kinder von Paaren, die eigentlich glücklich miteinander waren, am leichtesten abends ins Bett zu bringen waren. Das liegt daran, dass sie in ihren kleinen Köpfen keine

Zweifel daran, wer Mami und Papi waren oder welche Rolle sie in ihrem Leben spielten. Auch wenn es sich um Pflegekinder handelte, kann ich Ihnen sagen, dass ihr Leben dadurch definiert wurde, wer sie ihre Eltern kannten und wenn die Eltern sich liebten und ihr Kind liebten, konnte das Kind viel besser schlafen als diese armen Kinder, deren Eltern unglücklich waren und sich im Trennungsprozess befanden. Je glücklicher Sie sind, desto glücklicher wird Ihr Kind sein. Feiern Sie also das Leben und lassen Sie Ihr Kleinkind Sie als einen glücklichen und erfüllten Menschen sehen, den es respektieren und lieben kann und auf den es sich verlassen kann, um positives Feedback zu bekommen und zu lernen.

Kapitel 10: Achten Sie auf die richtige Ernährung

Sie können einen abenteuerlustigen Esser großziehen, der in der Lage ist, eine gesunde und positive Beziehung zum Essen zu haben. Viele Eltern konzentrieren sich allein auf die Ernährung. Sie konzentrieren sich auf die Zahlen der Ernährung - jeden Tag 5 Früchte und Gemüse zu essen, X Unzen Muttermilch oder Milchnahrung pro Tag zu trinken oder die empfohlenen täglichen Kalorien zu essen. Eltern sollten auf die Ernährung achten. Schließlich ist sie entscheidend für Wachstum und Entwicklung. Das Problem entsteht, wenn Eltern sich zu sehr auf die Zahlen konzentrieren. Die Ernährung ist nur eine Komponente einer gesunden Ernährung. Eltern sollten sich auch auf die Vielfalt der Lebensmittel und lebenslanges gesundes Essverhalten konzentrieren.

- Lehren Sie "Geschmackspräferenz", indem Sie Kinder durch eine sensorisch reichhaltige Ernährung einer Vielzahl von Lebensmitteln, Texturen und Geschmäckern aussetzen.

- Bringen Sie Säuglingen und Kindern bei, ihr Hunger- und Sättigungsgefühl zu erkennen und angemessen darauf zu reagieren.

- Maximieren Sie die Nährstoffaufnahme, indem Sie Kindern eine Vielzahl von nahrhaften Lebensmitteln anbieten.

- Geschmacksvorliebe lehren

Die Geschmackspräferenz wird erlernt, indem man Säuglingen und Kindern ab dem Säuglingsalter sensorisch reichhaltige Lebensmittel zum Essen und Erforschen anbietet (darüber lesen Sie später mehr).

Die meisten von uns denken nur über ihre Geschmacksknospen nach, wenn wir etwas mit einem intensiven Geschmack wie süß, sauer, bitter oder salzig essen. Wir denken vielleicht auch über Geschmack nach, wenn wir etwas essen, das wir mögen oder nicht mögen. Wie oft denken Sie an die Geschmacksknospen Ihres Babys, oder sogar an Ihre eigenen? Als Eltern können wir den Geschmackssinn übersehen, weil wir so sehr damit beschäftigt sind, die bestmöglichen Eltern zu sein. Wir sind damit beschäftigt, Zahlen, Buchstaben, Wörter, Tiere, Farben und Lieder zu lehren. Wenn wir unsere Kinder füttern, neigen wir leider dazu, uns darauf zu konzentrieren, wie viel das Kind isst, mehr als auf die Elemente, die die Welt des Geschmacks ausmachen.

Eltern werden mit vielen persönlichen Entscheidungen konfrontiert, ohne zu wissen, welche langfristigen Auswirkungen sie auf das Essverhalten eines Kindes haben können. Winzige Geschmacksknospen beginnen sich bereits im Fötus zu bilden und entwickeln sich im Säuglingsalter weiter. Die Entscheidungen, die wir während der Schwangerschaft, in der Stillzeit und bei den Mahlzeiten treffen, haben das Potenzial, einen Säugling mit einer Vielzahl von Lebensmitteln in Kontakt zu bringen. Die Nahrungsauswahl einer schwangeren oder stillenden Mutter prägt die Nahrungsvorlieben des Kindes. Die Muttermilch gibt die Aromen und Geschmacksrichtungen der Ernährung der Mutter ab. Wenn eine schwangere oder stillende Mutter Knoblauch isst, wird das Kind Knoblauch schmecken. Wenn sie Curry isst, wird das Kind Curry schmecken. Wenn sie

Kümmel isst, wird das Kind Kümmel schmecken. Noch faszinierender ist, dass sich der Säugling nach der Geburt an den Geschmack dieser Aromen erinnern wird, was die Akzeptanz von Lebensmitteln in späteren Monaten und Jahren fördert.

Eine der ersten Entscheidungen, die Sie treffen können und die die Nahrungsvorlieben des Säuglings beeinflussen werden, ist die Entscheidung für das Stillen. Die American Academy of Pediatrics (AAP), das Institute of Medicine und die Weltgesundheitsorganisation (WHO) betonen alle die Vorteile des ausschließlichen Stillens in den ersten 6 Monaten. Gestillte Säuglinge akzeptieren neue Nahrungsmittel während der ersten Einführung mit größerer Wahrscheinlichkeit als Säuglinge, die mit Formula ernährt werden. Dies ist verständlich, da ein mit Milchnahrung gefütterter Säugling tagein, tagaus einen faden Geschmack erlebt.

Stillen ist entscheidend für die Einführung einer Vielzahl von Geschmacksrichtungen. Je länger ein Kind gestillt wird, desto eher wird es später im Leben Obst und Gemüse essen. Daher werden stillende Frauen ermutigt, sich abwechslungsreich zu ernähren.

Wenn das Kind zu fester Nahrung übergeht, kann die Mutter weiterhin die Geschmackspräferenz lehren, indem sie eine Vielzahl von Nahrungsmitteln anbietet. Je mehr Abwechslung dem Säugling im Alter von 6 Monaten angeboten wird, desto besser ist die Akzeptanz der neuen Lebensmittel. Die gesamte Ernährungserfahrung des Fötus, des Säuglings und des Kindes wird stark von den Ernährungsmustern und -entscheidungen der Bezugspersonen beeinflusst.

Lassen Sie uns einen Moment zurückgehen und den Begriff Abwechslung definieren. Die meisten Eltern neigen dazu, Abwechslung mit der Idee zu verbinden, verschiedene Lebensmittel einzuführen (Spargel, Banane, Apfel, Karotte). Aber Abwechslung ist mehr. Wenn ein Kind an einem Tag keine Karotten mag, geben Sie nicht auf. Schneiden oder bereiten Sie sie einfach anders zu, wenn Sie das nächste Mal Karotten servieren. Mit anderen Worten: Möhren können in lange Spieße geschnitten, geschält, püriert oder gewürfelt werden. Die Idee, für Abwechslung zu sorgen, beschränkt sich nicht darauf, neue Lebensmittel zu servieren, sondern dieselben Lebensmittel auf verschiedene Arten anzubieten. Wenn sich das Kind an das Essen gewöhnt hat, wird es eher bereit sein, es zu probieren. Kinder werden das essen, was ihnen vertraut ist. Es ist die Aufgabe der Eltern, dem Kind das Essen durch mehrmaliges Vorstellen vertraut zu machen. Es ist jedoch wichtig, sicherzustellen, dass die Beschaffenheit der Nahrung alters- und fähigkeitsgerecht ist.

Sinnesreiche Ernährung

Die Grundlage der "Geschmackspräferenz" besteht darin, das Kind einer Vielfalt von Nahrungsmitteln auszusetzen, indem eine sensorische Fütterungserfahrung geboten wird. Sinnesreiche Nahrung bietet eine Vielfalt an Geschmäckern, Mundgefühl und Aroma bei einer Ernährung in angemessener Balance. Das Essen bietet dem Kind die Möglichkeit, alle seine Sinne (Geschmack, Tastsinn, Geruch, Klang und Sicht) zu nutzen. Die Akzeptanz oder Ablehnung der Mahlzeit wird von diesen Sinnen bestimmt. Nicht nur der Geschmack des Essens bringt entweder Enttäuschung oder Genuss, sondern auch die

Umgebung bestimmt die Akzeptanz des Essens. Je nach Kind kann eine leichte oder drastische

Eine Veränderung in einem Aspekt der Mahlzeit kann das gesamte Erlebnis verändern. Ein unbequemer Sitz, ein sehr heißer Raum oder ein zu stark gewürztes Gericht können sich negativ auf das Erlebnis des Kindes auswirken. Es ist wichtig, alle Sinne zu berücksichtigen, um ein positives Essenserlebnis zu schaffen.

Jeder Erwachsene kennt die Art von Lebensmitteln, die er mag und die er nicht mag. Kinder sind da nicht anders. Auch sie haben eine Meinung über Lebensmittel und haben stärkere und empfindlichere Geschmacksknospen als Erwachsene, denn leider verlieren Erwachsene mit zunehmendem Alter ihre Geschmacksknospen. Denken Sie daran: Was einem Erwachsenen schmeckt, ist völlig anders als das, was einem Kind schmeckt.

Eltern sollten Kinder einer Vielzahl von Lebensmitteln aussetzen, aber sie sollten auch die individuellen sensorischen Vorlieben ihrer Kinder respektieren. Manche Kinder reagieren sehr empfindlich auf Geschmack oder Textur (vielleicht sogar auf beides). Mein Sohn zum Beispiel hatte und hat immer noch ein Problem mit der Konsistenz. Er hasste Klumpen in seinem Joghurt. Ich lernte, diese Vorliebe zu respektieren und vermied Klumpen in cremigen Konsistenzen. Er ist jetzt drei Jahre alt und ich ändere weiterhin langsam die Konsistenz seiner Nahrung. Eltern können einen individuellen Ansatzpunkt für ihr Kind bestimmen, indem sie einfach auf die verbale oder nonverbale Sprache des Kindes hören. Es kann einige Zeit dauern, bis ein Muster zu erkennen ist. Wenn Sie eine Nahrungsmittelabneigung früh erkennen und langsam daran arbeiten können, sind Sie dem Spiel voraus.

Wenn Sie ein empfindliches Kind haben, gehen Sie langsam vor. Milde, verdünnte oder weiche Lebensmittel können für ein empfindliches Kind einladender sein. Machen Sie sich keine Sorgen - wenn Ihr Kind einen Klumpen im Joghurt oder Zimt im Apfelmus nicht mag, ist noch nicht alle Hoffnung verloren. Das ist nur ein Anfang. Auch hier gilt: Fangen Sie langsam an und nehmen Sie nur kleine Änderungen vor. Wählen Sie Lebensmittel aus, die Ihr Kind gerne isst, und fügen Sie **nur sehr** kleine Veränderungen hinzu, um das Gefühl zu verbessern. Vermeiden Sie sensorische Überraschungen für das empfindliche Kind - es wäre keine gute Idee, ihm an einem Tag einfaches Rührei zu geben und am nächsten Tag ein südwestliches Omelett. Allein die Änderung der Milchmenge, die den Eiern zugesetzt wird, reicht für den Anfang aus, um die Sinneswahrnehmung zu verändern.

Denken Sie daran, dass alle Kinder anders sind. Sie sind anders als Erwachsene, andere Kinder und sogar als sie selbst. Kinder verändern sich ständig. Auch ihre Geschmacksvorlieben ändern sich von Tag zu Tag. Nur weil ein Kind eine bestimmte Beschaffenheit oder einen bestimmten Geschmack an einem Tag mochte, heißt das nicht, dass es ihn am nächsten Tag auch mag. Dies ist ein normales Verhalten und sollte als normal akzeptiert werden, nicht als wählerisch (wir werden dies später besprechen).

Geschmack

Bitter, salzig, sauer, süß und umami (Bohnenkraut) sind die 5 Sinne, die unsere Geschmacksknospen erkennen. Jeder nahrhafte Bissen bietet Ihrem Baby einen Geschmack oder eine Kombination von Geschmäckern, die sich alle gegenseitig beeinflussen. Zum Beispiel kann etwas Süßes den bitteren Geschmack eines Gemüses abmildern. Wenn Sie wissen, wie man Lebensmittel anbietet, um den Geschmack zu maximieren und auszubalancieren, werden Sie Ihr Kind ermutigen, sein Gemüse zu essen. Unter

Mit anderen Worten: Wenn Sie möchten, dass Ihr Kind von den Nährstoffen in einem bitteren Lebensmittel wie Blattgemüse profitiert, können Sie eine süße Frucht wie eine Banane hinzufügen, um den Geschmack annehmbarer zu machen. Dies wird "Geschmackspaarung" genannt.

Seien wir ehrlich - Menschenbabys lehnen von Natur aus bittere Lebensmittel ab und begrüßen süße und salzige Speisen. Es ist nicht ihre Schuld - es ist tief in ihrer DNA verankert. Das Überleben unserer Vorfahren hing von ihrer Fähigkeit ab, zwischen bitteren und süßen Lebensmitteln zu unterscheiden. Die giftigsten Lebensmittel schmecken sehr bitter, was sie unattraktiv macht. Die Empfindung von bitter und süß kann jedoch bei jedem Menschen aufgrund des Alters und der Genetik erheblich variieren. Eltern und Kinder haben naturgemäß unterschiedliche Geschmackssinne und können die Wahrnehmung von wählerischem Essen ebenfalls beeinflussen. Die gute Nachricht ist, dass Geschmacksvorlieben erlernt werden und starke Geschmacksrichtungen mit der Zeit akzeptiert werden können.

Säuglinge bevorzugen nicht nur süße Lebensmittel, sondern sie haben auch eine Neophobie (Angst vor etwas Neuem) gegenüber Lebensmitteln. Sie haben eine angeborene Fähigkeit, sich vor potenziell giftigen Nahrungsmitteln zu schützen. Keine Sorge - nur weil sie Angst vor neuen Lebensmitteln haben und süße Lebensmittel lieben, bedeutet das nicht, dass sie nicht lernen können, gesunde Esser zu sein. Wenn Ihr Baby sich vor dem Geschmack von etwas Neuem sträubt, geben Sie nicht nach ein paar Einführungen auf. Machen Sie weiter und konzentrieren Sie sich auf Ihre Bereitschaft, die gleichen Nahrungsmittel wieder einzuführen. Ändern Sie einfach den Geschmack. Denken Sie daran, den Geschmack zu ändern

ist so einfach wie das Ändern der Textur (pürieren, fein würfeln, hacken), das Hinzufügen eines Krauts oder Gewürzes oder das Servieren bei einer anderen Temperatur.

Mythos Buster: Viele Kinderärzte, Großmütter und Mütter empfehlen, Kleinkindern Gemüse vor Obst zu geben. Es wird angenommen, dass der süße Geschmack von Obst die Vorliebe für bitteres Gemüse stören wird. Es gibt keine eindeutigen Beweise, die diese Theorie unterstützen. Tatsächlich führt eine Vielfalt an Obst und Gemüse während der Schwangerschaft und Stillzeit zu einer größeren Akzeptanz dieser Nahrungsmittel durch den Säugling. Auch der wiederholte Kontakt mit Obst und Gemüse während der Entwöhnung schafft eine Vorliebe.

Mundgefühl

Textur, Form und Temperatur

Unser Mund hat die Fähigkeit zu fühlen. Er kann Texturen und Temperaturen unterscheiden, was einen dramatischen Einfluss auf den Geschmack unserer Nahrung haben kann. Die Textur eines Lebensmittels hat die Fähigkeit, uns zu fesseln und gleichzeitig zu befriedigen. Cremige, fettige Lebensmittel geben uns Trost, während knusprige Lebensmittel uns bei einem gesellschaftlichen Ereignis Freude bereiten. Die Beschaffenheit eines Lebensmittels kann uns aber auch abstoßen. Ich kenne mehrere Erwachsene, die Texturkombinationen aus cremig und klumpig nicht mögen. Behalten Sie dies im Hinterkopf, wenn Sie Ihr Kind füttern. Auch sie haben eine Meinung zur Textur.

Säuglinge und Kinder lehnen häufig neue Nahrungsmittel ab, weil sie die Konsistenz oder den Geschmack der Nahrung nicht mögen. Eltern neigen dazu, dieses Verhalten als "wählerisch" wahrzunehmen. Es gibt ein paar häufige Fehler, die Eltern machen können, wenn sie ihrem Kind ein neues Lebensmittel vorstellen. Die Temperatur beeinflusst auch die Wahrnehmung des Geschmacks eines Lebensmittels. Sie macht das Essen genießbarer und kann die Süße hervorheben oder sogar die Bitterkeit des Essens überdecken. Wenn Sie z. B. Eiscreme vor dem Servieren ein paar Minuten auf der Theke ruhen lassen, wird der süße Geschmack maximiert. Noch besser: Das Einfrieren von bitterem Gemüse nimmt den bitteren Geschmack aus Ihrem Smoothie, wenn Sie ihn gefroren mixen und sofort verzehren!

Säuglinge sollten an verschiedene Temperaturen herangeführt werden, darunter kalt, kühl, warm und lauwarm. Eltern sollten es vermeiden, zu heiße Speisen zu servieren - der Mund eines Babys ist empfindlicher als der eines Erwachsenen, und es ist wichtig, Vorsicht walten zu lassen. Wenn Ihnen eine Speise etwas heiß vorkommt, gehen Sie auf Nummer sicher und kühlen Sie sie für Ihr Baby etwas ab.

Kapitel 11: Versuchen Sie, Ihren Schlaf mit dem Neugeborenen in Einklang zu bringen

Schlafentzug ist Teil des Elternseins, aber er kann definitiv einen Tribut an Sie und Ihre Gesundheit fordern, wenn er über Monate anhält. Um Ihnen zu helfen, diese Phase in Ihrem Leben zu überstehen, habe ich einige Tipps aufgelistet, die Sie befolgen können, um Ihren Schlaf auszugleichen.

Essen Sie gesund - Es ist wirklich eine Herausforderung, als Erwachsener zu funktionieren, und noch schwieriger, sich um Ihr Kleines zu kümmern, wenn Sie nicht genug Schlaf haben. Eine Möglichkeit, um zu garantieren, dass Sie genug Energie haben, um den Tag zu überstehen, ist ein gesundes Frühstück zu essen.

Achten Sie auf einen Teller mit Eiweiß (z. B. Huhn oder Eier), Vollkornprodukten (Hafer, brauner Reis, Vollkornbrot usw.) und frischem Obst. Vermeiden Sie zuckerhaltige Lebensmittel, da diese Ihre Energie nach einer Weile verbrauchen.

Trinken Sie viel Wasser - Ihr Körper braucht Wasser, damit er richtig funktionieren kann. Achten Sie darauf, dass Sie genügend Wasser zu sich nehmen (mehr als 8 Gläser), um auch zu vermeiden, dass Sie krank werden. Sie wollen nicht krank werden, während Sie sich um Ihr Baby kümmern.

Schlafen Sie, wenn Ihr Baby schläft - Dies war ein Ratschlag, der mir gegeben wurde, für den ich sehr dankbar bin. Vermeiden Sie das

Bedürfnis, Ihr Baby zu beobachten, während es schläft (ich weiß, die meisten neuen Eltern wissen, was ich meine) und versuchen

um etwas Schlaf zu bekommen, während Ihr Kleines einschläft. Dies könnte Ihnen helfen, die langen Nächte zu überstehen, in denen Sie versuchen, ihn/sie zum Schlafen zu bringen.

Bitten Sie um Hilfe - Ziehen Sie in Erwägung, Ihre Eltern oder Schwiegereltern um Hilfe zu bitten, vor allem, wenn Sie denken, dass Sie zu überwältigt und erschöpft sind. Ich bin mir ziemlich sicher, dass sie mehr als bereit sein werden, tagsüber auf ihr Enkelkind aufzupassen, während Sie Ihre dringend benötigte Ruhe bekommen.

Unplug - Einige Eltern finden es vielleicht verlockend, ihr Handy oder ihren Laptop zu überprüfen, wenn ihr Baby schläft, um wenigstens einen Eindruck von der "Außenwelt" zu bekommen. Wenn es nicht so wichtig ist, versuchen Sie, den Stecker zu ziehen und selbst etwas Schlaf zu bekommen. Glauben Sie mir, Sie brauchen den Schlaf mehr als die Updates aus Ihrem Social-Media-Feed.

Schlaftraining für Ihr Kind - Beginnen Sie mit der Planung des Schlaftrainings für Ihr Kind, wenn es soweit ist. Schlaftraining, wenn es funktioniert, hilft den Eltern wirklich, qualitativ hochwertigen Schlaf zu bekommen.

Den ganzen Tag durchschlafen

Wenn es um das Ruhebedürfnis des Babys geht, gibt es keinen bestimmten Standard. Sie müssen in Bezug auf das Ruhebedürfnis Ihres

Kindes hellhörig und aufmerksam sein. Es gibt keine genauen Standards, wie lange das Baby ruhen sollte. In jedem Fall werden Sie das in den ersten Tagen und über weite Strecken seines Lebens feststellen,

wird er die meiste Zeit mit Schlafen verbringen. Es wird Zeiten geben, in denen er bei Bewusstsein sein wird, sogar mitten in der Nacht, obwohl, wenn Ihr Kind wie die meisten ist, diese Frequenzen weit in der Mitte liegen werden. Auf jeden Fall werden Sie schon bald feststellen, dass er ein individuelles Ruhemuster aufbauen wird. Der Trick dabei ist, dass in dieser Phase seines Lebens die Ruhe seine beste Technik für die Entwicklung ist. Sie müssen also auch Ihr Ruhemuster ändern, wenn Sie die Entwicklung Ihres Babys gewährleisten wollen.

Das Baby ist das Zentrum der Dinge

In den ersten Tagen und über weite Strecken seines Lebens sollte Ihr Baby der Mittelpunkt Ihres Lebens sein. Wenn Sie eine berufstätige Mutter sind, wäre es deshalb wirklich klug, Ihren Mutterschaftsurlaub für ein oder zwei Monate zu planen, bis Sie Ihr Kind sicher an eine elterliche Figur abgeben können. Während Ihres Urlaubs können Sie Ihre Zeit nutzen, indem Sie sich ganz auf die Bedürfnisse Ihres Babys konzentrieren. Das bedeutet auf keinen Fall, dass Sie Ihre eigenen körperlichen Bedürfnisse vernachlässigen. Was Sie außerdem nicht vernachlässigen sollten, ist das richtige Maß an Ruhe, auch wenn Sie schon sehr früh von den Schreien des Babys geplagt werden.

Das Schlafverhalten von Babys verstehen

Die Gewöhnung an ein neugeborenes Baby kann für Eltern schwierig sein. Die größte Veränderung für die meisten Eltern ist die Gewöhnung an den Babyschlaf

Muster. Es ist eine unbestreitbare Tatsache, dass frischgebackene Eltern mit zahlreichen schlaflosen Nächten rechnen müssen. Zu wissen, welche Art von Schlaf ihr Baby bekommen wird, kann Eltern helfen, sich darüber klar zu werden, wie diese ersten paar Monate aussehen werden.

Ein neugeborenes Baby tut in der Regel nicht viel mehr als schlafen und essen. Dies hält die Mutter mit Stillen und ständigem Windelwechsel beschäftigt. Das Schlafverhalten des Babys sollte in den ersten drei Wochen insgesamt 16-20 Stunden Schlaf pro Tag betragen. Da das Baby etwa 2 Stunden am Stück schläft, bedeutet dies, dass die Eltern in den ersten drei Wochen mit Sicherheit kurze Nickerchen machen oder in Schichten schlafen sollten. Mit drei Wochen wird das Baby anfangen zu schlafen

16 bis 18 Stunden am Tag, vielleicht mit längeren Schlafphasen. Mit sechs Wochen wird das Baby noch weniger schlafen, etwa 15 bis 16 Stunden am Tag. Das bedeutet, dass Eltern in diesem Alter etwas mehr Schlaf erwarten können.

Im Alter von vier Monaten schläft das Baby 9 bis 12 Stunden in der Nacht, zusätzlich zu 2 Nickerchen am Tag. Die Eltern werden jubeln, wenn das Schlafverhalten des Babys ihnen endlich ermöglicht, eine ganze Nacht durchzuschlafen. In den folgenden Monaten wird das Baby immer stabilere Schlafmuster haben und den Eltern eine wirklich notwendige Pause von der Einmischung in den Schlaf bieten.

Diese Baby-Schlafmuster sind grundlegend für das Baby, um die Nahrung und den Trost zu bekommen, die es braucht, um richtig zu wachsen. Versuchen Sie zu verstehen, was in den verschiedenen

Stufen können helfen, die unerfahrenen Eltern auf den Schlaf vorzubereiten, den sie fast sicher bekommen werden, wenn sich ein Baby entwickelt.

POLYPHASISCHER SCHLAF

Diese auch als "Uberman's Sleep Schedule" bekannte Schlafmethode verändert Ihr Schlafverhalten, ohne jedoch die notwendige Qualitätsruhe zu beeinträchtigen, die Ihr Körper braucht.

Das übliche Muster des Schlafs ist als biphasisch bekannt. Das bedeutet, dass es innerhalb eines 24-Stunden-Blocks zwei Schlafphasen gibt. Der polyphasische Schlaf bezieht sich auf den mehrmaligen Schlaf am Tag.

Beim polyphasischen Schlaf soll Ihr Körper diesen Sprung machen, aber nur für etwa 2 Stunden.

Der Kernansatz des polyphasischen Schlafens besteht darin, Ihre volle Ruhezeit für einen Tag in 4 bis 6 Schlafperioden aufzuteilen, die jeweils etwa 2 Stunden lang sind. Das mag wie ein grober Ansatz klingen, um den Schlaf zu verkürzen, aber es ist eine grobe Methode, die funktioniert.

Wie es funktioniert

Beachten Sie, dass der Körper nicht unbedingt volle 8 Stunden Schlaf benötigt, um sich zu erholen und zu heilen. Er muss sich nur im richtigen Zustand befinden, während Sie schlafen. Normalerweise braucht das Zeit, während Sie jeden Zyklus durchlaufen.

Mit polyphasischem Schlaf teilen Sie Ihrem Körper mit, dass Sie nicht mehr in der Lage sein werden, volle 8 Stunden Schlaf zu bekommen. Stattdessen ersetzen Sie Ihre vollen 8 Stunden durch kleinere 2-stündige Abschnitte, die häufig über den Tag verteilt sind.

Je nachdem, wie lange Ihr Körper braucht, um den Hinweis zu bekommen, können Sie mit 2 Wochen rechnen, bis Ihr Körper merkt, dass ein voller 8-Stunden-Block Schlaf nie stattfindet.

Wenn dies geschieht, beginnt Ihr Körper, sich auf Ihr neues Schlafmuster einzustellen, indem er so viel Gehirnaktivität wie möglich in Ihre neue (und begrenzte) Schlafzeit injiziert. Dies ermöglicht es Ihnen, nach nur zwei Stunden Schlaf erfrischt und voller Energie aufzuwachen.

Vorteile

Natürlich funktioniert diese Methode hervorragend für Menschen, die sehr wenig Kontrolle über die Zeit haben, die sie zum Schlafen bekommen. Fachleute, die für Notfälle in Bereitschaft sein müssen, haben jetzt die Energie, das zu tun, was sie tun müssen, ohne ihren guten Schlaf zu opfern.

Dieses Schlafmuster erlaubt Ihnen auch, mehr am Tag zu tun, besonders wenn Sie eher dazu neigen, Dinge zu tun, wenn Sie eigentlich schlafen sollten. Die Flexibilität, die Ihnen diese Methode bietet, erlaubt Ihnen

mehr Platz, um Ihre täglichen Aktivitäten zu planen, anstatt alles in einen einzigen Tag zu quetschen.

Schlafgewohnheiten von Baby und Mutter

Wenn Sie eine neue Mutter sind, müssen Sie die richtigen Schlafgewohnheiten für Mutter und Baby verstehen, um das richtige Wachstum und die Entwicklung Ihres Kindes zu gewährleisten. Nichtsdestotrotz sollte die Entwicklung Ihres Babys nicht Ihre primäre Sorge sein, da Sie die Hauptquelle der Lebensunterstützung für das Baby sind. Sie sollten auch die richtige Menge an Schlaf haben, um Ihre körperlichen Bedürfnisse richtig zu erfüllen.

Ganztägiges Schlafen

Es gibt keine feste Regel, wenn es um das Schlafbedürfnis des Babys geht. Sie müssen wachsam und vorsichtig sein, was das Schlafbedürfnis Ihres Kindes angeht. Es gibt keine strengen Regeln dafür, wie lange das Baby schläft. Aber Sie werden feststellen, dass es sich in den ersten Tagen und Wochen seines Lebens die meiste Zeit ausruhen wird. Natürlich kommt es gelegentlich vor, dass er auch mitten in der Nacht aufwacht, aber wenn Ihr Kind gesund ist, sind diese Vorkommnisse eher selten. Aber Sie werden bald feststellen, dass er ein regelmäßiges Schlafmuster entwickeln wird. Es reicht, wenn Sie davon ausgehen, dass der Schlaf in dieser Phase seines Lebens die beste Methode für sein Wachstum ist. Sie müssen also auch Ihr Schlafverhalten ändern, wenn Sie den Erfolg Ihres Säuglings sicherstellen wollen.

Das Baby ist der Kern von allem.

Das Baby sollte in den ersten Tagen und Wochen seines Lebens das Thema Ihres Lebens sein. Deshalb ist es, wenn Sie eine berufstätige Mutter sind, wirklich schön, einen Mutterschaftsurlaub für ein oder zwei Monate zu planen, bis Sie Ihren Sohn bequem einer Betreuungsperson anvertrauen können. Sie nutzen Ihre Zeit während des Urlaubs am besten, indem Sie die Bedürfnisse Ihres Babys in den Mittelpunkt stellen. Dabei vernachlässigen Sie aber nicht Ihre eigenen körperlichen Bedürfnisse. Eine Sache, die Sie also nicht vergessen sollten, ist die richtige Menge an Schlaf zu bekommen, auch wenn Sie in den frühen Morgenstunden durch das Schreien des Babys abgelenkt werden.

Legen Sie die richtigen Schlafgewohnheiten von Mutter und Baby fest.

Obwohl Kinder einzigartig sind, haben sie in dieser frühen Phase ihres Lebens ein gemeinsames Bedürfnis. Sie brauchen alle viel Zeit zum Schlafen. Dies ist einer der Wege der Natur, um sichere und aktive Kinder zu machen. Und hier können Sie Ihr Kind dazu bringen, gut zu schlafen - indem Sie Ihr Kind dazu bringen, gute Schlafgewohnheiten zu entwickeln. So haben Sie auch die richtige Menge an Ruhe, um ihm ausreichend Nahrung (in Form von Muttermilch) für seine gesunde Entwicklung zu geben.

Sie sollten damit beginnen zu entscheiden, was die beste Zeit zum Schlafen für Sie und Ihr Baby ist. Wenn es Ihre Routine ist, früh einzuschlafen, können Sie versuchen, Ihr Baby etwa eine Stunde früher zum Schlafen zu bringen. Wir wissen auch, dass die meisten Kinder sehr beschäftigt sind und vor dem Schlafen getröstet und beruhigt werden müssen. Dieses Ein-Stunden-System ist für

nur aus diesem Grund. Wenn Sie das nicht tun, werden Sie feststellen, dass Sie zu spät schlafen und somit Ihrer dringend benötigten Ruhe beraubt werden.

Sie sollten sich auch Sorgen um seinen Tagesschlaf machen. Kein Problem, wenn Sie noch im Urlaub sind, weil Sie die ganze Zeit mit Ihrem Sohn verbringen können. Aber wenn Sie wirklich wieder arbeiten müssen, gibt es Komplikationen, wenn Ihr Kind einfach seine eigene Zeit zum Schlafen braucht. Deshalb ist es sinnvoll, ihn häufig über den Tag verteilt schlafen zu lassen - vielleicht einmal morgens und einmal am Nachmittag. Auf diese Weise hat die Betreuungsperson kein Problem damit, Ihr Kind zum Schlafen zu bringen, wenn Sie es verlassen.

Wir können es nicht sehen, aber es passiert definitiv eine Menge während des Schlafes. Und bei Kindern ist das sehr offensichtlich. Wundern Sie sich auch, warum Kinder, die immer schlafen, runde

Körper haben, aber fast immer träge Reaktionen auf äußere Reize zeigen? Dies unterstreicht, dass man es mit dem Schlafen nicht übertreiben sollte. Wenn Sie sich an die richtigen Schlafgewohnheiten der Mutter und des Babys halten, sind sowohl der Körper als auch der Geist des Kindes sicher, und das gilt auch für Sie.

Kapitel Lernen Sie Ihre Verantwortlichkeiten

Bei Kindern, von denen jede Bitte sofort erfüllt wird, steigern sich die Wünsche in zunehmender Reihenfolge, bis sie alle vernünftigen Grenzen überschreiten oder sogar unannehmbar werden. Was tut er da? Es ist Zeit für den Erwachsenen, ihm das zu sagen: "Hör auf - du gehst schon zu weit. Nein heißt nein."

Ihr einjähriges Baby murmelt im Halbschlaf etwas vor sich hin. Dann, ohne Grund, beginnt es zu schreien oder zu weinen. Sie kommen, um nachzusehen, was passiert ist, aber auf den ersten Blick ist alles in Ordnung. Sie denken, dass es Hunger hat und ein Fläschchen mit warmer Milch es beruhigen wird. In der Tat, das Kind schläft wieder ein. Es denkt bei sich selbst: "Toll, eine Flasche Milch, dabei habe ich doch gar nichts verlangt, nur ein bisschen geschrien, wie einfach ist das denn! Warum nicht morgen auch noch eine verlangen? Oder sogar zwei. Es ist so schön, mitten in der Nacht auf Papas Händen Milch zu trinken."

Wenn Sie also das nächste Mal eine "Falle" spüren, sagen Sie einfach nein. Aber wie bringt man diese Heulsuse, die nicht hören will, dazu, zu gehorchen, und es scheint, als ob sie wirklich leidet?

Alles ist ganz einfach: Sie wollen nachts ruhig schlafen, Ihr Kind will etwas anderes (die meiste Zeit der Nacht mit Ihnen spielen oder auf Ihren Händen schlafen). Sie haben überzeugende logische und biologische Argumente, dass es das gar nicht will zum Zuhören: "Um erwachsen zu werden, muss man nachts schlafen, und draußen ist es schon dunkel." Seine Argumente sind laut, herzzerreißend, nervig und unglaublich effektiv. Dies ist seine einzige Möglichkeit, seine Wünsche zu formulieren. Ihr Kind weiß, was es will und versucht, Ihnen dies durch Weinen verständlich zu machen. Was glauben Sie, was passieren wird, wenn Sie es nicht konfrontieren und beim ersten Schluchzen in sein Zimmer flüchten?

Wenn Sie Ihrem Kind nicht beibringen, zu gehorchen oder zu verstehen, dass "Nein" "Nein" bedeutet, dann werden Sie nachts lange Zeit nicht genug Schlaf bekommen können.

Flexibel "Nein"

Ein flexibles "Nein" bedeutet "Nein", was, wenn das Kind weiterhin darauf besteht, schließlich zu "Ja" wird. Ihr Kind sollte verstehen, was die Worte, die Sie sagen, bedeuten. Viele Kinder akzeptieren "Nein" nicht einfach als Antwort, da sie daran gewöhnt sind, dass etwas anderes folgt.

Wenn Sie Ihr Kind daran gewöhnt haben, dass Ihr "Nein" entweder "nicht jetzt, warte" oder "frag noch mal" oder "schrei lauter und sieh nach" bedeutet, dann seien Sie nicht überrascht, dass es nicht zuhört.

Besser wäre es zu sagen:

"Ja. Ja, aber das ist das letzte Mal. Nein." Als:

"Nein. Nein. Nun, gut, aber nur dieses Mal - ja."

Sie dachten, Sie hätten Nein gesagt, Sie haben eine überzeugende Begründung für Ihre Ablehnung gegeben. Das ist völlig ausreichend. Nachdem Sie gesagt haben: "Nein, ich bringe Sie nicht ein drittes Mal am Abend zum Trinken", kommen Sie nicht wieder. Was glauben Sie, was sonst am nächsten Tag passieren wird?

Der Tonfall der Stimme muss zu den gesprochenen Wörtern passen

In welchem Tonfall sagen Sie Nein zu Ihrem Kind? Schließlich wird es zum größten Teil gerade durch Ihre Intonation beurteilen, wie entschlossen Sie in Ihren Worten sind. Lassen Sie ihn also wissen, dass Sie nicht scherzen.

"Nein", müssen Sie mit strenger und klarer Stimme sprechen, aber nicht schreien. Zeigen Sie durch den Tonfall, die Gestik und die Augen, dass Sie nicht scherzen und Ihre Meinung nicht ändern werden.

Eltern, die fest wissen, was sie wollen, verhalten sich dem Kind gegenüber sehr beruhigend und ermutigend, auch wenn die Verweigerung ihm anfangs vorübergehend Unmut bereitet.

Kontrollieren Sie Ihre Emotionen

Ein kleines Kind ist sehr empfänglich für alles, was um es herum passiert; es sieht alles wie eine Videokamera. All die angesammelten Informationen sind in seinem Kopf hinterlegt. Wenn ihm das, was er gesehen hat, besonders interessant erscheint, dann versucht er es zu wiederholen.

Wenn ein Kind geboren wird, kann es weder seine Emotionen noch deren offensichtliche Manifestation kontrollieren. Lange Zeit kann es seine Uneinigkeit nur durch Weinen oder Schreien demonstrieren. Wenn Sie ihn auch noch anschreien, weil Sie das nicht mehr tolerieren können, dann wird er nie lernen, seine Emotionen zu kontrollieren, und die Nächte in Ihrer Familie werden zur Hölle werden.

Ein Beispiel geben

Diese Methode, neues Verhalten zu lehren, nennt man Nachahmung, und Tiere nutzen sie schon lange: Derjenige, der nicht weiß, wie man etwas tut, schaut demjenigen zu, der es kann, und versucht, es zu wiederholen, bis er dasselbe tut. Ein solches Training findet im Stillen statt, ist aber äußerst effektiv.

Niemand zwingt Sie, sich perfekt zu verhalten. Es ist wichtig, sich immer wieder daran zu erinnern, dass die Eltern das erste Vorbild für ihre Kinder sind, die erste Autorität, die Menschen, die von ihren Kindern am meisten geliebt und respektiert werden. Sie üben daher den größten Einfluss auf das Kind aus.

Wie wollen Sie Ihrem Kind beibringen, nachts ruhig zu sein, wenn Sie sich gleichzeitig selbst erlauben, es anzuschreien? Diese Kinder sollten das Modell des elterlichen Verhaltens übernehmen und nicht umgekehrt. Wenn ein Wutanfall Sie wütend macht, dann wird alles auf den Kopf gestellt.

Wenn Sie wollen, dass das Kind aufhört zu schreien, dann sollten Sie selbst es nicht anschreien.

Ruhig bleiben

Eltern arbeiten viel; sie haben viele Dinge zu tun und sehr wenig Zeit, sie zu erledigen. Dadurch sind sie angespannt und haben kaum eine Pause. Darunter leiden meist auch die Kinder, die selbst an der Grenze der Erschöpfung und allem, was der Tag so mit sich bringt, sind. Schließlich werden ihre Launen oft zu genau diesem "letzten Strohhalm".

Es ist für jeden Menschen schwer, die ganze Zeit ruhig zu bleiben. Um zu lernen, seine Wut zu kontrollieren, ist es wichtig, sich klar zu machen, dass es dabei keine "Schuld" des Kindes gibt. Es "zündet nur die Lunte".

Jeder ist für seine Emotionen verantwortlich und dafür, wie er sie ausdrückt. Eltern, die wütend werden, müssen mit ihrer Wut umgehen. Kinder wiederum müssen mit ihrer eigenen umgehen!

Verstöße gegen den Schlaf der Kinder (z. B. wenn ein Baby zwanzig Mal in der Nacht aus dem Bett steigt, anstatt fest zu schlafen) können bei den Eltern einen Wutanfall auslösen. Dies kann einen großen Streit auslösen. Manchmal werden Eltern so müde, dass sie den Stress, den sie nicht entschärfen können, an ihrem Kind abreagieren.

Bitte nicht vergessen:

Ein Kind kann seine eigenen Wutausbrüche nur dank Ihres Vorbilds überwinden;

Sie können Ihr Kind nur dann beruhigen und eine Autorität für es werden, wenn Sie ruhig, streng und gleichzeitig freundlich bleiben.

Ja, das ist nicht so einfach. Aber verlieren Sie nicht die Geduld! Sie können es reparieren.

Bedürfnisse und Launen verwechseln

"Wenn ich nachts nicht auf die Schreie meines Kindes reagiere, wie kann ich dann sicher sein, dass mit ihm alles in Ordnung ist?"

Kleine Kinder haben ihre eigenen Bedürfnisse, und es ist sehr wichtig, sie zu befriedigen. Zum Glück gibt es nicht so viele davon. Das Problem ist, dass ein Kind mit dem gleichen Eifer äußert nicht nur seine Bedürfnisse, sondern auch nur Wünsche, so dass Eltern manchmal diese beiden Konzepte miteinander verwechseln.

Jedes Kind hat seine eigenen offensichtlichen Bedürfnisse, die jedem Elternteil bekannt sind. Zuerst kommen die primären Bedürfnisse, die in erster Linie erfüllt werden müssen - das Bedürfnis nach Nahrung und Wasser, Wärme und Pflege. Als nächstes kommen die sozialen Bedürfnisse - anerkannt und umsorgt zu werden. Dann kommt das Bedürfnis nach Schutz - es ist wichtig für das Baby, das Gefühl zu haben, dass es nicht im Stich gelassen wurde oder

abgelehnt. Als nächstes kommen die geistigen Bedürfnisse - spielen, lernen und etwas Neues entdecken. Schließlich muss das Kind von einer Umgebung umgeben sein, die es ihm ermöglicht, sich richtig zu entwickeln und sein Bestes zu geben.

Jedes Kind sollte alles erhalten, was es braucht. Prinzip Vergnügen

Das Kind glaubt, dass sein Vergnügen das Wichtigste ist; daher kommt es zu dem Punkt, dass es die sofortige Umsetzung jeder seiner Launen verlangt. Es will nicht nur alles bekommen, was es sieht (Feuerwehrauto, Schnuller, Stifte), es braucht es hier und jetzt. Es ist schwierig für ihn, mit dem aufkommenden Gefühl der Ungerechtigkeit umzugehen, wenn er nicht genau das bekommt, was er wollte, oder es nicht sofort bekommt.

Ihre Aufgabe ist es, dem Kind allmählich die Erfüllung einiger seiner Wünsche zu verweigern, aber gleichzeitig nicht zu weit zu gehen, damit es zu verstehen beginnt, was das Leben ist. Wenn dies nicht geschieht, dann wird das Leben selbst es korrigieren; in diesem Fall wird das Kind jedoch eine schwere Zeit haben.

Wenn Sie den Wünschen Ihres Babys nachgeben, dann erweisen Sie ihm nur einen Bärendienst.

Hier sind ein paar Beispiele, die einen Unterschied machen:

Umarmen Sie Ihr Kind öfter. Aber wenn ein Kind fünfzehn Stunden am Tag mit Stiften verbringen will, dann ist das eine Marotte.

Das Kind muss essen; das ist sein Bedürfnis. Wenn es mit sechs Monaten vor dem Schlafengehen eine Flasche Milch möchte, dann ist das eine Laune.

Schlafen im Warmen ist ein Bedürfnis. Schlafen zwischen Papa und Mama ist eine Laune.

Das Kind muss ins Bett begleitet werden. Das ist ein Bedürfnis. Wenn es seine Mutter zehnmal in der Nacht anruft, ist das nichts als eine Laune.

Versagen oder Frustration

Das Kind leidet unter unbefriedigten Grundbedürfnissen, und die Folgen seines Leidens können sein weiteres Leben ernsthaft beeinträchtigen. Wir sehen oft Probleme bei Erwachsenen, denen es in der Kindheit an Fürsorge, Liebe oder Stabilität in der Beziehung zu ihren Eltern mangelte.

Der Wunsch sollte nicht sofort befriedigt werden. Er sollte gehört und verstanden werden - mit Zärtlichkeit und Einfühlungsvermögen. Folgt darauf eine Ablehnung, dann muss deren Grund klar formuliert werden. Mag das Kind das nicht? Zeigt es seinen Unmut lautstark? Das ist nicht schlimm.

Kinder werden zu Schreihälsen und kleinen Tyrannen, gerade wenn alle ihre Wünsche und Launen ständig

erfüllt werden. Sie suchen weiter nach den Grenzen des Erlaubten und können sie dennoch nicht finden.

Schuldgefühle loswerden

Schuldgefühle sind sehr hartnäckig, und es ist sehr schwierig, sie loszuwerden. Es tritt oft bei Eltern auf, die versuchen, mit Schlafstörungen bei einem Kind fertig zu werden. Es kann verschiedene Formen annehmen: Eltern fühlen sich schuldig, weil sie ihr Baby allein schreien lassen, weil sie ihm erlauben, ins elterliche Bett zu kommen, weil sie ihm nicht beibringen können, wie es normal schlafen soll.

Schuldgefühle entstehen aus dem Gefühl heraus, dass wir etwas falsch gemacht haben, aber das ist nicht immer richtig. Es ist vergeblich, sich zu sagen "Ich hätte" oder "Ich hätte tun sollen" - mit Selbstgeißelung helfen Sie der Sache nicht. Der effektivste Weg, um Schuldgefühle loszuwerden, ist, wie die Praxis zeigt, der Wechsel zu aktiven Handlungen.

Wenn Sie einen Versuch unternehmen, den Schlaf des Kindes zu verbessern, dann gibt es keinen Grund, an sich selbst zu zweifeln: Je mehr Sie von Ihrem Handeln überzeugt sind, desto weniger Raum bleibt für Schuldgefühle.

Wenn Sie von Schuldgefühlen heimgesucht werden, dann sollten Sie Folgendes verstehen:

Wenn ein Kind schreit, statt zu schlafen, oder ständig mitten in der Nacht aufwacht, dann ist mit ihm nicht alles in Ordnung. Ihre Aufgabe ist es in diesem Fall, ihn an einen normalen Schlafmodus zu gewöhnen.

Wenn Kinder genug Schlaf bekommen, werden sie ruhiger, energiegeladener; sie sind offener für das Lernen.

Ihr Kind braucht Sie nicht rund um die Uhr; es muss nur wissen, dass Sie in der Nähe sind und es lieben.

Ihr Kind hat das Recht, irgendwann Wut oder Protest zu äußern; Sie müssen sich dafür nicht die Schuld geben.

Das beste Geschenk, das Sie Ihrem Kind machen können, ist, ihm beizubringen, sich zu beruhigen und alleine zu schlafen. Dies ist ein großartiger Start, um seine Unabhängigkeit weiter zu entwickeln.

Dem Streit am Abend ein Ende zu setzen, Eltern zu werden, die den Morgen mit einem Lächeln und völlig ausgeruht begrüßen - ist das nicht das Wichtigste für Ihr Kind? Und vergessen Sie nicht: Auch Sie haben das Recht auf eine Nachtruhe.

Menschen, die von Natur aus sehr freundlich sind, sind besonders anfällig für Schuldgefühle. Sie wollen andere nicht stören oder ihnen ein schlechtes Gewissen machen, und erst recht nicht, wenn es um ihr eigenes Kind geht. Wenn es um Sie geht, dann stellen Sie sich die folgende Frage: Würden Sie Ihr Kind stören, wenn es sich mit einem

Messer den Finger abschneiden wollte? Auf dieselbe Weise können wir sagen:

Wenn wir dem Kind nicht beibringen, normal zu schlafen, dann erlauben wir ihm, einen Fehler zu machen.

Vergessen Sie schließlich nicht, dass sich Schuldgefühle zu Wut und Aggression entwickeln können, da sie zu einem inneren Konflikt führen: Wir wollen, dass das Kind nachts besser schläft, sind aber gleichzeitig nicht bereit, etwas dafür zu tun oder mit Konsequenzen zu rechnen. Die Folge ist, dass einer von beiden - Ihr Ehepartner oder das Kind selbst - zum Opfer solcher Gefühle wird. Das wird weder die allgemeine Atmosphäre im Haus verbessern noch die Probleme mit dem Schlaf Ihres Babys lösen.

Einander helfen

Es ist sehr wichtig, dass sich beide Elternteile gleichermaßen an der Lösung von Problemen mit dem Schlaf des Babys beteiligen. Wenn Sie es gemeinsam tun, dann läuft alles ruhiger ab, Sie haben mehr Geduld, sind überzeugender und haben mehr Kraft.

Schlafmangel erschöpft das Nervensystem. Es überrascht nicht, dass die Geburt eines Babys eine große Prüfung für jedes Paar ist. Es kommt oft vor, dass Schwierigkeiten mit dem Legen eines Kindes zu ernsthaften ehelichen Meinungsverschiedenheiten führen. Das Kind versteht das alles sehr gut und fühlt sich verantwortlich und schuldig, und es braucht diese schwere Last nicht zu tragen.

Es kommt auch oft vor, dass Eltern, die sich normalerweise sehr gut verstehen, anfangen zu streiten, wenn es um Schlafprobleme bei ihrem Kind geht. Einer von ihnen nimmt einen strengeren Standpunkt ein: Er glaubt zum Beispiel, dass man das Kind weinen lassen sollte, will es nicht mehr beruhigen

ihn herunter und möchte einen ruhigen Abend oder eine Nachtruhe genießen. Der andere verhält sich "freundlicher" mit dem Kind, macht sich Sorgen, dass etwas mit ihm nicht stimmt, dass sich das Baby verlassen fühlt.

Bildet sich zudem ein Riss zwischen den Eltern, dann "rutscht" das Kind sofort hinein. Er wird schnell zum Gegenstand von Streitereien: In der Regel glaubt ein strengerer Elternteil, dass der zweite alle seine Erziehungsbemühungen zunichte macht. Doch weder Autoritarismus noch Nachgiebigkeit bringen das gewünschte Ergebnis.

Was ist also zu tun?

Versuchen Sie, nicht vor dem Kind darüber zu streiten, wenn sich die Situation aufheizt. Zeigen Sie ihm auf jeden Fall nicht, dass Sie nicht einer Meinung sind.

Lassen Sie das Kind nicht den Eindruck gewinnen, dass es von der Mutter alles bekommen kann, was der Vater gerade abgelehnt hat (oder umgekehrt). Denn dann besteht die Gefahr, dass man vom Bett aus hört: "Nein, Papa, ruf Mama!" Dieser Erziehungsfehler ist in der Zukunft nur sehr schwer zu beseitigen.

Wenn einer der Elternteile eine Entscheidung trifft, ist es ratsam, dass der zweite ihn dabei unterstützt, auch wenn er nicht ganz mit ihm einverstanden ist. Wenn sich der Streit nicht vermeiden lässt, dann verschieben Sie die Klärung der Beziehung auf einen günstigeren Zeitpunkt.

Wenn Sie Ihrem Kind etwas Neues beibringen müssen, ist es wichtig, dass beide Elternteile solidarisch miteinander sind: "Mama hat nein gesagt, also nein."

Staffelstab weitergeben

Wenn die Eltern nachts nicht genügend Schlaf haben, ist es wichtig, dass sie abwechselnd das Kind überwachen. Geben Sie den Staffelstab der Nachtwache an den anderen weiter, handeln Sie aber weiterhin gemeinsam. Indem Sie sich gegenseitig auf dem Laufenden halten, können Sie sicherstellen, dass das Kind an das von Ihnen gewählte Verhaltensmodell und die für es geltenden Anforderungen gewöhnt wird.

Wenn Sie gemeinsam oder abwechselnd handeln und sich ausreichend lange an Ihren Plan halten, dann wird das Kind am Ende lernen, sich so zu verhalten, wie Sie es erwartet haben.

Kapitel 13: Periodische Bewegungsstörungen der Gliedmaßen und ihre Behandlungen

Eine weitere Schlafstörung, bei der sich die Gliedmaßen während des Schlafs bewegen, ist PLMD oder Periodic Limb Movement Disorder. Dies geschieht zu verschiedenen Zeiten während der Nacht, wenn die Hand- und Beinextremitäten rhythmische Bewegungen erfahren.

Wenn Sie an PLMD leiden und es behandeln möchten, dann müssen Sie Ihren Arzt aufsuchen und ihn offiziell diagnostizieren lassen, dass Sie an dieser Schlafstörung leiden. Er wird Ihnen dann verschiedene Behandlungsmöglichkeiten für die Symptome von PLMD verschreiben.

Ihr Arzt kann Ihnen raten, Substanzen zu vermeiden, die PLMD verschlimmern. Dazu können Alkohol und Koffein gehören, da sie die Gliedmaßen im Schlaf stark bewegen.

Ihr Arzt wird Ihnen möglicherweise krampflösende Medikamente zur Behandlung von PLMD verschreiben. Es besteht die Möglichkeit, dass er Ihnen Medikamente verschreibt, die für die Parkinson-Krankheit bestimmt sind, da diese die Schwere Ihrer PLMD-Symptome deutlich verringern werden.

Fragen Sie Ihren Arzt, ob Sie Schlafmittel verwenden können, wenn Sie keine krampflösenden Medikamente einnehmen möchten.

Einige Ärzte können Ihnen Medikamente verschreiben, um einen tieferen Schlaf zu gewährleisten.

Nachdem Sie verschreibungspflichtige Medikamente eingenommen haben, besuchen Sie Ihren Arzt erneut zur Nachkontrolle. Er kann die Dosierung anpassen, die er Ihnen zuvor gegeben hat, oder er kann Ihre Medikamente je nach Ihrem aktuellen Zustand ändern.

Wann beginnt eine Schlafstörung?

Zunächst möchte ich mir die Zeit nehmen, um sicherzustellen, dass Sie verstehen, dass Schlafstörungen oft nicht die Schuld eines Elternteils sind. Schlafstörungen entstehen aus einer Vielzahl von Gründen und oft, weil das Kind eine überaktive Phantasie hat oder sich einfach nicht an einen Umgebungswechsel gewöhnen kann. Babys leiden oft unter Trennungsangst, die ein Schlafproblem verursachen und sich zu einer Schlafstörung entwickeln kann. Da diese Faktoren des Lebens bei Ihrem Kind, wie bei jedem Kind, einfach vorkommen, ist es äußerst wichtig, dass Sie diese Schlafstörungen niemals persönlich nehmen. Je mehr Sie sich von der Schlafstörung Ihres Kindes beeinflussen lassen, desto schwieriger wird es für Ihr Kind sein, die Störung zu überwinden. Als Eltern sind unsere Schuldgefühle oft groß. Ich kann Ihnen zwar nicht sagen, dass Sie keine Schuldgefühle haben sollen, aber ich kann Ihnen sagen, dass Sie Ihre eigenen Techniken finden sollten, die Ihnen helfen, jegliche Schuldgefühle oder

Zweifel zu verarbeiten, damit Sie Ihrem Kind helfen können, seine Schlafstörung zu überwinden.

Viele Eltern denken, dass ihr Baby noch nicht alt genug ist, um eine Schlafstörung zu entwickeln. Leider ist dies

Denken ist falsch. Ihr Kind kann schon im Alter von wenigen Monaten eine Schlafstörung entwickeln. Tatsächlich nehmen Schlafstörungen bei Kleinkindern zu. Laut einer aktuellen Studie haben sogar zwei von drei Kindern im Alter von zehn Jahren und jünger eine Schlafstörung. Aufgrund dieser jüngsten Entwicklung haben Ärzte begonnen, die Wichtigkeit der Einrichtung von Schlafenszeit- und Schlafenszeit-Routinen zu diskutieren, da dies Ihrem Kind nachweislich hilft, Schlafstörungen zu bekämpfen. Es ist wichtig anzumerken, dass Schlafstörungen nicht immer damit beginnen, dass das Kind nicht ausreichend geschlafen hat. Dies kann zwar ein Faktor sein, wie z. B. die Gewöhnung an späteres Aufbleiben oder die Fähigkeit, einzuschlafen, wann und wo es sich danach fühlt, aber es gibt viele andere Ursachen für Schlafstörungen, wie z. B. psychologische oder emotionale Gründe.

Zusätzlich zur Untersuchung der Ursachen von Schlafstörungen bei Kindern haben Ärzte weiter untersucht, welche Art von Problemen Kinder aufgrund von Schlafmangel haben. Laut einer Studie, die am Northwestern University Medical Center durchgeführt wurde, fanden Forscher heraus, dass Kinder oft Verhaltensprobleme haben, wenn sie nicht genug Schlaf bekommen. Ohne die richtige Menge an Schlaf können Kinder psychische Störungen wie Angstzustände und Depressionen entwickeln. Daher sind einige Faktoren, die Schlafstörungen verursachen können, auch Faktoren, denen Kinder ausgesetzt sind, wenn sie nicht genug Schlaf bekommen.

Was Schlafstörungen bei Ihrem Kind anrichten können, habe ich bereits in Kapitel 2 besprochen. Jetzt werde ich

konzentrieren sich darauf, warum und wie sich diese Schlafstörungen entwickeln. Ich werde auch darauf eingehen, wie Sie die Chancen Ihres Kindes, eine Schlafstörung zu entwickeln, begrenzen können und Lösungen vorschlagen, die Sie ausprobieren können, wenn Ihr Kind eine Schlafstörung entwickelt.

Ein Kind kann in fast jedem Alter eine Schlafstörung entwickeln. Während die meisten Neugeborenen nicht dazu neigen, Schlafstörungen zu entwickeln, ist es nicht unerhört. Die meisten Schlafstörungen beginnen jedoch im Alter von vier bis sechs Monaten, vor allem, wenn das Gehirn des Babys aktiver wird. Zum Beispiel kann Ihr Kind einen Alptraum über eine bevorstehende Geburtstagsparty haben, sogar über seine eigene, wenn es spürt, dass Sie sich darüber Sorgen machen oder oft darüber sprechen. Dies ist ein Grund, warum viele Kinderärzte und Kinderpsychologen den Eltern raten, so oft wie möglich mit ruhiger und beruhigender Stimme in der Nähe ihres Babys oder Kleinkindes zu sprechen. Die Wahrheit ist, dass Erwachsene nie wissen, wie ihr kleines Kind die Situation interpretieren wird, und besonders bei Babys und Kleinkindern hängt diese Interpretation stark davon ab, wie sie ihre Eltern über ein Thema sprechen hören. Wenn Ihr Kind Wut in Ihrer Stimme wahrnimmt, wird es glauben, dass Sie wütend über das Thema sind, z. B. über die

Geburtstagsfeier, auch wenn Sie nur frustriert sind, weil die Bäckerei die Torte vermasselt hat.

Ein weiterer Grund, der der Fantasie eines Kindes freien Lauf lassen kann, ist das Fehlen eines Mittagsschlafs während des Tages.

Leider kann dies jedem Elternteil und jedem Kind passieren. Egal wie sehr Sie sich bemühen, der Arzt könnte einen Besuch während der Mittagsschlafzeit ansetzen, oder Sie könnten einen Notfall in der Familie haben, um den Sie sich kümmern müssen. Mit anderen Worten, Sie werden nicht immer in der Lage sein, den Zeitplan einzuhalten, den Sie für Ihr Kind festgelegt haben, was dazu führen kann, dass das Gehirn Ihres Kindes aktiver wird, sobald es schlafen kann. Dies geschieht, weil Ihr Kind durch den verpassten Mittagsschlaf übermüdet wird, was dazu führt, dass sein Gehirn überaktiv wird. Dies wiederum kann zu Albträumen oder Nachtangst führen.

So beugen Sie Schlafstörungen vor

In Wirklichkeit gibt es manchmal keine Möglichkeit, eine Schlafstörung zu verhindern. Ein Kind hat von Natur aus ein unreifes Nervensystem, was dazu führen kann, dass es ins Bett macht. Außerdem kann ein Kind nicht kontrollieren, ob sein Rachen groß genug für die Mandeln und Polypen ist, wenn es schläft. Dies ist einfach ein Teil, mit dem es geboren wird. Ein Kind hat von Natur aus eine rege Phantasie, die solche Dinge wie Albträume und Nachtangst hervorrufen kann. Das bedeutet jedoch nicht, dass Sie nicht versuchen sollten, einen zugrunde liegenden Faktor zu finden. Wenn Sie zum Beispiel gerade in eine neue Gemeinde gezogen sind, könnte Ihr Kind

Probleme beim Einschlafen haben, weil es sich um einen neuen Ort handelt. Dies ist typisch für ein Baby oder Kleinkind, kann aber auch ein zugrunde liegender Faktor sein.

Sie wissen, dass Ihr Kind aufgrund der neuen Umgebung Probleme mit dem Einschlafen hat, und sobald es sich daran gewöhnt hat, wird es besser schlafen können. Natürlich hilft es Ihrem Kind, sich an die Schlafenszeit und die Schlafenszeit Ihres Kindes zu gewöhnen und ihm zu erklären, dass dies sein neues Zuhause ist.

Eine Möglichkeit, beginnenden Schlafproblemen, die sich zu Schlafstörungen entwickeln können, vorzubeugen, ist es, sich daran zu erinnern, so ruhig wie möglich zu bleiben, wenn es einen Kampf mit Ihrem Kind oder in der Umgebung, in der sich Ihr Kind befindet, gibt. Ein Baby kann leicht spüren, wenn mit seinen Eltern etwas nicht stimmt. Sie wissen, wenn ihre Eltern wütend, glücklich, traurig oder frustriert sind. Ein Baby ist auch sehr empathisch, sobald es eine negative Emotion wahrnimmt. Sie können dies fühlen

Das kann dazu führen, dass sie wählerisch werden und weinen. Dies kann sie für die Schlafenszeit aufregen, was dazu führen kann, dass sie länger brauchen und mehr Trost brauchen, wenn sie einschlafen.

Das Eingehen auf die Bedürfnisse Ihres Kindes ist eine weitere Möglichkeit, Schlafstörungen vorzubeugen. Ein Kind, ob Baby oder Kleinkind, versteht, wann seine Bedürfnisse erfüllt sind und wann nicht. Wenn Bedürfnisse nicht erfüllt werden, kann dies einen inneren Kampf mit Ihrem Kind auslösen. Es kann zum Beispiel das Gefühl haben, dass Sie ihm nicht geben, was es braucht, was dazu führen kann, dass es sich unwohl fühlt und Ihnen nicht vertraut. Dies kann schnell zu Schlaflosigkeit oder einer anderen Art von Schlafstörung führen, weil Ihr Baby nicht ganz zufrieden ist.

Leider ist es nicht immer einfach, direkt zu verstehen, was Ihr Kind im Moment braucht. Dies gilt besonders für neue Eltern, da sie gerade erst lernen, wie man für ein Kind sorgt. Wenn dies passiert, ist es wichtig, sich daran zu erinnern, dass Sie, solange Sie es weiter versuchen, ruhig bleiben und tun, was Sie können, um herauszufinden, was Ihr Kind braucht, in der Lage sein werden, sein Vertrauen zu gewinnen und ihm durch etwaige Schlafprobleme oder Störungen zu helfen, die es erwerben könnte.

Es ist wichtig, sich daran zu erinnern, dass alle Eltern hin und wieder Fehler machen und stolpern. Es gibt keine perfekten Eltern, egal wie sehr sie sich bemühen. Der Trick ist, aus Ihren Fehlern zu lernen, Erfahrungen zu sammeln und Ihrem Kind bedingungslose Liebe und Fürsorge zu geben. Mit dieser Einstellung werden Sie in der Lage sein, Ihre Erziehungsziele zu erreichen, und Ihr Kind wird sich in einem wunderbaren und liebevollen Zuhause weiter entwickeln.

Kapitel 14: Was ist Schlaflähmung?

Normalerweise mit Narkolepsie verbunden, ist die Schlaflähmung ernster. Sie betrifft 20 bis 40 % der Menschen in den USA und beginnt im Alter von 10 Jahren. Episoden nehmen ab, sobald eine Person das Alter von 17 Jahren erreicht. Sie tritt auf, wenn Sie aus dem Schlaf aufwachen oder wenn Sie einschlafen. Diese Schlafstörung macht Sie unfähig, Muskeln, Gliedmaßen oder Ihren ganzen Körper zu bewegen. Sie dauert normalerweise zehn Sekunden bis ein paar Minuten und wird manchmal von Halluzinationen begleitet. Solche Halluzinationen sind auditiver, taktiler oder visueller Natur.

Medizinische Experten sagen, dass die Schlaflähmung genetisch bedingt sein kann. Andere Dinge, die sie verursachen, sind:

1. Schlaflosigkeit

2. Drogenkonsum

3. Auf dem Rücken liegend

4. Ändern von Zeitplänen

5. Medizinische oder psychische Bedingungen

Bei der Behandlung der Schlaflähmung müssen Sie Ihrem Körper sagen, dass er bereit sein soll, richtig zu schlafen. Sie müssen tagsüber richtig essen, denn die Art der Nährstoffe, die Sie erhalten, wirkt sich auf die Art des Schlafes, den Sie haben werden. Erhalten Sie mindestens sechs bis acht Stunden Schlaf und verzichten Sie auf häufige Nickerchen, damit Sie nicht häufig Schlafparalysen erleben.

Schlafen Sie nachts auf der Seite, da das Liegen auf dem Rücken erwiesenermaßen Schlafparalyse-Episoden fördert. Wenn Sie einen Anfall haben, konzentrieren Sie sich nicht auf den Versuch aufzuwachen. Entfernen Sie sie stattdessen aus Ihren Gedanken, da dies das Auftreten dieser Episoden verringern sollte.

Suchen Sie Ihren Arzt auf, wenn Sie immer wieder Schlaflähmungen erleben. Möglicherweise haben Sie ein anderes gesundheitliches Problem, das behandelt werden muss, damit Ihre Schlaflähmung nicht wieder auftritt.

Ärzte geben in der Regel zwei Medikamente für Schlaflähmung und einer von ihnen ist Ritalin. Dieses muss jeden Morgen eingenommen werden, damit es den ganzen Tag über wirken kann. Dieses Medikament reguliert die Schlafzyklen und behandelt die Schlaflähmung, die bei einigen Erwachsenen auftritt.

Ein weiteres Medikament ist Clonazepam, das vor dem Schlafengehen eingenommen wird. Es reguliert auch die Schlafmuster, aber auf eine andere Weise als Ritalin. Es soll bei der Behandlung der Schlaflähmung effektiver sein als Ritalin.

Besuchen Sie immer Ihren Arzt für eine Nachuntersuchung, damit er weiß, ob das Ihnen verschriebene Medikament gewirkt hat oder nicht.

Er wird auch überprüfen, ob die Schlaflähmungsattacken, unter denen Sie leiden, abnehmen oder nicht.

Kapitel 15: Nocturie als häufige Schlafstörung verstehen

Eine weitere Schlafstörung ist die Nykturie. Dabei handelt es sich um den Drang, auf die Toilette zu gehen und während der Schlafstunden übermäßig zu urinieren. Es kann für die Betroffenen irritierend sein, weil sie immer wieder aufwachen, nur um zu urinieren. Dadurch fehlt ihnen ein erholsamer Schlaf. Es gibt verschiedene Ursachen für die Nocturie. Diese Störung hat sowohl behandelbare als auch unbehandelbare hartnäckige Symptome.

Um eine Nykturie zu behandeln, müssen Sie zunächst eine Verhaltensänderung vornehmen. Möglicherweise müssen Sie Ihre Flüssigkeitsaufnahme nach einer bestimmten Stunde einschränken. Möglicherweise müssen Sie auch Ihre Beine während der Schlafenszeit hochlegen und tagsüber Nickerchen machen. Möglicherweise müssen Sie auch Kompressionsstrümpfe tragen, um den Blutfluss in Ihren Beinen zu verbessern und die Möglichkeit von Flüssigkeitsansammlungen zu verringern.

Es gibt Medikamente, die Ärzte bei Nykturie verschreiben. Furosemid oder Bumetanid hilft, die nächtliche Urinproduktion zu kontrollieren. Ein weiteres Medikament, das Blasenkrämpfe stoppt oder verlangsamt, ist Darifenacin. Ärzte verschreiben auch Desmopressin, ein Medikament, das Hormone nachahmt, die dafür sorgen, dass die Nieren weniger Urin abgeben.

Ein Medikament, das Rezeptoren an der Blasenwand blockiert, was zu einer übermäßig aktiven Blase führt, ist Trospiumchlorid. Ein Medikament, das die Urinproduktion verringert, ist Imipramin, während Tolterodin, Oxybutynin und Solifenacin die Blasenmuskulatur entspannen, was das nächtliche Wasserlassen reduziert.

Die Chinesen verwenden eine ganzheitliche alternative Behandlung wie Akupunktur, um Nykturie zu behandeln. Diese Behandlung konzentriert sich auf die Nieren, um die Urinproduktion zu verringern und beseitigt Leberprobleme, die zu einem Ungleichgewicht der Harnwege führen. Sie konzentriert sich auch auf Ungleichgewichte von Blase, Bauch, Niere und Milz.

Es gibt auch chinesische Kräuter, die Nokturie behandeln, wie Psoralea, Ootheca Mantidis und chinesische Dodder-Samen. Diese Kräuter konzentrieren sich auf die Heilung der Nieren. Chinesische Fingerhutwurzel und getrocknete Zimtrinde sind die Kräuter, die die Nieren nähren. Astragaluswurzel hilft, die Milz zu stärken, so dass der Drang, häufig zu urinieren, kontrolliert wird.

Kapitel 16: Ein Überblick über das Sleep Talking

Medizinisch wird es als Somniloquie bezeichnet, aber im Laienjargon ist es als Schlafwandeln bekannt. Es ist vorübergehend und harmlos und hat keinen Einfluss auf den Schlaf, aber wenn Sie darunter leiden, kann es für Menschen, die mit Ihnen schlafen, irritierend sein.

Wenn jemand im Schlaf spricht, spricht er kurz oder gibt einfache Laute von sich. Es gibt Zeiten, in denen der Betroffene lange Reden hält. Der Betroffene erinnert sich dann nicht mehr an das Gesagte. Das Sprechen im Schlaf wird manchmal durch andere Schlafprobleme, emotionalen Stress, Fieber und verschiedene externe Faktoren verursacht.

Wenn Sie Episoden von Schlafgesprächen haben, können Sie zufällige Wörter, ganze Sätze oder sogar vulgäre Ausdrücke äußern. Das liegt daran, dass Ihr Gehirn im Schlaf entspannt ist. Es gibt seltene Fälle, in denen Sie schreien und dadurch andere um Sie herum aufwecken.

Kinder sind am häufigsten von Schlafgesprächen betroffen. Statistiken besagen, dass 50% der Kinder aus der Altersgruppe 3-10 Jahre Gespräche im Schlaf führen. Zehn Prozent sprechen im Schlaf mehr als einmal pro Woche. Ungefähr 5 % der Erwachsenen sprechen im Schlaf.

Es gibt eine aggressive Art von Somniloquy und das ist RBD, die zuvor erklärt wurde. Diese Art der Schlafstörung hat heftige Episoden, in denen der Betroffene schreit, brüllt und tritt. Er erinnert sich nicht daran, was er getan hat und ist meist überrascht, wenn er von einer solchen Episode erfährt. RBD tritt aufgrund von Angstzuständen, Krankheiten, Gehirnstörungen und extremem Stress auf.

Eine der Möglichkeiten zur Behandlung von Schlafgesprächen ist es, eine ausreichende Menge an Schlaf zu bekommen. Medizinische Experten sagen, dass diese Störung bei Menschen auftritt, die unter Schlafmangel leiden. Wenn sie sich regelmäßig ausruhen, wird dies die Episoden des Schlafgesprächs verringern.

Es ist wichtig, Stress in Ihrem täglichen Leben zu verringern, um das Reden im Schlaf zu stoppen. Stress ist ein Faktor, der seine Schwere und Häufigkeit erhöht. Halten Sie sich von Stressoren fern und führen Sie stressabbauende Aktivitäten durch, wie z. B. eine Aromatherapie-Massage, Yoga oder Meditation.

Sie müssen sich auch von Alkohol vor dem Schlafengehen fernhalten, da dieser die Schlafgespräche verschlimmern und Ihren Schlafrhythmus unterbrechen kann. Nehmen Sie vor dem Schlafengehen keine großen Mahlzeiten zu sich und essen Sie auch keine nächtlichen Snacks, da diese ebenfalls den Schlaf stören. Es ist wichtig, dass Sie weniger als 4 Stunden vor dem Schlafengehen keine Nahrung zu sich nehmen. Es ist auch eine gute Idee, sich von Kaffee oder zuckerhaltigen Lebensmitteln fernzuhalten.

Wenn das Reden im Schlaf Ihren Partner stört oder wenn Sie glauben, dass Ihr Reden im Schlaf eine Nebenwirkung einer anderen Schlafstörung ist, dann sollten Sie Ihren

Arzt einen Besuch ab. Er wird in der Lage sein, Ihr Problem zu diagnostizieren und Ihnen ein detailliertes Behandlungsprogramm zu geben.

Kapitel 17: Wie gehe ich mit Schnarchen um?

Schnarchen tritt auf, wenn Ihre Atemmuster im Schlaf Geräusche erzeugen. Diese Schlafstörung tritt bei allen Geschlechtern und Altersgruppen auf und betrifft laut Statistik etwa 90 Millionen Erwachsene in Amerika. Normalerweise betrifft es Männer und diejenigen, die übergewichtig sind. Statistiken besagen, dass 45 % der Erwachsenen gelegentlich schnarchen, während 25 % gewohnheitsmäßig schnarchen.

Gelegentliches Schnarchen ist nicht wirklich ernst, aber es stört die Person, die neben dem Schnarcher liegt. Gewohnheitsmäßiges Schnarchen wird als ernsthaft angesehen, weil es auch den Schlafrhythmus des Schnarchers stört. Dieses Schlafproblem hat einen nicht erholsamen Schlaf zur Folge und führt zu Schläfrigkeit und Müdigkeit während des Tages.

Eine Methode zur Heilung oder Reduzierung des Schnarchens ist die Gewichtsabnahme. Sobald Sie Gewicht verloren haben, wird das Fettgewebe in Ihren Atemwegen reduziert, wodurch der Sauerstoff reibungsloser fließen kann.

Eine weitere Möglichkeit, das Schnarchen zu verringern, ist, auf der Seite zu schlafen. Stecken Sie einen kleinen Ball in Ihre Nachtwäsche, da dies verhindert, dass Sie sich im Schlaf auf den Rücken rollen.

Damit sich Ihr Nacken nicht durchbiegt, schlafen Sie ohne ein Kissen. Erhöhen Sie das Kopfende Ihres Bettes, damit die Atmung leichter wird.

Rauchen reizt die Membranen in Ihrer Nase und Ihrem Rachen und blockiert Ihre Atemwege. Vermeiden Sie Menschen, die rauchen, denn Passivrauchen ist ebenfalls ein Faktor, der dazu beiträgt.

Nehmen Sie drei Stunden vor dem Schlafengehen keinen Alkohol oder Snacks zu sich. Versuchen Sie, milchige Produkte vor dem Schlafengehen zu vermeiden, da sie Schleim im Rachen erzeugen.

Halten Sie sich von Schlaftabletten oder Antihistaminika fern, da diese die Rachenmuskulatur entspannen und die Atmung behindern.

Sie können auch Produkte kaufen, die Ihnen helfen, das Schnarchen zu heilen. Dazu gehören Schnarchkissen und Nasenstreifen und -sprays.

Wenn Ihr Schnarchen schlimmer wird und Ihre Beziehung belastet, müssen Sie Ihren Arzt aufsuchen. Möglicherweise müssen Sie medizinische Hilfsmittel wie zahnärztliche Geräte, Dauerdruckgeräte, Unterkieferpositionierer, Mundvorrichtungen, Implantate und Zungenhaltevorrichtungen verwenden. In extremen Fällen werden die Adenoide und Tonsillen entfernt.

SCHLUSSFOLGERUNG

Schlaf fördert den Schlaf, und es ist ein Irrglaube zu glauben, dass ein Baby, wenn man es tagsüber wach hält, nachts besser schläft. Der Umschwung ist in Wirklichkeit offensichtlich.

In diesen ersten Wochen ist ein Baby wirklich vielseitig und kann zum größten Teil in jedem Raum schlafen. Es ist wichtig, auf ihre Müdigkeitsanzeichen zu achten und diese vorauszusehen. In diesem frühen Alter beginnen die Müdigkeitssymptome etwa 1 - 1 ½ Stunden nach dem Aufwachen.

Ein Neugeborenes wird in der Regel mit Appetit aufwachen, daher sollten Sie es sofort stillen. Sie können die Windel in der Regel in der Mitte der Stillzeit wechseln. Dadurch werden sie aufgeweckt, wenn sie eingeschlafen sind, um sicherzustellen, dass sie eine vollständige Mahlzeit erhalten.

Einige Babys sind in den ersten zwei Wochen Tag und Nacht schläfrig. Wenn Sie ein schläfriges Baby am Tag haben, stellen Sie sicher, dass Sie es wie ein Uhrwerk zum Füttern wecken. Auf diese Weise können sie ihren Tag-Nacht-Rhythmus aufbauen, ebenso wie durch die Gabe der für die Entwicklung erforderlichen Ergänzungsnahrung.

Babys lieben es, zu saugen; auf diese Weise kann ein Schnuller sehr nützlich sein. Wenn Ihr Baby nach nur 20 Minuten Schlaf aufwacht, verwenden Sie den Schnuller, um es zu ermutigen, für einen weiteren Zyklus in den Schlaf zurückzukehren. Verwenden Sie den Schnuller nicht, wenn Ihr Baby zum Füttern erwartet wird.

Wenn Sie glauben, dass Sie alles versucht haben, damit Ihr Baby zur Ruhe kommt und schläft, und nichts funktioniert, es nicht zufrieden ist und Sie erschöpft sind, dann ist es an der Zeit, sich individuelle fachliche Hilfe zu suchen. Ihr Baby ist darauf angewiesen, dass Sie gut funktionieren und nicht vom fehlenden Schlaf aufgezehrt werden. Wenn Sie frühzeitig fachkundige Hilfe in Anspruch nehmen, kann eine Analyse durchgeführt werden, und der Schlaf kann innerhalb von zwei oder drei Tagen wiederhergestellt werden, so dass Ihr Baby wieder gut schlafen kann.

Montessori-Kleinkind-Disziplin

7 stressfreie Erziehungsstrategien mit lustigen Aktivitäten für drinnen und draußen zum Erlernen von Disziplin und sozialen Fähigkeiten, um ein starkes, unabhängiges und glückliches Kind heranzuziehen (2-10)

Amanda La Bianca

Inhaltsverzeichnis

Einführung	153
Herausforderungen eines neuen Elternteils	155
Entwöhnung	156
Stillen beenden	157
Umstellung auf gesundes Essen	158
Auto-Ablasshandel	159
Temperierung von Wutanfällen	160
Wutanfall-Typen	161
Abrechnung	162
Vermeiden von Nachteilen	162
Bewältigungstricks	163
Führen Sie Ihr Kind durch die Komplexität des Wachstums	163
Zonen in der Entwicklung: Alter 2 bis 4	168
Grenzen setzen	168
Essen und Verhalten bei den Mahlzeiten	169
Zonen in der Entwicklung: Alter 5 bis 8	171
Auf dem Weg zum Training	172
Test zum Schreiben	173
Probleme mit allgemeinem Verhalten: Wann sollten Sie Hilfe suchen?	174
Ausagieren von Verhaltensweisen	175

Sorgen und Ängste	178
Der Prozess der professionellen Hilfe	181
Wie kann ich durchsetzungsfähig sein und nicht die Fassung verlieren	182

Abschaffung von Bestrafung und Einführung von positiver Disziplin — 185

Grundgesetze zur effizienten Elternschaft	196
Automatische vs. absichtliche Disziplinierung	199

Anwendung der Montessori-Methode zur Disziplinierung Ihres Kindes — 229

Allgemein	262
Ordnungsgemäße Methodik	269
Nassspülbare Pads	269
Papier für das Bad	270
Spülen lernen	271
Lernen, die Hände zu reinigen	271

Fazit — 275

Einführung

Egal, wie alt Ihr Kind ist, wenn es um Disziplin geht, ist es wichtig, konsequent zu sein. Wenn Eltern sich nicht an die von ihnen aufgestellten Regeln und Implikationen halten, werden es ihre Kinder wahrscheinlich auch nicht tun.

Es fühlt sich meist nicht gut an, Ihr Kind zu disziplinieren. Wut, Traurigkeit, Anspannung, Stress und manchmal sogar Tränen kommen häufig vor. Doch die richtige Disziplin ist einer der wichtigsten Bausteine für die Entwicklung Ihres Kindes. Am Ende werden schwierige Konfrontationen das Leben für Sie und vor allem für Ihr Kind leichter machen. Kurz gesagt geht es bei Disziplin darum, Kindern ein Wertesystem beizubringen, das sie durch ihr Leben begleiten kann. Dieses System kann zu einem gesünderen Gefühlsleben führen, das die Entwicklung von Prozessen der Selbstmotivation, Selbstkontrolle, Persönlichkeit und Entscheidungsfindung fördert. Mit anderen Worten: Disziplin ermöglicht es Kindern, Selbstdisziplin zu entwickeln, und hilft ihnen, Erwachsene mit emotionaler und sozialer Reife zu werden.

Im Gegensatz zu dem, was manche Eltern fälschlicherweise glauben mögen, sind Kinder, die nicht regelmäßig diszipliniert werden, nicht glücklich. In der Tat führt das Versäumnis, Kinder zu disziplinieren, oft zu unglücklichen, wütenden und sogar nachtragenden Kindern. Ein Kind, das nicht diszipliniert ist, wird eine unangenehme Gesellschaft für seine Umgebung sein, und ein Kind ohne Disziplin kann es schwer haben, Freunde zu finden. Insbesondere für Kinder im Schulalter ist es wichtig zu lernen, wie sie ihr eigenes Verhalten kontrollieren und ihre negativen Impulse regulieren können. Wenn Kinder im Grundschulalter in die Pubertät und die Turbulenzen im Teenageralter eintreten, ist es viel wahrscheinlicher, dass sie Herausforderungen und Versuchungen erfolgreich meistern können, wenn sie das Handwerkszeug haben, sich selbst zu disziplinieren.

Es gibt viele Gründe, warum ein Elternteil ein Kind nicht disziplinieren lassen möchte. Manche Eltern zögern vielleicht, Kinder zu disziplinieren, weil sie Konflikte vermeiden wollen oder weil sie nicht wollen, dass ihre Kinder wütend werden. Andere wollen oder können vielleicht keine Zeit und Ressourcen für die Disziplinierung des Kindes aufwenden. Wieder andere haben vielleicht unangenehme Erinnerungen daran, als sie selbst Kinder waren, diszipliniert zu werden, und möchten es ihren eigenen Kindern leichter machen, indem sie die Regeln lockern und ihnen mehr Freiraum geben.

Tatsache ist jedoch, dass es bei der Disziplinierung nicht darum geht, einen Konflikt zu schaffen oder im Zorn auf Ihr Kind loszugehen. Bei der Kinderdisziplin geht es nicht darum, Ihr Kind zu kontrollieren, wenn es richtig gemacht wird, sondern darum, ihm zu zeigen, wie es sein eigenes Verhalten kontrollieren kann. Es geht nicht darum, ein Kind zu bestrafen, wenn es etwas falsch macht, sondern darum, klare Parameter und Konsequenzen für das Brechen von Regeln zu setzen, damit es lernt, sich selbst zu disziplinieren. Ein Kind, dem gelehrt wurde, was richtig und was falsch ist, und das ein gutes Verständnis davon hat, was schlechtes und was konstruktives Verhalten ist, wird erkennen, ob es etwas falsch gemacht hat. Es wird versuchen, sich angemessen zu verhalten, weil es eine verantwortungsbewusste Person und ein Teil seiner Familie und Gesellschaft sein möchte - nicht weil es Angst vor Vergeltung hat.

Herausforderungen eines neuen Elternteils

Alle neuen Eltern fühlen sich ein wenig überwältigt, wenn sie zum ersten Mal mit ihrem winzigen, zerbrechlichen kleinen Bündel nach Hause kommen. Selbst Menschen, die viel Zeit mit Kleinkindern verbracht haben, sind etwas ängstlich, wenn sie ihr eigenes Baby zum ersten Mal nach Hause bringen. Das Wichtigste ist jetzt, dass sich Ihr Baby wohl, geliebt, sicher und geborgen fühlt.

Nehmen Sie Ihr Baby in den Arm, wenn es weint, und versuchen Sie herauszufinden, was es braucht. Vielleicht ist es Umarmen und Kuscheln. Ein Neugeborenes jedes Mal hochzuheben, wenn es weint, wird es nicht verwöhnen. Es ist wichtig, dass sie lernt, dass Sie sich um ihre Bedürfnisse kümmern und dass sie sicher ist. Wenn es in jungen Jahren oft auf den Arm genommen wird, ist es wahrscheinlicher, dass es früher lernt, sich selbst zu beruhigen und zur Ruhe zu kommen. Füttern Sie Ihr Baby, wenn es hungrig ist. Am Anfang möchte es vielleicht alle ein bis zwei Stunden essen. Sprechen und lächeln Sie. Ihr Baby kann Ihr Gesicht sehen, Sie riechen, Ihre Haut fühlen, Sie hören und sogar spüren, wie Sie sich fühlen. Gesundheit und Sicherheit Legen Sie Ihr Baby auf den Rücken, wenn es schläft. Achten Sie darauf, dass es auf einer festen Unterlage liegt, ohne Kissen oder Stofftiere. Ihr Baby muss seinen Kopf leicht bewegen können, um zu atmen. Halten Sie Ihr Baby von Zigarettenrauch fern. Er ist sehr schädlich für die wachsende Lunge.

Schütteln Sie Ihr Baby niemals. Dies kann leicht zu Hirnschäden und sogar zum Tod führen. Wählen Sie Babysitter sehr sorgfältig aus.

Wählen Sie keine Personen, die leicht reizbar oder gewalttätig sind. Suchen Sie jemanden, der viel Zeit hat, um mit Ihrem Baby zu schmusen. Liebevolle Pflege hilft dem körperlichen und geistigen Wachstum Ihres Babys. Die Vernachlässigung Ihres Babys ist sowohl ein körperliches als auch ein geistiges Gesundheitsrisiko. Lesen Sie immer die Informationen, die Sie von Ihrem medizinischen Fachpersonal über die Gesundheit und das Wohlbefinden Ihres Babys erhalten. Stellen Sie Fragen, auch wenn Sie denken, dass sie vielleicht dumm klingen. Es ist wichtig, dass Sie die Bedürfnisse Ihres Babys verstehen. Auch Sie müssen gesund sein. Essen Sie nahrhaftes Essen und trinken Sie viel Flüssigkeit. Nehmen Sie nur die Medikamente ein, die Ihnen Ihr Arzt verschrieben hat. Ruhen Sie sich aus oder machen Sie ein Nickerchen, wenn Ihr Baby schläft.

Entwöhnung

Die Entwöhnung des Babys ist ein weiteres Hindernis, das im ersten Jahr überwunden werden muss. Einige Babys würden es umarmen, einige nicht. Zusätzlich wird der Löffel mit Leichtigkeit, wenn einige kämpfen, spuckte, scheitern und verursachen Schmerzen und Ärger. Im Allgemeinen fangen Babys irgendwann zwischen 4 und 6 Monaten an, abgestillt zu werden. Sie müssen es nicht sofort tun. Es kann schrittweise erfolgen, während sich Ihr Kind an die neue Idee und die neuen Empfindungen gewöhnt. Eine winzige Kostprobe des Pürees ist oft der Ausgangspunkt, bevor es an Ihrem Finger gefüttert wird. Auch das Mischen von Muttermilch mit Babybrei ist ein früher erster Schritt, der es Ihrem Baby ermöglicht, eine neue Textur mit einem vertrauten Geschmack zu bewältigen. Die schrittweise Erhöhung der verabreichten Menge und der Versuch, auf einen Löffel umzusteigen, während das Kind sich wohlfühlt, erleichtert den Übergang. Babys haben einen sehr guten Zungenschub, während sie hauptsächlich an der Zitze füttern, denn es sind diese Zungenreflexe, die dabei helfen, die Zitze vom Melken zu befreien. Machen Sie sich also keine Sorgen, wenn alles, was mit dem Zungenstoß in den Mund Ihres Babys zu gelangen scheint, auch wieder herauskommt. Das bedeutet nicht, dass Ihr Kind das Essen nicht mag; es hat nur noch nicht gelernt, wie es das Essen im Mund halten kann.

Beenden des Stillens

Wenn Sie während der ersten sechs Monate Ihres Säuglings wieder funktionieren wollen, müssen Sie ihn daran erinnern, wie er in ein Fläschchen umsteigt; ist er darüber hinaus, können Sie ihn nur noch direkt in einen Becher des Lehrers schicken und verpassen ihn. Es kann sein, dass er sich schon in diesem jungen Alter gegen Veränderungen wehrt, aber wenn Sie ihm das Vertrauen entgegenbringen, kann er damit fertig werden. Vielleicht ist das Hauptproblem das Gefühl von Gewissensbissen oder Frustration über den Versuch, einen Übergang zu schaffen, bis Sie wissen, dass er das kann. Sie können auch traurig sein, dass die besondere Phase zu Ende ist. Manche Mütter müssen diese Entscheidung nicht treffen und stillen im zweiten und dritten Lebensjahr weiter. Sie können warten, bis ihr Kind sagt, dass es nicht mehr gestillt werden möchte. Sie müssen sich wohlfühlen, egal für welchen Weg Sie sich entscheiden. Die meisten Mütter können das Stillen beibehalten, aber ihr Kind wird ohne eine gesunde Ernährung nicht genug wachsen, so dass ständiges Stillen auf Abruf den Hunger des Säuglings nach einer anderen Mahlzeit einschränkt. Es ist wichtig, ein Gleichgewicht zu finden, damit die Bedürfnisse von

Ihnen und Ihrem Kind erfüllt werden. Sie sollten sich um diesen Fall kümmern, da Sie für den Kontakt mit der Brust und der Nahrung verantwortlich sind. Ihr Kind braucht eine gesunde Ernährung, um seinen Nährstoffbedarf zu decken. Als Säugling und als Kleinkind würde es nicht bereit sein, etwas zu tun: Sie müssen das für es tun.

Umstellung auf gesundes Essen

Das Ausprobieren verschiedener Nahrungsmitteltexturen gegen Ende des ersten Lebensjahres ist ein weiterer Übergang, der Probleme verursachen kann. Manche Babys gehen schon früher nicht mehr zu klumpiger reiner 'e. Sie spucken Klumpen aus, husten und weigern sich, alles außer der glatten reinen 'e zu sich zu nehmen, an die sie gewöhnt sind. Sie müssen wissen, wie sie bequem mit weichen Nahrungsklumpen umgehen können, und zwar ohne zu würgen. Das Reduzieren des Gehalts an reinen Flüssigkeiten macht dies klebriger. Das Pürieren von weichem Wurzelgemüse macht das "e" pur texturierter, so dass das Kind eine Erbse oder ein Stückchen Karotte in der Mitte des reinen "e" nicht bemerkt, was auch ein Problem bei Behälternahrung in Stufe 2 ist. Der subtilere Texturwechsel funktioniert oft und lässt Ihr Kind auf die unterschiedlichen Nahrungsanforderungen seines Mundes reagieren.

Typischerweise wird Fingerfood am Ende des ersten Jahres eingeführt, um kleine Stücke von Keksen, Zwieback oder gegrillten weichen Kartoffeln bereitzustellen, die Ihr Kind mit dem Mund aufheben und essen kann. Vieles davon sollte in einem Spiel verschwinden, das so aufgebaut ist, dass Sie es vom Boden des Tabletts aufheben müssen. Wenn Sie es in den Mülleimer befördern, weil es schmutzig ist, werden Sie ein Aufheulen der Bestürzung erleben, bis es das nächste Stückchen findet und es auf die Erde wirft. Das ist eine Gelegenheit für Ihr Baby, die Textur zu erkunden und zu fühlen. Es möchte den Reis zerkleinern, eine Sauerei verursachen, sich voll ausleben und anschließend seine Finger reinigen. Durch diesen Prozess wird es anfangen, Nahrung in seinen Mund zu nehmen. Die ersten festen Nahrungsmittel sollten solche sein, die sich im Speichel zu einem Brei auflösen. Zwieback und reichhaltiges Teegebäck sind ideal, da das Baby die Vorstellung hat, etwas Festes zu lutschen, aber keine Stücke enthält, die es zum Würgen bringen können. Er kann Stücke abbeißen, wenn er abenteuerlustiger wird, aber sie lösen sich schnell in seinem Mund auf. Wenn Sie Ihre Mahlzeit mit ihm genießen, geben Sie Kostproben von Ihrem Teller und erweitern so sein Geschmacks- und Texturbewusstsein, ohne speziell für ihn zu kochen.

Auto-Ablass

Sie können die Produktion der Selbstfütterung komplett unterbrechen und eingreifen, wenn Sie möchten. Wenn Sie versuchen, den Unfall zu stoppen und Ihrem Baby immer wieder den Mund und das Gesicht zu waschen, während es isst, wird es schließlich lernen, dass ein unordentlicher Mund keine gute Idee ist, bis es im Umgang mit der Nahrung selbst unsicher wird. Dann ist er vielleicht nicht bereit, Essen in die Hand zu nehmen, hat aber noch nicht genügend Erfahrung, um gut mit Besteck umzugehen. Er wird dann darauf zurückgreifen, von Ihnen mit dem Löffel gefüttert zu werden, und es wird eine eher passive und infantile Tendenz zeigen. Versuchen Sie deshalb, mit dem Essen zu warten, bis Ihr Kind sich Gesicht und Hände gewaschen hat. Dies sollte ein Signal dafür sein, dass die Mahlzeit beendet ist und es keine Unordnung gibt. Die andere

Möglichkeit, diesen Übergang zur Selbstfütterung zu stören, ist das Ringen um das Messer. Eltern, die besorgt darüber sind, wie viel ihr Kind zu sich nimmt, ziehen es vor, die Kontrolle über die Schüssel zu behalten und stattdessen zu bemerken, wie viel ihr Kind aufnimmt, anstatt auf den Latz zu rutschen oder auf das Tablett zu schmieren. Nichtsdestotrotz kann das Kind gegen Ende des ersten Jahres beginnen, sich selbst zu versorgen. Es gibt immer einen seltsamen Kreislauf mit vielen Löffeln während einer Mahlzeit: Sie haben einen oder zwei, und er hat einen oder zwei; andere werden auf den Boden geworfen; aber typischerweise landet ein Großteil des Essens in seinem Mund, entweder auf Ihrem Löffel oder auf seinem. Es kann helfen, den Löffel für ihn zu stapeln und seine Hand sanft zu führen, um sicherzustellen, dass er den Löffel mit dem Essen in den Mund bekommt, wenn er Sie lässt - es ist eine Kunst. Wenn Sie weiterhin um die Macht des Löffels streiten, können Sie feststellen, dass Sie ein Kind haben, das sich nicht fügt und nicht füttert, weil es wütend und irritiert ist.

Temperierung von Wutanfällen

Wutanfälle sind typisch für Babys, aber manche Kinder tragen sie jahrelang mit sich herum, weil sie darin eine Möglichkeit sehen, zu erreichen, was sie wollen. Am häufigsten werfen Kinder einen Wutanfall, wenn sie sehr gestresst sind, gereizten Hunger haben, körperlich erschöpft sind oder sich krank anhören. Wenn Ihr Kind immer "wissbegieriger" wird, sind Ausbrüche vielleicht einfach nur seine Art, die Grenzen auszutesten, um zu sehen, wie Sie reagieren werden. Auch in den schlimmsten vorstellbaren Zeiten wollen sie oft schreien und stöhnen. Sie können mit dem Auto fahren, im Lebensmittelgeschäft einkaufen, in einem Steakhaus oder bei einem Freund essen, und sie tut es genau dann, wenn Sie am wenigsten vermuten, dass Ihr Kind eine Szene machen wird. Wir sind geneigt, sie sofort dazu bringen zu wollen, etwas zu unterlassen. Wir schämen uns und unsere Anspannung ist groß. Das liegt daran, dass Eltern oft zu Einschüchterung und Verboten greifen. Stattdessen müssen wir erkennen, dass der Wutanfall etwas bedeutet, so dass der einzige Weg, der hilft, darin besteht, ihm auf den Grund zu gehen und zu versuchen, die Bedürfnisse des Kindes zu befriedigen.

Wutanfall-Typen

Ein Kind, das wütend und frustriert ist und seine Grenzen austestet, schleudert einen großen Unterschied zwischen Wutanfällen und einem Wutanfall. Die allererste Form des Wutanfalls braucht nichts weiter als ein Elternteil, das den Auslöser bestimmt, cool und fröhlich bleibt und mit Essen, Ruhe oder Wärme hilft. Es mag zwar unangenehm sein, wenn ein Kind im Supermarkt oder bei einem gesellschaftlichen Anlass zusammenhanglos weint, aber dem Wutanfall liegt mindestens eine physiologische Situation zugrunde, die sich schnell beheben lässt, wenn Sie sie herausfinden. Darüber hinaus werden Sie letztlich, wenn Sie Ihr Bestes geben, die Kontrolle behalten.

Die zweite Wutanfallkategorie ist wie jeder übermächtige Konflikt. Er ist nichts anderes als eine Artikulation der Art und Weise, in der Ihr Kind versucht, in einer Situation, in der es sich hilflos fühlt, irgendeine Vormachtstellung zu behaupten. Sie sollten wissen, wann Kinder "Nein!" sagen. Außerdem versuchen sie, Ihnen etwas mitzuteilen, oder sie haben einen Wutanfall. Bleiben Sie cool, halten Sie sich zurück und versuchen Sie herauszufinden, was die geheime

Bedeutung ist, auf die Sie alles hören müssen. Kinder sind manchmal genauso frustriert wie Erwachsene, weil sie das Gefühl haben, dass ihnen niemand Aufmerksamkeit schenkt.

Abrechnung

Oft ist es schwer, mit Sicherheit zu sagen, worum es bei einem Wutanfall hauptsächlich geht, da kleine Kinder nicht in der Lage sind, das Problem zu beschreiben. Die meisten Eltern lernen jedoch, die Symptome zu erkennen und können eine Vorhersage treffen. Wenn Sie glauben, dass das Verhalten Ihres Kindes auf Hunger zurückzuführen ist, besorgen Sie ihm so schnell wie möglich etwas zu essen, auch wenn es nicht seine normale Essenszeit ist. Gehen Sie lieber die Rampe hinunter, oder schaukeln Sie noch mehr? "Die Erinnerung und die Wahl im Voraus ermöglichen es Ihrem Baby, die Bewegungen besser zu kontrollieren. Wenn Ihr Kind die Grenzen deutlich austestet, bleiben Sie ruhig und lassen Sie sich nicht auf einen Streit ein. Sprechen Sie mit beruhigender Stimme; lassen Sie sie sanft wissen, dass Sie zwar verstehen, dass sie wütend wird, aber dass dies immer noch das Gesetz ist. Erstens:" Ich weiß, dass du immer noch hier auf dem Spielplatz bleiben willst, aber wir müssen nach Hause gehen, um zu Mittag zu essen.

Vermeiden von Nachteilen

Das Familienleben hat oft Muster. Erkennen Sie, ob Sie häufige Wutauslöser identifizieren können und versuchen Sie dann, diese zu vermeiden. Wenn Ihr Kind z. B. wutentbrannt erscheint, wenn Sie einkaufen gehen, lassen Sie es bei Ihrem Ehepartner oder einem Sitter. Kinder reagieren oft, wenn sich Pläne abrupt ändern. Wenn dies bei

Ihrem Kind der Fall ist, planen Sie im Voraus und halten Sie sich daran.

Bewältigungstricks

Wenn Sie einen Wutanfall bei Ihrem Kind haben, gibt es andere Punkte, an die Sie sich erinnern können:

- Wenden Sie keine Gewalt an, indem Sie Ihr Kind schlagen oder versohlen. Das ist der sicherste Weg, es dazu zu erziehen, andere zu misshandeln.
- Versuchen Sie nicht, ein Kind körperlich zurückzuhalten, es sei denn, es ist im Begriff, aus dem Verkehr zu laufen oder sich auf eine andere sehr direkte und greifbare Weise zu verletzen.
- Sollte nicht auf Einschüchterung oder Verbote reagieren, sie funktionieren einfach nicht, wenn Kinder, auch unvernünftig sind und nur Spirale außer Kontrolle der emotionalen Aufruhr, die bereits begonnen hat.
- Streiten Sie nicht. Sie können eine Debatte mit einer irrationalen Person nicht gewinnen. - Versuchen Sie nicht, Ihr Kind in seinem Verhalten peinlich oder lächerlich zu machen.
- Versuchen Sie nicht, den Wutanfall generell zu bekämpfen. Bringen Sie Ihr Kind in eine Position, in der Sie allein sein und unter vier Augen sprechen können. Das ist respektvoll gegenüber allen Beteiligten und macht es Ihnen leicht, das Problem zu bewältigen.

Führen Sie Ihr Kind durch die Komplexität des Wachstums

Machen Sie sich manchmal Sorgen, ob Ihr Kind mit seiner Entwicklung auf dem richtigen Weg ist? Kennt es seine Buchstaben schon? Kann es seine Unterschrift leisten? Wird es intelligent oder klug sein? Sind die Verhaltensprobleme, die er bekommt, ernsthaft oder werden sie wieder verschwinden? Alle Kinder entwickeln sich in unterschiedlichem Tempo, und was als "normale" Entwicklung gilt, hat eine unglaubliche Vielfalt. Für manche Eltern kann jedoch die Sorge, ob ihr Kind diesen oder jenen Entwicklungsmeilenstein erreicht hat, extrem beunruhigend sein und dazu führen, ein Kind zu drängen, möglicherweise über die Fähigkeiten des Kindes hinaus.

Allen Kindern vielfältige Möglichkeiten und spannende oder anspruchsvolle Erfahrungen zu bieten, ist von entscheidender Bedeutung. Wenn die Kindheit jedoch zu einem Wettbewerb wird, bei dem es darum geht, wessen Kind als erstes die Ziellinie erreicht, ist das eine andere Sache. Die Entwicklung von Kindern verläuft nicht immer reibungslos. Sie haben Hoffnungen, wie sich die Dinge entwickeln werden, und wie Sie Ihr Kind auf dem Weg dorthin anpassen und unterstützen können. Einige wichtige Entwicklungspunkte bei kleinen Kindern können jedoch besondere Herausforderungen für Sie als Eltern darstellen. Mit anderen Worten: Diese "heißen Punkte" in der Entwicklung bieten Chancen für Ihr Wachstum als Elternteil. Oft können sie aber auch Hindernisse darstellen, die Sie aus dem Gleichgewicht bringen. Wie Sie zu diesen "Hot Spots" stehen - was Sie von ihnen halten und welche Bedeutung Sie ihnen beimessen - beeinflusst stark, ob Sie sich für die Elternschaft entscheiden.

Alle Eltern haben Momente, in denen sie das Gefühl haben, nicht so gehandelt zu haben, wie es für ihr Kind von größtem Nutzen sein könnte. Zweifellos haben auch Sie solche Momente gehabt. Solche

Momente können besonders häufig auftreten, wenn Sie in die frühen Jahre der Kindheit eintreten. Die frühen Jahre der Kindheit sind eine Zeit großer Veränderungen und schnellen Wachstums und sind eine Prüfung für alle Eltern - nicht nur für Sie. Gerade wenn Ihr Kind eine Entwicklungsstufe meistert, tritt es in eine neue Phase ein. Ihr Kind beginnt in den Vorschuljahren, neue Dinge zu tun und fordert mehr Selbstständigkeit und Eigenverantwortung. Es lernt Wörter wie "Nein! "Und" für was? "Und" für "Aufgeben". Im Laufe der Grundschuljahre wird sie immer differenzierter und baut Verbindungen zu anderen Kindern auf und erwirbt neue akademische Fähigkeiten. Manche Kinder zögern an der Schwelle zu dieser neuen Phase und klammern sich an ihre Eltern

Viele ziehen sich schnell in ihre eigenen sozialen Welten zurück - so separat, dass man sich völlig verloren fühlen kann und sich wünscht, sie wären nichts mehr. Darüber hinaus kann Ihr Kind mit einigen allgemeinen Verhaltensproblemen konfrontiert sein, die sich typischerweise in der frühen Kindheit entwickeln. Dazu gehören Wutanfälle, Aggression, Trotz, Schwierigkeiten beim Lernen, wie man Freunde findet und behält, und störendes Verhalten. Vielleicht hat Ihr Kind aber auch mit Trennungsangst zu kämpfen oder möchte ständig beruhigt werden. Der Haken an der Sache ist, dass die meisten kleinen Kinder gelegentlich, an dem einen oder anderen Punkt, diese Verhaltensprobleme erleben. Diese Kämpfe kommen und gehen. Sie können mit diesen Momenten auf hilfreiche Weise umgehen oder auf eine Weise, die sie durch Unachtsamkeit noch schlimmer macht. Ihr Verstand hat wahrscheinlich eine Menge darüber zu sagen, was Ihr Kind gerade durchmacht und wie und wie gut Sie damit umgehen werden. Vielleicht machen Sie sich - wie alle Eltern - Gedanken darüber, was solche Verhaltensweisen für Ihr Kind bedeuten, oder ob Ihr Erziehungsverhalten Ihrem Kind hilft oder es nur noch schlimmer macht. Nehmen Sie sich einen Moment Zeit und versuchen Sie die folgende Übung. Sie wird Ihnen helfen, sich an einige der Brennpunkte Ihrer eigenen Erziehung zu erinnern: Momente, in denen Sie vielleicht nicht damit einverstanden waren, wie Sie ein Verhaltensproblem angehen sollten, das durch die Handlungen Ihres Kindes entstanden ist. Schreiben Sie Ihre Antworten in Ihr Tagebuch der Elternschaft.

Es ist für Sie als Elternteil unmöglich, bei den ständigen Veränderungen in der frühen Kindheit unverändert zu bleiben, wie Sie Ihr Kind erziehen und führen. Kurz gesagt, Sie verändern Ihre Erziehung. Wenn alles gut geht, werden Sie auch Ihre Elternschaft als Reaktion auf die Entwicklung Ihres Kindes verändern. Jeder Entwicklungsübergang bietet sowohl Ihnen als auch Ihrem Kind Chancen für Wachstum oder Konfliktpotenzial. Zum Beispiel haben Sie vielleicht Ihr Zuhause "kleinkindsicher" gemacht, als Ihr Kind noch klein war, damit es nicht an Dinge herankommt, die ihm schaden könnten, oder zerbrechliche Gegenstände erreicht, die es zerbrechen könnte. Vielleicht haben Sie es auch durch Ablenkung davon abgehalten, nach entwicklungsbedingt ungeeigneten Spielobjekten zu suchen. Wenn Ihr Kind jedoch jetzt ein Vorschulkind ist, ist es neugieriger, mobiler und hartnäckiger. Es hat wahrscheinlich gelernt, sich der Umleitung zu widersetzen, und Ihre Ablenkungsmanöver funktionieren vielleicht nicht mehr. Was machen Sie stattdessen jetzt? Momente wie diese fordern Sie heraus, sowohl neue Erziehungsmethoden zu lernen als auch Erziehungsstrategien loszulassen, die bequem und vertraut sind, aber vielleicht nicht mehr effektiv sind. Dies kann ein aufregender Prozess sein, voller Wunder und Ehrfurcht. Er kann aber auch frustrierend und anstrengend sein, weil man von dem Glauben, dass man weiß, was man tut, wieder in die Rolle eines Anfängers gerät. Sich selbst Raum zu geben, um zu lernen und Fehler zu machen, ist wichtig.

Zu verstehen, wie man sich an die Veränderungen im Wachstum Ihres Kindes anpasst, kann ein Versuch-und-Irrtum-Prozess sein. Genauso wie die Entwicklung Ihres Kindes in Schüben abläuft, kann auch Ihre Entwicklung neuer Erziehungsfähigkeiten sein. Sie werden sich oft dabei ertappen, wie Sie sich auf eine Weise verhalten, die für Sie und Ihre Kinder nicht hilfreich ist. Hinzu kommt, dass Sie, obwohl Sie wissen, dass Sie festgefahren sind, einfach nicht wissen, wie Sie sich aus der Patsche helfen können. Vielleicht haben Sie sogar manchmal das Gefühl, dass die Dinge nicht richtig laufen können. Es ist normal, dass Sie sich in solchen Zeiten unsicher und unsicher über sich selbst fühlen. Elterlicher Stress ist in dieser Entwicklungsphase normal, und angesichts der enormen Anforderungen, die das Wachstum Ihres Kleinkindes mit sich bringt, ist es für Sie oft eine Herausforderung, damit umzugehen. Wenn sich Ihr Kind durch konsequente Entwicklungsphasen bewegt und sich in der Reifephase zeigt, werden häufig Familienrituale gebrochen und Ihr Vertrauen in Ihre Fähigkeiten und Kompetenzen untergraben. Auch wenn es sich in diesem Moment selten so anfühlt, sind diese Störungen oft ein Zeichen dafür, dass Eltern und Kinder gleichermaßen gesund wachsen. Diese Brennpunkte sind Anzeichen dafür, dass Ihr Kind erwachsen wird und Sie als Elternteil dies bemerken und versuchen herauszufinden, wie Sie ihm dabei am besten helfen können.

Zonen in der Entwicklung: Alter 2 bis 4

Im Alter zwischen zwei und vier Jahren findet bei Kindern ein enormes Wachstum statt. Ihr Kind baut in dieser Zeit seine Individualität weiter auf, um sich auszudrücken. Es beginnt auch, die Folgen seiner Handlungen kennenzulernen. Dies ist ein sehr lohnendes Alter, aber es kann auch sehr frustrierend sein. Lassen Sie uns einen genaueren Blick auf einige häufige Brennpunkte der Entwicklung in diesen Jahren werfen. Sprechen, Denken und starke Meinungen haben Die Sprache Ihres Kindes entwickelt sich um das zweite Lebensjahr herum rasant. Zu diesem Zeitpunkt beginnt es, sich über Dinge Gedanken zu machen - und sie zu wollen -, auch wenn diese Dinge schwierig oder unerreichbar sind. Kurz gesagt, die sich entwickelnden Sprach- und Denkfähigkeiten führen zu der Bereitschaft Ihres Kleinkindes, Dinge selbst zu tun. Ihr Enthusiasmus für Autonomie steht oft im Widerspruch zu ihrer begrenzten Fähigkeit, diese Dinge zu tun oder tatsächlich zu bekommen. Dies führt oft zu der frustrierenden, von Wutanfällen geprägten Periode, die als "die schrecklichen Zwillinge" bezeichnet wird. Eigentlich ist diese Phase ein Zeichen dafür, dass sich Ihr Kind gut entwickelt, und es ist ein Signal für seine aufkommende Unabhängigkeit. Kinder erwerben in dieser Zeit die Fähigkeit, sich in unterschiedlicher Geschwindigkeit auszudrücken. Manche sprechen in Sätzen mit wenigen Wörtern oder sogar in einzelnen Wörtern. Andere beginnen, viel und viel zu sagen. Wie sehr sich Kinder artikulieren dürfen und wie sehr die Eltern sie wertschätzen, ist ein großer Faktor für ihren Umgang mit sich selbst.

Grenzen setzen

Im Alter zwischen zwei und vier Jahren entdecken Kinder mit großer Freude das Wort "Nein". Plötzlich erkennen sie, dass sie die Fähigkeit haben, zu wählen, ob sie eine Bitte wie "Lass uns dein Spielzeug aufräumen" erfüllen wollen. Das ist eine erstaunliche Freiheit! Eine Menge Kinder genießen es zutiefst, ihre frisch gewonnene Freiheit zu bestätigen. Sie kommen zu sich selbst: Sie lösen sich aus der völligen Abhängigkeit von ihren Eltern und werden zu kleinen Wesen, die versuchen, Herr ihres eigenen Schicksals zu sein. Dann kommen Sturheit, Widerstand gegen das Setzen von Grenzen und Willfährigkeit. Das kann eine anstrengende Zeit für Eltern sein. Es ist auch eine kritische Zeit, in der Kinder beginnen zu verstehen, dass ihr Verhalten Konsequenzen hat. Als Mutter spielen Sie durch Ihr Handeln eine Schlüsselrolle bei der Schaffung dieses Verständnisses. Zu Beginn, wenn Sie Ihrem Kind eine Anleitung geben, ist es wichtig sicherzustellen, dass es ihr folgt und weiß, dass es nicht in Ordnung ist, wenn es Sie ablehnt oder zurückweist. Wir werden Ihnen in späteren Kapiteln zeigen, wie Sie gutes und schlechtes Verhalten bewirken können. Für den Moment ist es jedoch wichtig, einfach zu verstehen, dass in Situationen wie dem Toilettentraining, dem Essen, dem Schlafen und dem Gang zur Schule Ihr Folgen entscheidend ist.

Essen und Verhalten bei den Mahlzeiten

Kinder im Alter von 2 bis 4 Jahren sind oft akribische Esser. Auch wir sind von der Kindheit in die Vorschulwildnis vorgedrungen und üben uns nun in autonomerem, gesundem Essensverhalten - oder auch nicht. Viele Eltern berichten uns, dass sie ihre Kinder ausfindig machen müssen, um sie zu füttern. Bei einigen müssen sie regelmäßig Anweisungen geben, keine Spaghetti für die Finger zu verzehren

UND auf keinen Fall das Hemd hoch und runter zu putzen. Andere Eltern haben zudem Angst, dass ihre Kinder nicht genug Nährstoffe oder Kalorien zu sich nehmen. Manche Kinder sind auf der "beigen Diät" - Nudeln, Reis und weißer Toast. Andere Kinder sind kleine Abenteurer, die unter der selbstgefälligen Beobachtung ihrer Eltern Brie, Kalamata-Oliven und Hummus essen. Was auch immer der Fall ist, es kann eine schwierige Zeit für Sie und Ihr Kind sein - besonders in Restaurants, wenn Ihr Kind der Fahrer, der Spender oder der Spaghetti-Soßen-Wischer ist. Es ist wichtig, dass Kinder in dieser Phase ausreichend ernährt werden, und es kann sehr beunruhigend für Sie sein, wenn Sie mit Ihrem Kind Kämpfe um die Essenszeit austragen. Einige Untersuchungen haben sogar gezeigt, dass das Verhalten der Familie bei den Mahlzeiten zum Teil ein Indikator dafür ist, wie gut eine Familie als System zusammenarbeitet. Doch wenn der Einfluss der Eltern in diesem Alter so entscheidend ist, können die Essenszeiten eine außerordentliche Herausforderung darstellen. Schlafen Genauso wie eine angemessene Ernährung für das kognitive Wachstum von Kindern wichtig ist, ist Schlaf ebenso notwendig. Nichtsdestotrotz ist die Schlafenszeit ein weiteres häufiges Thema, bei dem es zu Konflikten kommen kann. Viele Kinder in dieser Altersgruppe sträuben sich gegen die Schlafenszeit, da sie immer selbstständiger werden. Oft ist das Problem die Trennung von den Eltern zur Schlafenszeit, was zu einem langen Zyklus zur Schlafenszeit beitragen kann, der schließlich dazu führt, dass sich alle Beteiligten ausgelaugt fühlen. In anderen Familien geht es um den Besuch mitten in der Nacht, wenn die Kinder sich weigern, in ihrem eigenen Bett zu bleiben, und sich immer wieder im Bett der Eltern zusammenrollen. Die Familien werden sich mit der Bestürzung vieler Eltern auseinandersetzen müssen, die der Meinung sind, dass die Erziehung der Kinder zu mehr Selbstständigkeit für Haushalte, die das Familienbett praktizieren, von größter Bedeutung ist und in den Vereinigten Staaten weniger verbreitet ist als in vielen anderen Ländern und Gesellschaften. Die Forschung zeigt jedoch, dass eines immer deutlicher wird: Kinder brauchen gerade in diesem Alter eine gute Schlafhygiene, was eine konsequente Zubettgeh-Routine und eine angemessene Qualität und Dauer des Schlafs bedeutet. Wenn Kinder nicht genug Schlaf bekommen, werden sie tagsüber nicht so gut funktionieren. Frühkindliche Problemverhaltensweisen - wie Wutanfälle, Sturheit und Jammern - können sich verschlimmern, wenn Kinder nicht gut ausgeruht sind. Eltern arbeiten natürlich auch nicht besonders gut, wenn sie müde sind. Auf dem Weg in die Schule, wenn die Kinder in die Kindertagesstätte und in die Vorschule kommen, wehren sich einige dagegen, sich von ihren Eltern zu trennen. Ein tränenüberströmtes, schluchzendes Kleinkind in der Kita zurückzulassen, umgeben von häufigen Aufforderungen wie "Hey, darf ich mit dir kommen? "Oder ausgedrückte Ängste wie" Aber Mami, ich hasse das hier! "Oder" Ich habe schreckliche Angst! "Für jeden Erwachsenen ist das eine riesige Aufgabe. Man hat das Gefühl, sein Kind zu verlieren, auch wenn einem von den Lehrern gesagt wird, dass das Weinen nur ein paar Minuten andauert. Es scheint nicht das Beste zu sein, nicht weiterzumachen und Ihr Kind bei der Teilnahme am Klassengeschehen zu unterstützen. Nun sitzen Sie da, und siehe da, das Weinen geht weiter oder verschlimmert sich. Dies kann eine schwierige Situation sein und ist ein sehr häufiger Streitpunkt für Kinder und Eltern.

Zonen in der Entwicklung: Alter 5 bis 8

Wenn Kinder im Alter von zwei bis vier Jahren lernen, "nein" zu sagen, sind Kinder im Alter von fünf bis acht Jahren geübte Anwender des Wortes "aber". Anstatt sich einfach zu weigern, das zu tun, was man ihnen sagt, werden Kinder in diesem Alter Ihnen die Gründe nennen, warum sie es nicht tun werden. Die neu erlernten Phrasen "Aber ich habe doch nur ..." oder "Aber ich habe doch nicht ..." verursachen so manchen Streit oder Schreikampf zwischen Eltern und ihren Kindern. Wenn Sie mit der Zeit Forderungen in stumpfer, aggressiver Weise stellen und Ihr Kind darauf reagiert, entsteht der Eindruck, dass Sie auf diese unangenehme Art und Weise weiter Forderungen stellen. Oder aber Sie geben dem Widerstand Ihres Kindes nach, anstatt zu schreien. Wie auch immer, dies kann zu fortgesetztem Widerstand des Kindes führen, Anweisungen zu befolgen. Kurz gesagt, das sich abzeichnende Muster, dass Ihr Kind anspruchsvollere Denk- und Sprachfähigkeiten einsetzt, kann Sie süchtig machen. Es ist nie sinnvoll, in eine Abhängigkeit zu geraten, denn die Gewohnheit des Schreiens - bei der keiner von Ihnen auf den anderen reagiert - eskaliert einfach. Es kann eine Herausforderung für Sie sein, auf die Bremse zu treten, wenn dies geschieht, und auf einen "lehrbaren Moment" zu warten, damit Sie frei über Ihr Kind in einer Weise sprechen, in der es sich wahrgenommen und verstanden fühlt.

Auf dem Weg zum Training

Kinder beginnen zu diesem Zeitpunkt den Übergang in den Kindergarten und die erste Klasse. Ein Thema, das in dieser Zeit häufig wieder auftaucht, sind die Schwierigkeiten der Trennung. Selbst wenn Kinder gut an die Vorschule oder die Kindertagesstätte angepasst sind, können diese Trennungsprobleme wieder auftauchen.

Sie könnten besorgt sein, dass Ihr Kind "rückfällig" wird. Bei verschiedenen Kindern kann sich die Abneigung gegen den Schulbesuch oder die Trennung von den Eltern auf spezifische Weise zeigen. Manche leiden vielleicht im Stillen, während andere schmollen und Trübsal blasen. Das gilt auch für Jugendliche; ihre Fähigkeit, mit Problemen umzugehen, ist in jeder Phase unvorhersehbar. Manchmal sind sie robuster, oft aber auch weniger. Vielleicht machen Sie sich Gedanken darüber, was der Widerstand gegen den Schulbesuch für Ihr Kind bedeutet: Wird es gut zurechtkommen? Wird es lernen, die Schule nicht zu mögen? Was ist, wenn die anderen Kinder sich über ihn lustig machen? Was ist, wenn sie die Lehrer nicht unterstützen? Solche Sorgen können dazu führen, dass Sie sich auf eine Vielzahl von Strategien einlassen, um Ihrem Kind zu "helfen". Dazu kann gehören, dass Sie sich im Klassenzimmer "aufhalten", oder dass Sie versuchen, die Hänseleien, denen Ihr Kind ausgesetzt ist, zu minimieren oder zu ignorieren. Oft sollen Sie dem Problem ganz aus dem Weg gehen, vor allem, wenn es Ihnen unangenehm ist, mit Lehrern oder Schulleitern zu sprechen. Leider können diese Strategien auch nach hinten losgehen. Es kann jedoch eine Herausforderung sein, herauszufinden, was Sie mit all Ihren Ängsten und Wünschen tun sollen, wenn Sie Ihr Kind bei der Anpassung an die Klassenumgebung unterstützen.

Test zum Schreiben

Die primäre Entwicklungsaktivität, die an diesem Punkt beginnt, ist das Erlernen des Lesens und, was noch wichtiger ist, die umfassendere Teilnahme an akademischen Fähigkeiten. Es gibt eine große Bandbreite an Variationen darüber, wie Kinder lernen - über ihre Inspiration, ihre Lerngeschwindigkeit und ihr Interesse. Trotz Enttäuschung machen manche Kinder weiter, während andere aufgeben. Einige schlagen sich mühelos durch. Für Eltern, die sich um den schulischen Erfolg ihrer Kinder sorgen, kann dies eine sehr stressige Zeit sein. Da die Lernerfahrungen in den ersten Jahren der Kindheit grundlegend sind und die Weichen für spätere Leistungen stellen, können Sie viele verschiedene Maßnahmen ergreifen, um Ihrem Kind zu helfen, gut abzuschneiden. Einige davon mögen hilfreich sein, andere nicht. Was bei einem Kind funktioniert, funktioniert vielleicht nicht bei einem anderen, und obwohl es viele Ratschläge von anderen Eltern oder Lehrern gibt, wie man helfen kann, kann es schwierig sein, zu erkennen, was einzelne Kinder motiviert.

Probleme mit allgemeinem Verhalten: Wann sollten Sie Hilfe suchen?

Während die oben erwähnten Entwicklungsherde und -veränderungen bei fast allen Heranwachsenden vorhanden sind, treten in der frühen Kindheit bestimmte Verhaltensprobleme auf, die von besonderem Interesse sind und in bestimmten Fällen ärztliche Hilfe verdienen könnten. Zwei Gruppen von Problemverhaltensweisen werden hier besprochen: Ausagieren ("externalisierendes Verhalten") und Schwierigkeiten bei der Bewältigung von Traurigkeit, Sorgen und Ängsten ("internalisierendes Verhalten"). Die Forschung zeigt, dass elterliche Reaktionen auf frühes externalisierendes Verhalten entscheidend für die langfristigen Ergebnisse sind; Eltern, die lernen, positiv mit ihren Kindern zu interagieren und gleichzeitig Regeln, Struktur und Konsequenzen konsequent anzuwenden, haben eher Kinder, deren Verhalten sich verbessert. Einige Daten zeigen, dass eine solche positive Erziehung für Eltern schwierig ist, wenn sie viele stressige Dinge in ihrem Leben haben oder wenn sie sich emotional gestresst fühlen.

Ausagieren von Verhaltensweisen

Ausagierendes Verhalten oder externalisierende Verhaltensprobleme beziehen sich auf eine Reihe von Verhaltensweisen, die Aggression gegenüber Bezugspersonen oder Gleichaltrigen, Schwierigkeiten beim Befolgen von Anweisungen (auch "Noncompliance" genannt), Streitlust und Impulsivität umfassen. Obwohl die überwiegende Mehrheit der Kinder hin und wieder eines dieser Verhaltensweisen zeigt, kommen und gehen sie immer wieder. Wenn sich Ihr Kind jedoch häufig auf diese Weise verhält, kann das mit der Zeit ein Grund zur Sorge sein. Wenn es unbehandelt bleibt, führen schwerwiegende "acting-out"-Verhaltensweisen nachweislich zu vielen schlechten Ergebnissen in der Schule und in den Beziehungen zu Familie und Gleichaltrigen. Im Folgenden werden wir das Ausagieren von Verhaltensweisen genauer beschreiben.

Aggressives Verhalten kann Schläge, Tritte, Spucken, Beißen, Schubsen oder das Greifen nach Spielzeug beinhalten. Es kann auch verbale Aggression beinhalten, wie Fluchen, Beschimpfen oder Anschreien von Gleichaltrigen oder Verwandten. Kinder können gewalttätig werden, wenn sie um Gegenstände kämpfen, wenn sie sich beleidigt fühlen oder wenn sie nicht mehr das tun, was von ihnen verlangt wird. Manche Kinder neigen dazu, andere zu schikanieren, um zu bekommen, was sie wollen, wenn sie älter werden. Vieles führt zu Gewalt, wie z. B. das Beobachten anderer Kinder oder Erwachsener, die sich auf diese Weise verhalten, von anderen missbraucht zu werden oder die Fähigkeit zu verlieren, Streitigkeiten zu schlichten oder Meinungsverschiedenheiten zu lösen. Bedauerlicherweise hilft Aggression Kindern manchmal, das zu bekommen, was sie wollen. Wenn das der Fall ist, neigen Kinder dazu, aggressives Verhalten fortzusetzen. Non-Compliance, also die Unfähigkeit, Befehle zu befolgen, scheint in Situationen aufzutreten, in denen eine Reihe von Forderungen an Eltern oder Erziehungsberechtigte gestellt werden und/oder in denen Forderungen zu einem schlechten Zeitpunkt gestellt werden. Wenn Sie Ihren Jungen z. B. bitten, sein Zimmer aufzuräumen, während er schlecht gelaunt ist, ist er möglicherweise zu wütend, um zu gehorchen. Kinder wissen oft nicht, worum sie gebeten werden, da die Erwachsenen die Aufforderungen in einer entwicklungsmäßig unangemessenen Weise stellen. Zum Beispiel können wir in unseren Interaktionen mit anderen Erwachsenen viele Anweisungen aneinanderreihen: Denken Sie an den einfachen Akt der Bestellung eines Kaffees in einem gehobenen Café. Eltern können bei der Anleitung von Kindern mehrstufige Anweisungen geben, ohne auf die Wachstumsfähigkeit des Gedächtnisses und Denkens der Kinder zu achten. Darüber hinaus vergessen Eltern, aus welchen Gründen auch immer, manchmal, die Kinder zu loben, wenn sie Anweisungen befolgen. Mit der Zeit nimmt das Verhalten, das nicht gelobt wird, weiter ab. Argumentation und Nichtbefolgung neigen dazu, Hand in Hand zu gehen, wenn Kinder in den Kindergarten und die ersten Schuljahre kommen.

Wenn Sie Grenzen setzen, kann Ihr Kind streiten. Dieses Verhalten wird bei manchen Kindern so ausgeprägt, dass die Interaktionen mit den Eltern sehr negativ werden. Sie können als Elternteil darauf reagieren, indem Sie Grenzen lockern, was wiederum die Neigung des Kindes zum Streiten und Jammern anheizt. Impulsivität bezieht sich auf unüberlegtes Handeln. Wenn die Impulsivität schwerwiegend wird, kann sie sich auf verschiedene Weise manifestieren, z. B. durch die Neigung zu Verletzungen, das Stören anderer oder das Stören des Unterrichts. Darüber hinaus neigen impulsive Kinder dazu, Anweisungen nicht gut zu befolgen, noch achten sie auf soziale Hinweise in Interaktionen mit anderen Kindern ihres Alters. Sie können auch mit Defiziten im Bereich der exekutiven Funktionen zu kämpfen haben, was bedeutet, dass sie Schwierigkeiten haben, auf die gegebenen Informationen oder Anweisungen zu achten, diese zu verarbeiten und angemessene Reaktionen zu zeigen. Impulsivität ist also von Natur aus auch mit Unaufmerksamkeit und Streitsucht verbunden. Mit ein wenig Unterstützung durch ihre Erziehungsberechtigten wächst die überwältigende Mehrheit der Kinder, die solche Angewohnheiten zeigen, aus ihnen heraus. Für manche Kinder ist es jedoch nicht leicht, aus diesen Mustern herauszukommen. Bei Kindern, die diese Verhaltensweisen stärker zeigen und dadurch beeinträchtigt sind, können diese Probleme im Laufe der Zeit fortbestehen und sich sogar verschlimmern. Das Kind zeigt dabei auch eine verminderte Fähigkeit, mit Ärger umzugehen, und es zeigt Launenhaftigkeit und Reizbarkeit. Es ist sehr wichtig, Hilfe zu suchen, wenn diese Verhaltensweisen beginnen, die Familie, Freundschaften oder die Schule zu beeinträchtigen oder erheblichen Kummer zu verursachen.

Für die meisten Familien kann eine frühzeitige Behandlung sehr effektiv sein. Um festzustellen, ob Sie und Ihr Kind professionelle Hilfe benötigen, um mit dem Auslagerungsverhalten umzugehen, beantworten Sie diese Fragen: Wann hat das Auslagerungsverhalten Ihres Kindes begonnen? Ist sein Verhalten im Laufe der Zeit besser oder schlechter geworden? Schadet oder beeinträchtigt sein Verhalten in der Kita oder beim Spielen seine Beziehungen zu Geschwistern oder Gleichaltrigen? Wird das Lernen dadurch beeinträchtigt? Fühlen Sie sich so überwältigt, wenn Sie an sein Ausgliederungsverhalten denken, dass Sie nicht in der Lage sind, sich positive Erziehungsmaßnahmen auszudenken und diese auch durchzusetzen? Schweres Verhalten - das die sozialen Beziehungen, das Lernen und das Zusammenleben in der Familie beeinträchtigt - ist von großer Bedeutung. Kleine Kinder, die häufig oder schwer aggressiv sind, neigen dazu, weiterhin ausagierendes Verhalten zu zeigen und emotionale Probleme zu haben, wenn sie älter werden (Lobber et al. 2000). Dies gilt besonders, wenn das Kind Probleme mit sozialen Fähigkeiten hat und nicht mindestens einen guten Freund finden oder behalten kann. Wenn diese Probleme auftreten, allgegenwärtig sind und erheblichen Schaden und Unbehagen verursachen, können sie theoretisch zu anhaltenden und wachsenden Schwierigkeiten führen. Die Externalisierung solch schwerer Verhaltensweisen würde den Rahmen dieses Buches sprengen. Wenn Ihr Kind betroffen ist, ermutigen wir Sie, professionelle Hilfe zu suchen.

Sorgen und Ängste

Internalisierende Verhaltensprobleme oder Verhaltensweisen, die weniger sichtbar sind, sind psychische Schwierigkeiten, mit denen Jugendliche "an der Oberfläche" zu tun haben, vielleicht ohne dass es jemandem jemals auffällt. Die Verhaltensverinnerlichung umfasst Stimmungsprobleme wie Depressionen sowie Sorgen und Ängste oder Ängstlichkeit. Wir werden uns in diesem Buch hauptsächlich auf letztere konzentrieren, obwohl wir kurz auf Depressionen bei Kleinkindern eingehen werden. Erst seit kurzem ist bekannt, dass solche Probleme bei Kleinkindern in ernsthaften oder "klinisch bedeutsamen" Raten auftreten. Dieser Mangel an Anerkennung ist zum Teil auf den Mangel an Forschung bei kleinen Kindern zurückzuführen und zum Teil darauf, dass es schwierig sein kann, diese Probleme zu erkennen, da sie für einen außenstehenden Beobachter aufgrund ihrer Natur nicht offensichtlich sind. Depressionen beziehen sich auf eine Reihe von Problemen wie traurige Stimmung, Reizbarkeit, Konzentrationsschwierigkeiten, sozialer Rückzug und das Unvermögen, Freude an Dingen zu finden, Gefühle des Versagens und der Wertlosigkeit und manchmal auch selbstverletzende Gedanken. Es gibt nur sehr wenige Studien über Depressionen bei Kleinkindern, obwohl sich in letzter Zeit immer mehr Wissenschaftler damit befasst haben. Eine Reihe neuerer Untersuchungen von Joan Lucy und Kollegen (2003; 2004; 2006) zeigte, dass Vorschulkinder, die die Richtlinien für psychiatrische Depressionen erfüllten, anscheinend Symptome hatten, die im Laufe der Zeit besser beherrschbar sind, und Familienmitglieder, die bereits eine Depression hatten. Sie zeigten auch kognitive Beeinträchtigungen und verzeichneten negative Gefühle und Einstellungen. Manchmal berichteten kleine Kinder, die mit Depressionen zu kämpfen haben, auch über körperliche Probleme, obwohl diese nicht so häufig sind und sicherlich nicht ausreichen, um sie zu diagnostizieren. Es kann schwierig sein, zu beurteilen, ob Ihr Kind an einer Depression leidet. Ist Ihr Kind traurig, oder wechselt seine Stimmung nur häufig, wie es bei Kindern normal ist? In ähnlicher Weise haben Kinder in diesem Alter manchmal Schwierigkeiten zu erklären, wie sie sich verhalten, was es unmöglich macht, zu wissen, ob sie unter größeren Stimmungsschwankungen leiden. Wenn Ihr Kind über einen Zeitraum von Wochen oder Monaten eine anhaltend negative

Stimmung hat, insbesondere wenn dies mit Reizbarkeit, sozialen Schwierigkeiten und eingeschränktem Interesse an Aktivitäten wie Spielen oder Schule einhergeht, sollten Sie in Erwägung ziehen, professionellen Rat bei einem klinischen Kinderpsychologen mit Fachkenntnissen auf diesem Gebiet einzuholen.

Angst bezieht sich auf Empfindungen von Furcht, gefolgt von nervösen Impulsen und klinischen Zeichen wie Körperschmerzen oder einem gestörten Magen. Es ist natürlich, sich nervös zu fühlen, und es ist nur dann lästig, wenn es schwerwiegend wird und das alltägliche Funktionieren beeinträchtigt. Kinder, die Ängste oder Zweifel haben, scheinen an einem Vermeidungsverhalten interessiert zu sein, bei dem es darum geht, Umstände zu vermeiden, die für sie unangenehm oder bedrohlich sind. Dies kann die Bereitschaft der Kinder, sich auf konstruktive Erfahrungen einzulassen, zeitlich und situativ erheblich einschränken; es kann zu Lernschwierigkeiten und verminderter Lebensqualität beitragen. In letzter Zeit gibt es viele Studien über Angst bei Kleinkindern. Im Hinblick auf die Angstsymptome ist es entscheidend, die Unterscheidung zwischen Variationen in der Persönlichkeit der Kinder (oder ihren individuellen Merkmalen) und dem Ausmaß der Angst, das eine klinische Intervention erfordert, zu berücksichtigen. Natürlich sind manche Kinder eher schüchtern und gehemmt, und es ist wichtig für Eltern, sich daran zu erinnern, dass dies ein normaler Unterschied im Individuum ist. Manche Kinder sind zum Beispiel zurückhaltender, wenn es darum geht, neue Erfahrungen zu machen, als andere. Manche Kinder werden nur sehr langsam mit Gleichaltrigen und Lehrern warm. Das ist in Ordnung. Einige Arbeiten deuten jedoch darauf hin, dass Kinder, die Sorgen und Ängste haben, die ihre Fähigkeit, sich im Klassenzimmer sozial zu engagieren, beeinträchtigen, Gefahr laufen, im Laufe ihres Lebens länger andauernde Angstprobleme zu entwickeln. Daher sollten Sie auf jeden Fall professionellen Rat einholen, wenn Sie besorgt sind, dass Ihr Kind übermäßig schüchtern ist.

Um zu entscheiden, ob Sie für die Probleme und Ängste Ihres Kindes ärztliche Hilfe in Anspruch nehmen können, sollten Sie also Folgendes beachten: Wann haben die Sorgen oder Ängste Ihres Kindes begonnen? Ist ihr Verhalten im Laufe der Zeit besser oder schlechter geworden? Führen seine Sorgen und Ängste dazu, dass es Situationen oder Menschen meidet, die ihm wichtig sind, wie z. B. die Kita oder Schulfreunde? Beeinträchtigen seine Ängste das Lernen oder das Finden und Halten von Freunden in der Schule? Fühlen Sie sich so überwältigt, wenn Sie an seine Sorgen und Ängste denken, dass Sie nicht in der Lage sind, positive elterliche Verhaltensweisen zu entwickeln oder sie durchzusetzen? Wie bei externalisierenden Verhaltensschwierigkeiten drücken viele Kinder in dieser Altersgruppe zumindest gelegentlich Traurigkeit oder Besorgnis aus oder ziehen sich aus der Gesellschaft zurück. Solche Verhaltensweisen können jedoch von Interesse sein, wenn sie bei Ihrem Kind schwere Ängste auslösen oder das Funktionieren des Alltags beeinträchtigen.

Der Prozess der professionellen Hilfe

Wenn Sie sich Sorgen machen, dass die Verhaltensweisen Ihres Kindes professionelle Hilfe rechtfertigen, dann ist der erste Schritt, dass Sie und Ihr Kind zu einer Beurteilung gehen. Eine Beurteilung wird Ihnen konkret sagen, was bei Ihnen und Ihrem Kind los ist, und Ihnen Möglichkeiten zur Verbesserung aufzeigen. Oft ist der beste Ort, um damit zu beginnen, Ihr Kinderarzt, der körperliche Probleme ausschließen kann, die die Symptome Ihres Kindes erklären könnten. Bis solche Dinge ausgeschlossen sind, ist der Kinderarzt möglicherweise bereit, Sie an qualifizierte professionelle Berater oder Fachleute für Verhaltensunterstützung zu verweisen, die in Störungen des frühkindlichen Verhaltens geschult sind. Ein weiterer Bereich, in dem Sie sich beraten lassen können, ist die Schule oder die Kindertagesstätte für Ihr Kleinkind.

Wie kann ich durchsetzungsfähig sein und nicht die Beherrschung verlieren?

Während Sie versuchen, Ihr Kind dazu zu bringen, etwas zu tun, was es nicht tun will, ist es notwendig, hart zu bleiben. Ruhig zu bleiben und die Kontrolle zu behalten ist essentiell. Sie werden viel effizienter sein und klarer denken, wenn Sie in der Lage sind, Ihre emotionalen Reaktionen gut unter Kontrolle zu halten. Die Beherrschung zu verlieren, bedeutet, eine Niederlage einzugestehen, und dann schämt man sich, nicht mehr Selbstbeherrschung zu zeigen. Wenn Sie Ihre nicht kontrollieren können, wie können Sie dann erwarten, dass Ihr Kind sein Temperament kontrolliert? Es ist viel einfacher, die Kontrolle zu behalten, wenn Sie sich sicher fühlen, was Sie tun. Der Schlüssel ist, zu wissen, wie man ein Problem angeht. Wenn Sie eine Strategie haben, dann haben Sie ein Gefühl für die Richtung und sind in der Lage zu antizipieren, was passieren wird. Anstatt nur zu schreien und Druck auszuüben, sollten Sie eine Vielzahl verschiedener Strategien anwenden. Sich von der Situation zurückzuziehen und objektiver zu sein, kann Ihnen auch helfen, sich von der emotionalen Aufwallung zu trennen. Wenn Sie sich wütend fühlen, zählen Sie bis 10 und reden Sie sich runter. Wenn Sie sich müde, gestresst oder krank fühlen, sind Sie am verletzlichsten. Achten Sie also auf diese Zeiten, geben Sie sich selbst etwas Spielraum und erwarten Sie nicht zu viel von Ihrem Kind. Methoden, um "freches" Verhalten zu stoppen:

- Ablenkung eignet sich am besten für jüngere Kinder, die noch nicht die kognitiven Fähigkeiten erworben haben, um eine tiefe Motivation durchzusetzen. Sie sind empfänglicher für das, was vor ihnen geschieht, und wenn ihnen ein anderes interessantes Objekt oder eine andere Aktivität angeboten wird, können sie es leicht vergessen.
- Das Ignorieren des provozierenden schlechten Verhaltens Ihres Kindes kann manchmal dazu führen, dass dieses verschwindet. Wenn Ihr Kind die Tendenz hat, etwas zu tun, während es Sie mit einem Lächeln ansieht oder prüft, ob Sie es ansehen, wird es das tun, um eine Reaktion zu bekommen. Wenn Sie sich entscheiden, nicht zu reagieren, dann müssen Sie sich wirklich beherrschen und nicht reagieren, selbst wenn er es zum vierten oder fünften Mal getan hat, oder er wird lernen, dass er sich anstrengen muss, um Sie zu ärgern. Eine Zeit lang ist das An- und Ausschalten des Fernsehers langweilig und Ihr Kind wird hinauslaufen und sich etwas anderes zur Unterhaltung suchen.

Es ist eine effektive Taktik, Ihre Aufmerksamkeit zurückzuhalten, denn wenn Ihr Kind denkt, dass Sie wütend sind und nicht zuhören, wird es noch frustrierter sein, als wenn Sie es anschreien. In vielen Fällen mit kleinen Kindern ist Vorbeugen besser als Heilen. Stellen Sie sicher, dass wertvolle oder zerbrechliche Gegenstände nicht in Reichweite sind. Sorgen Sie dafür, dass die häusliche Umgebung sicher ist. Gehen Sie zur Kasse, die keine Süßigkeiten ausstellt. Bewahren Sie Getränke und Snacks im Kühlschrank auf, damit sie nicht auf dem Teppich verstreut werden. Verschließen Sie Schränke, die wertvolle oder gefährliche Gegenstände enthalten. Verwenden Sie Tore an Treppen.

Sagen Sie ihm, dass er aufhören soll, damit er weiß, was Sie wollen. Machen Sie ihm klar, dass Sie ihn zum Aufhören zwingen werden, wenn er so weitermacht. Nörgeln Sie nicht nur immer wieder herum oder schreien Sie ihn durch das Haus an. Stehen Sie auf und schieben Sie ihn entweder weg, nehmen Sie ihm den Gegenstand weg oder halten Sie ihn physisch davon ab, das zu tun, was er gerade tut. Wenn Sie "nein" sagen müssen, dann tun Sie es, aber bleiben Sie dabei. Ihn aus der Situation zu entfernen, würde zusätzliche Probleme vermeiden. Bringen Sie ihn an einen separaten Ort, damit er nicht gezwungen ist, weiterzumachen. Auszeit' bedeutet, das Kind von dem zu nehmen, was es gerade tut, und ihm zu erlauben, sich für ein paar Minuten auf einer Couch oder einem Stuhl niederzulassen, um sich zu beruhigen. Sich selbst aus der Situation zu entfernen, ist manchmal die beste Lösung, besonders wenn Sie das Gefühl haben, dass Sie die Beherrschung verlieren.

Die sinnvollste Art, Ihr Kind zu einem besseren Verhalten zu ermutigen, ist wahrscheinlich, Belohnungen und Anreize für gutes Verhalten zu geben. Sie sagen ihm auf positive Art und Weise, was Sie wollen, und lassen ihm die Wahl, ob es sich die Belohnung durch Befolgung der Anweisung verdienen will. Ihm zu raten, es besser zu machen, ist ein paradoxer Ansatz, um schlechtes Verhalten einzudämmen, aber es kann sehr gefährlich sein.

Abschaffung von Bestrafung und Einführung von positiver Disziplin

Von den vier weithin anerkannten Erziehungsmodellen - autoritativ, autoritär, freizügig und nachlässig - findet der Erziehungsstil das richtige Gleichgewicht zwischen warmherzig und entgegenkommend sein und gleichzeitig kindliche Unabhängigkeit und reifes Verhalten antizipieren. Autoritative Eltern haben strenge Maßstäbe für ihre Kinder und kommunizieren einfache, altersgemäße Richtlinien, die sie durchsetzen wollen, und wenn Kinder Fehler machen, bieten sie Hilfe und Vergebung.

Bei einem Kind versucht der dominante Elternteil, Gleichheit zu fördern. Solche Eltern können ihre Kinder auch dazu ermutigen, Dinge selbst zu regeln, anstatt sofort zur Unterstützung zu eilen. Wenn sie ihre Kinder Probleme ohne Unterstützung lösen lassen, fördert dies das individuelle Verhalten. Autoritäre Eltern haben auch hohe Erwartungen an ihre Kinder, und oft, so Foundations Counseling, eine in Colorado ansässige Therapiefirma, zeigen die Kinder ein hohes Maß an Reife und Selbstvertrauen.

Autoritäre Erziehung führt tendenziell zu selbstbewussten Kindern. Da Kinder regelmäßig selbstständig arbeiten, sind sie von ihrer Fähigkeit überzeugt, eine Aufgabe auszuführen, auch wenn diese schwierig ist. Sie lernen, Frustrationen durchzustehen, wenn sie eine neue Aufgabe mit der Ermutigung und Unterstützung ihrer Eltern erlernen, statt mit der Hilfe der Eltern. Wenn Kinder lernen, mit Geduld und emotionaler Kontrolle neue Aktivitäten auszuprobieren und dabei die Unterstützung ihrer Eltern zu spüren, werden sie darin geschult, neue Herausforderungen selbstbewusst anzunehmen. Kinder, die von autoritativen Eltern erzogen werden, neigen dazu, leistungsorientiert zu sein. Sie konzentrieren sich fleißig auf die ihnen übertragenen Aufgaben und ihr hohes Selbstvertrauen erlaubt es ihnen, die Dinge bis zum Ende durchzuziehen. Als Teenager haben sie oft einen stärkeren akademischen Erfolg. Ein Forschungsteam des National Institute on Active Secondary Schools in Madison, Wisconsin, hat in einer 1986 veröffentlichten Studie des Learning Services Information Center festgestellt, dass Kinder mit prominenten Eltern als Teenager einen höheren Schulerfolg haben. Dieser Kontrast zwischen Fürsorge und starken Anforderungen führt dazu, dass Kinder weniger Feindseligkeit gegenüber Gleichaltrigen zeigen. Wenn sie ihr eigenes Verhalten besser kontrollieren können, neigen sie laut Foundations Counseling weniger dazu, sich asozialen Verhaltensweisen hinzugeben. Diese Kinder sind im Allgemeinen recht anpassungsfähig, werden von anderen gemocht und haben starke soziale Fähigkeiten.

Stimmt es also, dass zu viel elterliches Eingreifen schlecht ist? Als Vater tun Sie das, was für Ihren Jungen am besten ist. Dazu kann auch gehören, ihn vor negativen Einflüssen zu schützen, die richtigen Entscheidungen für ihn zu treffen, von denen Sie wissen, dass sie ihm gefallen, und einzuspringen, wenn Sie denken, dass er Unterstützung braucht. Obwohl Sie eindeutig mit kleineren Menschen interagieren sollten, könnte es mehr Schaden als Nutzen bringen, wenn Sie Ihrem Kind keinen Raum zum Spielen, Treffen von Entscheidungen und Fühlen der gesamten Bandbreite an Emotionen lassen. Beziehen Sie alle Nachteile einer Überschreitung der elterlichen Grenzen mit ein.

Elternschaft in Hubschraubern

Das Wort "Helikopter-Eltern" wurde erfunden, um Eltern zu beschreiben, die über ihre Kinder zu wachen scheinen. Während das Aufpassen auf Ihr Kind oft ein positiver Gedanke ist, kann die Vorstellung von "Über-Elternschaft" oder das Überschreiten Ihrer Position als Elternteil, Vormund und Versorger negative Auswirkungen haben. In Wirklichkeit bezeichnet die Psychiaterin Lisa Firestone in "Psychology Today" diese Praxis als "Missbrauch der Übererziehung", was bedeutet, dass dieses Verhalten so negativ sein kann, dass es tatsächlich missbräuchlich ist. Indem Sie wissen, wie sich Ihre einschränkenden Handlungen auf Ihr Kind auswirken, können Sie Ihren Erziehungsansatz bewerten und sicherstellen, dass er Ihre Familie nicht beeinträchtigt.

Wertschätzung und Selbstachtung

Kinder treffen oft nicht die richtige Entscheidung und so haben Eltern immer das Bedürfnis, einzugreifen, um ihre Kinder vor den Auswirkungen ihrer Entscheidungen zu schützen. Doch wenn Sie Ihrem Kind die Wahlmöglichkeit nehmen, schadet das seinem Glauben. Vor allem muss es sowohl positive als auch schlechte Entscheidungen treffen und den Unterschied kennen, sich bemühen und seinem eigenen Urteilsvermögen vertrauen. Wenn Sie derjenige sind, der alle seine Entscheidungen trifft, hat er mit der Zeit nicht die Chance, sein Selbstvertrauen und Selbstwertgefühl zu entwickeln.

Terror und Angst

Helikopter-Elternschaft kann Ängste bei Kindern fördern. Zu viel elterliche Einmischung wird Ihrem Kind ständig das Gefühl geben, dass es fehlerfrei sein muss, um Ihre Standards für es zu erfüllen. Einen Fehler zu haben, eine falsche Entscheidung zu treffen und ständig fehlerfrei zu sein, wird dazu führen, dass sie das Gefühl hat, Sie rund um die Uhr beeindrucken zu müssen. Das Ergebnis kann klinische Angstzustände und sogar Depressionen sein, da kein Kind immer perfekt sein kann.

Eigenständigkeit

Ein Junge kann sich kaum seinen Weg durch die Zukunft bahnen, weil ein Elternteil, das sich zu sehr für ihn interessiert, ihm keine eigenen Interaktionen zugesteht. Die Auswahl der außerschulischen Aktivitäten Ihres Kindes, das Mikromanagement der Spielzeiten, das Ansprechen gesellschaftlicher Probleme, das Erledigen der Hausaufgaben und das neugierige oder aufdringliche Verhalten verwandeln Ihr Kind in einen Papagei, der nur das versteht, was man ihm gesagt hat, was er mag. Es verpasst die Entwicklung seiner eigenen Gewohnheiten, Hobbys, Vorlieben und Abneigungen, wenn es unter Druck gesetzt wird, sich Ihren Normen und Interessen anzupassen, wie gut gemeint sie auch sein mögen.

Anspruchsdenken und Nachsicht

Viele Eltern, die zu sehr daran interessiert sind, scheinen ihre Babys zu verwöhnen, sie vor allem Schlechten zu schützen und ihnen jeden möglichen Vorteil zu geben. Während es nur natürlich ist, etwas für Ihr Kind zu tun und das Beste für sie zu wollen, könnte es dazu führen, dass Sie ein verwöhntes, berechtigtes und übermäßig verwöhntes Kind, einen Teenager und schließlich einen Erwachsenen großziehen, wenn Sie ihr die Konsequenzen aus dem Weg räumen, ihr erlauben, alles zu haben, was sie will, und die Disziplin überspringen, um ihre Gefühle zu retten. Negative Interaktionen und Konfliktlösung sind schwierige Konzepte für ein Kind, aber sie sind wesentlich für das Wachstum des Charakters.

Die Vorteile der Erwachsenensteuerung

Als Vater füllen Sie sehr viele Positionen aus. Sie sind der Betreuer und der Pfleger und Sie wollen ein Freund des Kindes sein. Trotzdem sollten Sie von Zeit zu Zeit der Strenge sein, der die Kinder über richtig und falsch aufklärt und versucht, sie zu gesunden Handlungen und guten Entscheidungen zu führen. Wenn Sie wissen, warum Bestrafung für Ihre Kinder wichtig ist, können Sie erfolgreiche Verhaltensmethoden einführen, die die Kinder glücklicher machen und für ihr Wohlbefinden sorgen.

- **Kompetenz vermitteln.** Disziplin zeigt den Kindern, wie sie die Verantwortung für ihre Handlungen übernehmen können. Eine gängige Form der Disziplinierung besteht darin, Kindern beizubringen, die Konsequenzen ihrer Entscheidungen zu erfahren. Wenn Sie Ihre Tochter z. B. warnen, dass sie, wenn sie ihr Spielzeug nicht aufhebt, den Nachtisch verliert, und sie ihr Spielzeug nicht aufhebt, erfährt sie die Konsequenzen ihrer Entscheidung. Indem Sie Kinder mit diesem Modell der Konsequenzen disziplinieren, helfen Sie ihnen zu lernen, für ihre Handlungen verantwortlich zu sein und somit die Konsequenzen zu kontrollieren, die sie erfahren.
- **Angemessenes Verhalten vermitteln.** Disziplin lehrt Ihr Kind das richtige Verhalten unter verschiedenen Umständen. Es lernt, welches Verhalten akzeptabel ist, wenn Sie Ihr Kind für schlechtes Verhalten disziplinieren. Disziplin kann angemessenes Verhalten bei Kindern fördern, indem sie ihnen beibringt,

wie man mit anderen interagiert, wann man Vergnügen aufschiebt und wie man Unbehagen toleriert, so eine Untersuchung in der Zeitschrift Pediatrics and Child Health. Disziplin hilft Ihnen auch dabei, Kinder zu erziehen, die sich besser benehmen und andere wertschätzen.

- **Fördern Sie die Selbstdisziplin.** Effiziente Disziplinierungsstrategien können Ihre potenzielle Position als Disziplinierer reduzieren. Wenn Ihr Kind lernt, was akzeptable und inakzeptable Verhaltensweisen, Handlungen und Worte sind, wird es Fähigkeiten zur Selbstdisziplinierung erwerben. Nachdem Ihr Kind die negativen Konsequenzen von schlechtem Verhalten gelernt hat, wird es dieses Verhalten in Zukunft vermeiden, um Bestrafungen zu vermeiden. So kann die elterliche Disziplin bei Kindern eine gesunde Selbstdisziplin fördern, die ihr Verhalten verbessern kann.
- **Vertrauen schaffen.** Ein gutes Training schafft auch Vertrauen bei Ihren Kindern. Gut disziplinierte Kinder zeigen in schwierigen Situationen oft angemessene Verhaltensweisen und treffen kluge Entscheidungen. Klare Entscheidungsfähigkeiten und gute Handlungen tragen dazu bei, Vertrauen in Ihr Kleinkind zu schaffen. Eines der Disziplinierungsziele sollte es sein, Kinder mit Vertrauen und Verantwortung zu erziehen, so dass sich Ihre Disziplinierung langfristig positiv auf das Vertrauen Ihres Kindes auswirken kann.

Selbstwertgefühl & schlechtes Kinderverhalten

Individuelle Gedanken und Gefühle von Kindern beeinflussen ihr Verhalten und ihre Beziehungen zu anderen. Kinder mit hohem Selbstwertgefühl zeigen Reife und gutes Verhalten, während Kinder mit niedrigem Selbstwertgefühl oft störrisch sind. Betreuer und Eltern sind in der Lage, Kinder mit geringem Selbstwertgefühl zu erkennen und ihnen zu helfen, das Vertrauen in sich selbst zu verbessern. Die Umgebung der Kinder wirkt sich direkt auf ihr Selbstwertgefühl aus; eine liebevolle und ruhige Umgebung fördert das Selbstvertrauen und das gute Benehmen der Kinder.

Selbsteinfühlung

Das Selbstwertgefühl variiert von Kind zu Kind. Kinder mit einem starken Selbstwertgefühl haben Verantwortungsbewusstsein, sie gehen effektiv und bejahend miteinander um, sie verhalten sich mutig und können verschiedenen Schwierigkeiten standhalten. Darüber hinaus reagieren Jugendliche mit geringem Selbstwertgefühl häufig auf sozialen Druck, verhalten sich abwertend und scheuen die Verantwortung. Diese Kinder fühlen sich oft ungeliebt und landen auf der Suche nach Akzeptanz leicht in der falschen Gesellschaft.

Fehlverhalten

Schlechtes Verhalten ist bei Kindern sichtbar, wenn sie mit Erwachsenen und anderen Kindern interagieren. Kinder mit geringem Selbstwertgefühl sind eher geneigt, schlechtes Verhalten zu zeigen. Auch die Eltern beeinflussen das Verhalten der Kinder. Wenn Ihr Kind vernachlässigt wird, sehnt es sich nach Aufmerksamkeit und Liebe, was zu irrationalem Verhalten führen kann. Verwöhnung und mangelnde Disziplin können auch Gewohnheiten wie Egoismus, vulgäre Sprache und Respektlosigkeit fördern. Kinder mit schlechtem Benehmen können in der Öffentlichkeit ihre Eltern in Verlegenheit bringen und haben es schwer, mit anderen Kindern zu interagieren.

Sie bieten Patienten, Eltern und Schülern immer noch eine schwere Zeit.

Parenting

Eltern beeinflussen das Selbstwertgefühl und das Verhalten des Babys. Durch positive Bestätigung und Zuneigung können Sie das Selbstwertgefühl Ihres Kindes stärken und gutes Verhalten fördern. Bieten Sie jedoch kein falsches Lob an, denn es kann das Selbstwertgefühl Ihres Kindes kurzzeitig verbessern, was sich später nachteilig auf es auswirken könnte. Sprechen Sie das Verhalten Ihres Kindes immer an und bestrafen oder belohnen Sie es, wenn nötig. Kommunizieren Sie ruhig und deutlich, dass die Handlungen Konsequenzen haben. Bleiben Sie ruhig, wenn Sie Ihr Kind bestrafen und klären Sie, warum es diszipliniert wird.

Offenlegung

Das Verhalten und das Selbstwertgefühl von Kindern unterscheiden sich je nach Alter. Jüngere Kinder sollten optimistisch sein, während Teenager unter einem geringen Selbstwertgefühl leiden können. Die Verbindung mit Ihren Kindern wird Ihnen helfen, ihre komplexen Bedürfnisse zu lösen. Tatsächlich sollten Sie sie körperlich beruhigen und sie zu Aufgaben inspirieren, die ihr Vertrauen in sich selbst stärken können. Sie werden auch andere Muster besprechen, die einer Verbesserung bedürfen, um zu klären, warum die Anpassung wichtig ist. Letztendlich wird dies einen guten Unterschied für Ihre Babys bringen. Kinder entwickeln sich in unterschiedlichem Tempo; in der Schule kann ein Kind Reife zeigen, aber zu Hause bleibt es unreif. Anzeichen von Unreife können erkannt werden und können Ihnen helfen, Ihr Kind besser zu verstehen. Wenn Sie Zeit mit Ihrem Kind verbringen, wird es Ihnen helfen, sein Verhalten als unreif zu erkennen. Frühzeitiges Ansprechen der Unreife lässt das Kind gut handeln und geistig, psychologisch, emotional und intellektuell wachsen.

Emotionale Unbeständigkeit

Kinder mit Unreife der Gefühle überreagieren. Ihr Kind kann einen Wutanfall bekommen, wenn Sie im Begriff sind, es zu bestrafen, oder wenn Sie mit jemand anderem beschäftigt sind. Es kann auch sein, dass das Kind Verständnis für eine Situation zeigt und sich danach sofort unangemessen verhält. Beheben Sie das Problem, indem Sie das Kind sofort darauf hinweisen, dass eine Wiederholung desselben unzulässig ist, und ihm sagen, dass es sich entschuldigen soll. So lernt das Kind, sich angemessen und unangemessen zu verhalten.

Gesellschaftliche Unsensibilität

Soziale Umgebungen lösen bei Kindern unterschiedliche Verhaltensweisen aus. Es kann unglücklich sein und die Aufmerksamkeit auf sich ziehen oder laut und hyperaktiv werden. Es kann auch in der Schule Sie oder den Lehrer um zusätzliche Aufmerksamkeit bitten. Ein solches Verhalten deutet auf Unreife in der Kultur hin. Aufgrund von mangelnder Disziplin oder Langeweile verhalten sich Kinder unreif. Das Einimpfen von Disziplin und das Ausgesetztsein von Kindern von klein auf in verschiedenen sozialen Umgebungen helfen ihnen, sich sozial zu entwickeln. Sorgen Sie dafür, dass Ihr Kind beschäftigt ist, besonders in sozialen Umgebungen für Erwachsene. Sie werden die Reife Ihres Kindes an seiner Reaktion auf verschiedene Umstände feststellen. Es kann sich hilflos verhalten, wenn Sie seine Handlungen in Frage stellen, oder behaupten, sich nicht an das spezifische Ereignis zu erinnern. Außerdem kann das Kind flunkern oder einen Wutanfall bekommen, wenn Sie es herausfordern, insbesondere wenn Sie versuchen, eine Strafe anzuwenden. Dieses unzeitgemäße Verhalten erfordert Ihr Eingreifen, um die Entwicklung Ihres Kindes zu unterstützen.

Sie können strenge Regeln aufstellen und kontinuierlich verstärken, die akzeptables Verhalten festlegen. Außerdem hilft Ihnen das Verständnis für Ihr Kind, verschiedene Reaktionen entweder als Unreife oder als Entwicklungsrückstand zu erkennen und das Verhalten entsprechend anzusprechen.

ADHS oder Unreife

Bei Kindern ist unreifes Verhalten normal und Sie werden es korrigieren, wenn das Kind wächst. Viel Verhalten kann jedoch ein Symptom für ein tieferes Problem sein. Außerdem kann das Kind unreifes Verhalten zeigen, um die Aufmerksamkeit zu bekommen und um zu interagieren. Auch die Art und Weise, wie Sie mit Ihren Kindern umgehen, kann unangemessenes Verhalten verursachen. Sie ermöglichen es Kindern auch, die Verantwortung dafür zu übernehmen, dass sie wachsen. Eine liebevolle Erziehung, die sich auf Konsequenz konzentriert, kann Ihnen oft helfen, zwischen Unreife und anderen Problemen zu unterscheiden, die Ihr Kind beeinflussen und ein entsprechendes Verhalten verursachen können.

Strenge väterliche Leistungen

Strenge Eltern haben vielleicht einen Ruf als Fieslinge, aber strenge Disziplin hat gewisse Vorteile. Zu einer effektiven Erziehung gehört es, Grenzen zu setzen und Kindern beizubringen, wie sie mit den Konsequenzen ihres Handelns umgehen. Strenge Eltern sind sich dessen bewusst, daher behalten sie eine starke Kontinuität in der Entwicklung ihres Kindes bei. Strenge Eltern erziehen ihre Kinder zu hohen Anforderungen und betonen den Wert des Erreichens solcher Anforderungen.

- **Akademische Ergebnisse.** Strenge, autoritäre Eltern können ihre Kinder dazu antreiben, in akademischen oder anderen Unternehmungen erfolgreich zu sein. Wir haben das Gefühl, dass wir mehr für ihre Jugend tun sollten, und erwarten, dass sie ihre Erwartungen erfüllen. Kinder mit strengen Eltern erzielen auch akademische Erfolge, da sie sich in Selbstdisziplin üben, sich mehr anstrengen, aufmerksamer sind und bessere Noten haben. Diese Kinder werden wahrscheinlich die High School beenden und auf das College gehen. Laut BoardingSchoolsInfo.com sind Kinder mit rein patriarchalischen Eltern in der Regel gefügig und erbringen oft gute schulische Leistungen. Eine Studie der University of Florida legt nahe, dass der dominante Führungsstil stärker mit den schulischen Leistungen korreliert.
- **Treue.** Der rigide, strafende Disziplinierungsansatz ermutigt Kinder, sich mit den Auswirkungen ihrer Handlungen auseinanderzusetzen. Die Kinder lernen Werte und die Fähigkeit, vernünftige Entscheidungen zu treffen. Strenge Eltern ermutigen ihre Kinder, anders zu sein, und sie können Vertrauen in sich selbst und ihre Fähigkeiten gewinnen. Sie lernen, sich Herausforderungen zu stellen und danach zu streben, diese Herausforderungen zu überwinden. Kinder von strengen Eltern gewinnen Vertrauen durch fleißige Arbeit, die ihnen Wohlstand verschafft, anstatt ein aufgeblasenes Ego durch so

viel Aufmerksamkeit zu haben, die manchmal mit permissiver Erziehung korreliert ist.

- **Hilfe zur Selbsthilfe.** Weil strenge Eltern Grenzen setzen und durchsetzen, lernen die Kinder, sich selbst zu kontrollieren. Diese Kinder sind weniger geneigt, dem Druck von Gleichaltrigen zu erliegen oder sich in riskantes Verhalten zu verwickeln. Strenge Eltern sind konsequent bei der Disziplinierung, und die Kinder lernen schon in jungen Jahren, dass es Konsequenzen für unangemessenes Verhalten gibt. Da ihnen diese Einstellung schon früh im Leben eingeimpft wird, ist die Wahrscheinlichkeit geringer, dass sie Probleme mit ihrem Verhalten zeigen. Normalerweise wird die Selbstbeherrschung, die sie als Kleinkinder erwerben, auf das Erwachsenenleben übertragen.

- **Selbstständigkeit und Kompetenz.** Strenge Eltern ziehen es vor, Kinder zu erziehen, die selbstständig sind. Solche Kinder lernen, zu denken, zu verhandeln und ihre eigenen Probleme zu lösen. Strenge Eltern verlangen von ihren Kindern oft, dass sie arbeiten gehen und ihr Geld sparen, wenn sie alt genug sind. Sie lernen den Wert von Geld und die Wichtigkeit, es zu verdienen, schon in jungen Jahren, was ihnen helfen kann, später im Leben finanziell erfolgreich zu sein.

Grundgesetze zur effizienten Elternschaft

Am besten beginnen Sie mit Ihrer grundlegenden Philosophie der Elternschaft - Ihrer allgemeinen Identität für den Job, die die Grundregeln vorgibt. Auch wenn sich der Job ändert, wenn die Kinder älter werden, gibt es zwei wichtige Eigenschaften für effektive Eltern. Sie sind wie folgt:

1. auf der einen Seite warm und freundlich.
2. Anspruchsvoll auf der anderen Seite und fest.

Um es warm und bequem zu haben, müssen die geistigen und körperlichen Bedürfnisse des Babys erfüllt werden. Es bedeutet, sie zu füttern, sie sicher, warm und gut gekleidet zu halten und sicherzustellen, dass sie genug Schlaf bekommen. Wärme und Freundlichkeit bedeutet oft, für die Emotionen der Kinder empfänglich zu sein: ihre Freude über einen neuen Freund auszudrücken, sie zu beruhigen, wenn ihr Eis auf den Tisch fällt, ihnen verständnisvoll zuzuhören, wenn sie sich über ihren Lehrer ärgern, und ihre Gesellschaft zu lieben. Nett und einladend zu sein, bedeutet immer, die Babys zu lieben - nicht nur, sie zu genießen. Im positiven Sinne wird die andere wesentliche elterliche Eigenschaft, streng und stark zu sein, genannt. Alles, was erfolgreiche Eltern von ihren Babys erhoffen. Sie erwarten gutes Verhalten in der Schule, Respekt vor den Erwachsenen, harte Arbeit in den akademischen Fächern, sportlichen Einsatz und freundschaftliche Beziehungen, die Teilen und Freundlichkeit beinhalten. Eltern wollen, dass ihre Kinder die Regeln befolgen, etwas für andere Menschen tun und oft auf herausfordernde oder einschüchternde Fragen antworten. Mit anderen Worten: Effektive Eltern erwarten von ihren Kindern, dass sie sich den Herausforderungen des Lebens stellen (wie Sie wissen, gibt es davon reichlich!) und die für ihr Verhalten notwendigen Regeln und Grenzen respektieren. Auf den ersten Blick mögen diese beiden elterlichen Orientierungen widersprüchlich erscheinen, warmherzig-freundlich und fordernd-fest. Das sind sie aber nicht. Manche Umstände erfordern das eine, andere das andere, und manche Bedingungen erfordern beides. Was ist, wenn Ihre Tochter Megan zum Beispiel ihren Bruder Jon ohrfeigt?

Dann wird es Zeit für die fordernde Erziehungsmethode. Was ist, wenn Megan den Hund unaufgefordert füttert? Zeit für eine wärmere Hand. Was ist, wenn es Schlafenszeit ist? Sie brauchen sowohl die freundliche als auch die strenge Seite. Bevor das Licht ausgeht, könnte die freundliche Seite darin bestehen, mit einem Kind für 15 Minuten mit einer Geschichte ins Bett zu kuscheln. Auf der anderen Seite könnte die anstrengende Seite bedeuten, die Kinder aufzufordern, sich bettfertig zu machen (Zähne, Bad oder Dusche, Schlafanzug und so weiter), bevor die Geschichtenzeit beginnt. Stark bedeutet außerdem, dass um neun Uhr das Licht ausgeht. Kein Wenn, Aber und Aber.

Die Botschaften, die diese Philosophie der Erziehung an die Kinder sendet, sind:

1. Warm-freundlich: Ich liebe dich und ich werde auf dich aufpassen.
2. Bedarfsorientiert: Ich erwarte etwas von Ihnen.

Wie brauchen Sie sowohl die warmherzige-freundliche als auch die fordernd-feste Haltung gegenüber Ihren Kindern? Hierfür gibt es zwei Gründe. Der erste Grund ist einfach: Spaß haben! Es wäre schön, wenn Sie den Kindern beim Aufwachsen in Ihrem Haus zusehen könnten. Kinder sind jung, süß, unterhaltsam und unterhaltsam, so dass Sie nie vergessen werden, dass Sie wunderbare Zeiten mit ihnen haben können. Die Forschung hat gezeigt, dass erfolgreiche Eltern auf der einen Seite feucht und einladend sind, während sie auf der anderen Seite herausfordernd und stark sind. Beide Ausrichtungen sind wichtig für heranwachsende Kinder, die sozial bewusst und erfahren sind. Die zweite Erklärung ist ein wenig bedauernswert. Sie wollen, dass Ihre Kinder erwachsen werden, von zu Hause weggehen und es irgendwann alleine schaffen. Freundlich und fordernd bedeutet also immer, die zunehmende Freiheit Ihres Kindes zu fördern und zu unterstützen. Freundlich und stark bedeutet nicht, dass man sitzen bleibt und nicht überfürsorglich ist. Es bedeutet, Kindern die Möglichkeit zu geben, immer mehr Dinge selbst zu tun, wenn sie älter werden.

Automatische vs. absichtliche Disziplinierung

Es gibt zwei Arten von Erziehungsweisen, könnte man sagen: automatische und bewusste. Automatische Elternschaft beinhaltet Aktivitäten, die Sie ganz natürlich tun, ohne darüber nachzudenken (und ohne ein bestimmtes Training), z. B. das Aufheben und Beruhigen eines schluchzenden Zweijährigen, der gerade hingefallen ist. Ein aufgebrachtes Kind zu trösten ist ein positives Beispiel, aber automatische Elternschaft kann auch Handlungen beinhalten, die nicht so sinnvoll sind, wie z.B. eine Siebenjährige anzuschreien, die weiterhin aus dem Bett aufsteht, weil sie meint, ein Geräusch im Kleiderschrank zu hören. Hier ist, was Sie tun wollen:

1. Halten Sie an Ihren automatischen, positiven Erziehungsgewohnheiten fest. Sie werden feststellen, dass einige Ihrer vorteilhaften Bewegungen in der Erziehung bereits Teil des Programms sind, wie z. B. ein guter Zuhörer zu sein oder die Bemühungen Ihrer Kinder zu loben
2. Identifizieren Sie Ihre passiven, störenden, ineffektiven oder störenden Erziehungsmuster
3. Sie lernen, Sie trainieren und Sie spielen! Handeln Sie sorgfältig und überlegt, bevor Sie Modern Approaches automatisieren.

Automatische Erziehung erfordert eine weitere wichtige Sache, die Sie die ganze Zeit tun: Planung. Kinder sind exzellente Nachahmer und sie wissen eine Menge, indem sie einfach sehen, wie Sie sich verhalten. Wenn Sie respektvoll gegenüber anderen sind, neigen Ihre Kinder dazu, das gleiche zu tun. Wenn Sie dagegen bei Verkehrsunfällen vor Wut schreien, dann ... Nun, Sie verstehen schon. Das Ziel ist also eine erfolgreiche, automatisierte Erziehung. Am Anfang erfordert dieser Ansatz etwas Konzentration und Mühe, aber am Ende ist es eine ganze Menge weniger Arbeit. Außerdem sind Ihre Familie und Sie viel besser dran

Drei Dinge, die Sie für Ihren Job als Elternteil tun können, um glückliche, gesunde Kinder zu erziehen Wir haben drei verschiedene Elternjobs, die unterschiedliche Strategien erfordern. Jeder dieser Jobs ist unterschiedlich, überschaubar und wichtig für die Elternarbeit. Sie sind oft voneinander abhängig; jeder ist für seine Leistung bis zu einem gewissen Grad auf den anderen angewiesen. Ignorieren Sie auf eigene Gefahr eine dieser Aufgaben! Machen Sie diese drei Aufgaben gut und Sie werden eine gute Mutter oder ein guter Vater sein. Bei den ersten beiden Erziehungsaufgaben geht es um Fragen der Disziplin und des Verhaltens, bei der dritten um die Beziehung zwischen Eltern und Kind.

- Parenting Job 1 bedeutet, störendes Verhalten zu kontrollieren. Wenn sie Sie ständig mit Aktionen wie Weinen, Jammern, Mobbing, Schimpfen, Wutanfällen, Schreien und Kämpfen nerven, werden Sie Ihre Familie niemals mögen oder mit ihr auskommen. Sie werden in diesem Buch lernen, wie Sie störendes Verhalten kontrollieren können, und Sie werden angenehm überrascht sein, wie effektiv diese einfache Technik ist!

- Aufgabe 2 der Eltern ist es, gutes Verhalten zu fördern. Die Ermutigung zu positivem Verhalten - wie z. B. Spielzeug aufräumen, ins Bett gehen, höflich sein und die Hausaufgaben erledigen - erfordert mehr Engagement von den Eltern (und mehr Energie von den Kindern, sich an ermutigendem Verhalten zu beteiligen) als das Management von schwierigem Verhalten. In diesem Buch lernen Sie sieben einfache Möglichkeiten kennen, wie Sie Ihre Kinder zu positiven Handlungen ermutigen können.
- Parenting Job 3 stärkt die Beziehung, die Sie zu Ihren Kindern haben. Manche Eltern müssen nur auf Parenting Job 3 hingewiesen werden, viele müssen sich intensiv darum bemühen, dies weiterhin zu tun. Bei Job 1 und 2 kann es Ihnen zugute kommen und umgekehrt, wenn Sie auf die Beständigkeit Ihrer Partnerschaft mit Ihrem Baby achten.

Wie hängen unsere drei elterlichen Jobs mit den warmen und herausfordernden Eigenschaften der Elternschaft zusammen? Die Taktiken für Job 1, das Kontrollieren von unausstehlichem Verhalten, hängen, wie Sie vielleicht schon erraten haben, fast vollständig von der anspruchsvollen Elternrolle ab. Es ist nicht so sehr warm oder flauschig! Die Taktik für Job 3 hängt jedoch fast ausschließlich von der warmen Seite der Elternrolle ab. Job 2 schließlich wird sowohl warme als auch fordernde Strategien einsetzen, um gutes Verhalten zu fördern.

Je früher Sie die Kraft der positiven Erziehung erfahren, desto leichter fällt es Ihnen, Erziehungsmethoden aufzugeben, die auf Angst basieren. Gönnen Sie sich nur eine Woche, um die Ideen in diesem Kapitel in die Praxis umzusetzen, und Sie werden nie wieder nach

Hause gehen wollen. Denken Sie daran, dass Sie nicht auf Mobbing oder Einschüchterung Ihrer Kinder zurückgreifen können, um an einer positiven Kindererziehung zu arbeiten. Sie werden feststellen, dass Ihre Kinder auf magische Weise zu reagieren beginnen. Das gilt für Kinder jeden Alters. Auch die Teenager werden darauf reagieren. Je früher Sie damit anfangen, desto schneller werden Ihre Kinder reagieren. Es kann etwas länger dauern, weil Heranwachsende oder Teenager daran gewöhnt sind, von Terror dominiert zu werden, aber es funktioniert trotzdem. Es ist nie zu spät, diese positiv-erzieherischen Fähigkeiten anzuwenden. In vielen Situationen sind das Eigenschaften, die es Ihnen auch erlauben, besser mit Ihrem Partner zu kommunizieren. Fragen, aber nicht befehlen oder fordern, um Kooperation zu schaffen, ist es, den Kindern die Bereitschaft einzuflößen, zuzuhören und auf Ihre Bitten zu reagieren. Der erste Schritt ist, dass Sie wissen, wie Sie Ihre Kinder besser lenken können. Konsequentes Befehlen funktioniert nicht. Denken Sie an Ihren eigenen beruflichen Hintergrund. Wollen Sie immer, dass Ihnen jemand sagt, was Sie tun sollen? Hunderte von Befehlen füllen den Tag eines Kindes. Es ist kein Wunder, dass Mütter ihren Kindern nicht zuhören, wenn sie sich beschweren. Würden Sie nicht auch zuhören, wenn Sie ständig von jemandem angemeckert werden? Das Leben eines Kindes ist zum Beispiel voll von Befehlen: Steck es weg, lass es nicht dort liegen, sprich nicht so mit deinem Bruder, hör auf, deine Schwester zu schlagen, binde dir die Schuhe zu, knöpfe dein Hemd zu, putze dir die Zähne, schalte den Fernseher aus, komm zum Abendessen, iss dein Gemüse, benutze deine Gabel, spiele nicht mit deinem Essen, hör auf zu reden, räume dein Zimmer auf, räume diese Unordnung auf oder mach dich fertig für das Frühstück.

Genauso wie Eltern frustriert werden, wenn sie ein Kind immer wieder nörgeln, schaltet das Kind die Eltern einfach ab. Wiederholte Befehle schwächen die Kommunikationslinien. Die alternative, positiv-erzieherische Fähigkeit zu befehlen, zu fordern und zu nörgeln ist, zu fragen oder zu bitten. Würde Ihr Chef (oder Ehepartner) Sie nicht lieber fragen, als es ihm zu sagen? Nicht nur Sie werden besser reagieren, sondern auch Ihre Kinder. Es ist eine sehr einfache Umstellung, aber es ist viel Übung erforderlich. Anstatt zu sagen: "Geh dir die Zähne putzen", fragen Sie zum Beispiel: "Solltest du dir die Zähne putzen gehen? "Anstatt zu sagen: 'Schlag deinen Bruder nicht', sagen Sie: 'Würdest du jetzt bitte aufhören, ihn zu schlagen? " Verwenden Sie "würdest du" und nicht "könntest du" Stellen Sie sicher, dass Sie die Wörter "wird" oder "würde" anstelle von "kann" oder "könnte" verwenden, wenn Sie Ihre Bitte formulieren. 'Will you' wirkt Wunder, während 'could you' oder 'could you' Widerstand und Verwirrung erzeugen. Wenn Sie sagen: "Würden Sie dieses Chaos glätten? ", sprechen Sie eine Bitte aus. Wenn Sie sagen: "Können Sie dieses Durcheinander bereinigen? ", stellen Sie eine Qualitätsfrage. Sie fragen: "Haben Sie die Fähigkeit, dieses Durcheinander zu bereinigen? "Sie müssen sehr offen und sehr spezifisch sein, ob Sie die Zusammenarbeit anregen wollen. Zunächst müssen Sie Ihre Anfrage so formulieren, dass sie Kooperation hervorruft. Es ist in Ordnung, zu fragen: "Werden Sie dieses Chaos aufräumen? ", wenn Sie sich nach ihren Fähigkeiten erkundigen. Seien Sie direkt, wenn Sie ein Kind bitten, etwas zu tun. Meistens sagen Eltern "Könntest du" mit einem kleinen Anflug von Schuldgefühlen, um ihren Kindern etwas zu befehlen. Eltern tun dies meist, weil sich ihre Eltern so verhalten haben und es automatisch ist. Obwohl es wie eine Kleinigkeit klingen kann, macht die Art und Weise, wie Sie nachfragen, einen großen Unterschied in der Fähigkeit der Kinder, sich zu beteiligen.

Egal zu welchem Zweck, ein Kind kann indirekte Signale empfangen, wenn ein Elternteil in einem gestörten, gereizten, unglücklichen oder wütenden Ton spricht und "solltest du" oder "solltest du" verwendet. Wenn der Elternteil fragt: "Kannst du diese Unordnung sauber machen? ", kann das Kind eine der folgenden Botschaften hören:

- "Diese Sauerei sollte aufgeräumt werden."
- "Du hättest die Sauerei schon längst aufräumen sollen."
- "Sie sollten mich nicht stören."
- "Ich habe dich schon mal gebeten, deinen Dreck wegzumachen."
- "Du tust nicht, was ich dir gesagt habe."
- "Benehmen Sie sich nicht so, wie Sie wollen."
- "Sie sind wirklich eine Qual für mich."
- "Sie verstehen etwas falsch."
- "Ich bin in großer Eile und kann nicht alles machen."

Auch wenn keine dieser Botschaften direkt beabsichtigt sein kann, ist es das, was die Kinder hören. All diese Indirektheit und Schuldgefühle sabotieren die möglichen Ergebnisse einer positiven Erziehung. Sie werden feststellen, dass Direktheit ohne Schuldgefühle oder Angst viel effektiver ist, nachdem Sie diese Techniken geübt haben. Stellen wir uns vor, Sie könnten die Aktivität in den Gehirnen von Kindern abbilden, um das besser zu verstehen. Wenn Sie eine Frage nach "könntest du" stellen, würde es wahrscheinlich Aktivität in seiner linken Gehirnhälfte geben, die sich fragt, was genau Sie meinen. Wenn Sie "werden" oder "würden" verwenden, würde Aktivität in der rechten Gehirnhälfte auftreten und das Motivationszentrum aktivieren.

Nehmen Sie sich einen Moment Zeit und tun Sie so, als wären Sie ein Kind, das eine dieser beiden unterschiedlichen Fragen hört: "Kannst du ins Bett gehen und aufhören zu reden? "Oder" Würdest du aufhören zu reden und ins Bett gehen? "Könntest du" ist anfangs höflicher. "Gehst du ins Bett und hörst auf zu reden? "Scheint autoritärer zu sein und vielleicht zu kontrolliert. Dann, während Sie weiter überlegen, hört sich "könnte" nett an, aber es gibt auch einen versteckten Befehl, der besagt: "Ich bitte dich nett, aber du würdest es besser machen oder nicht." Dann, während Sie weiter überlegen: "Würden Sie ins Bett gehen und aufhören zu reden? " Es scheint so, als würden Sie zur Kooperation aufgefordert werden. Offensichtlich steht es Ihnen frei, wenn Sie sich widersetzen wollen - das ist die Botschaft, die wir unseren Kindern vermitteln wollen. In Wirklichkeit, wenn wir unseren Kindern buchstäblich Befehle erteilen, halten wir sie davon ab, zu lernen, kooperativ zu sein. Diese kleinen Änderungen in der Wortwahl machen einen großen Unterschied, besonders bei kleinen Jungen. "Würde" und "wird" funktionieren nicht nur bei kleinen Jungen besser, sondern auch bei erwachsenen Männern. Frauen neigen dazu, sich gegen das Bitten zu sträuben, und wenn sie es tun, dann oft auf indirekte Weise. Diese Direktheit ist nicht nur bei Männern, sondern auch bei Mädchen viel mehr gefragt. Die Verwendung von "könnte" und "kann" sendet verwirrende Botschaften und betäubt nach und nach die Kooperationsbereitschaft von Kindern. Sie sind ihr Vater. Sie würden sie nicht fragen, wenn Sie nicht denken würden, dass sie tatsächlich das tun könnte, was Sie sich wünschen. Wenn Sie sprechen: "Kannst du den Fernseher ausschalten? ", dann fragen Sie nicht, ob sie den Fernseher ausschalten können. Sie wollen, dass sie den Fernseher ausschalten, und Sie geben eine unausgesprochene Botschaft, dass sie keinen guten Grund haben, wenn sie ihn nicht ausschalten.

Die Verwendung von rhetorischen Fragen nicht umsetzen

Weit mehr als die Verwendung der hypothetischen Phrasen "sollten Sie" und "sollten Sie?" Wenn Sie versuchen, in einer überzeugenden Rede einen Punkt zu machen, sind rhetorische Fragen in Ordnung, aber sie sind kontraproduktiv, wenn Sie um die Zusammenarbeit bitten. Jede rhetorische Frage hat immer eine implizite Botschaft. Die implizite Botschaft in der Elternschaft ist normalerweise eine negative Botschaft der Schuld, die ein liebevoller Elternteil nicht direkt sagen würde. Sie wird stattdessen in einer rhetorischen Botschaft impliziert. Vielen Müttern ist gar nicht bewusst, dass sie eine negative Botschaft vermitteln, aber mit ein wenig Gewissenserforschung ist es leicht zu erkennen. Frauen können rhetorische Fragen vor allem dazu verwenden, ihre Kinder zu Gehorsamkeit zu bewegen. Wenn eine Mutter möchte, dass ihr Kind sein Zimmer aufräumt, anstatt zu sagen: "Würdest du bitte dein Zimmer aufräumen? ", verwendet sie zuerst eine rhetorische Aussage und fügt ein wenig Scham und Schuldgefühle hinzu, wie z. B. "Warum ist das Zimmer immer noch so unordentlich? Eltern erhöhen ihre Chance, Kooperation zu erzeugen, indem sie auf rhetorische Fragen verzichten, bevor sie eine Bitte äußern; andernfalls hören Kinder einfach nicht mehr zu.

Das Vermeiden von provokanten Fragen ist nicht nur harmoniefördernd, sondern verhindert auch, dass 45 Kinder zu wenig zuhören können, denn die Kinder sind ja der Himmel. Rhetorische Fragen wirken sich nicht nur nicht auf das Kind aus, sondern verhindern auch, dass Eltern klar die Verantwortung für die negativen Botschaften übernehmen, die sie aussenden. Es ist schwer zu verstehen, warum unsere Kinder nicht bereit sind, mit uns zu kooperieren, ohne unsere negativen Botschaften klar zu erkennen. Direkt sein Eine der wichtigsten Fähigkeiten, die Mütter lernen müssen, ist direkt zu sein, besonders bei kleinen Jungen.

Erklärungen aufgeben

Viele wohlmeinende Experten schlagen vor, sich darauf zu konzentrieren, den Kindern einen guten Grund zu geben, die Handlung auszuführen. Viele wohlmeinende Experten schlagen vor, sich darauf zu konzentrieren, den Kindern einen guten Grund zu geben, die Handlung auszuführen. Das funktioniert aber nicht. Das Kind ist verloren. So viele wohlmeinende Eltern versuchen, ihre Kinder zu überzeugen, Anweisungen zu befolgen, anstatt sie daran zu erinnern, dass es in Ordnung ist, sich zu widersetzen, aber Mama und Papa sind die Chefs. So viele wohlmeinende Eltern versuchen, ihre Kinder zu überzeugen, Anweisungen zu befolgen, anstatt sie daran zu erinnern, dass es in Ordnung ist, sich zu widersetzen, aber Mama und Papa sind die Chefs. Würdest du dir die Zähne putzen gehen? Würdest du dir die Zähne putzen gehen? "Lass die Erklärung weg.

Sagen Sie einfach: "Würden Sie sich die Zähne putzen gehen? Sie haben weniger zu widerstehen, wenn Sie die Gründe weglassen. Wenn Kinder sich gegen ihre Eltern wehren, wehren sie sich meist gegen die Gründe. Frauen würden immer einen Hauptgrund anbieten, warum er es tun würde, obwohl er sich lieber kurz fassen würde. Die meisten Männer machen diese Erfahrung, wenn sie auf die Bitte einer Frau eingehen. Ebenso gilt: Je knapper Sie die Bitte formulieren, desto eher wird Ihr Kind bereit sein, zu kooperieren. Wenn Sie wollen, dass ein kleines Kind versteht, warum es gut ist, ins Bett zu gehen, sagen Sie es dem Kind später, wenn Sie sich über die Zusammenarbeit mit ihr freuen. Sie könnten etwas in der Art sagen, nachdem es im Bett ist: "Ich bin so zufrieden mit dir. Deine Zähne wurden sehr schön geputzt. Außerdem kannst du jetzt viel Schlaf bekommen, um dich auf morgen vorzubereiten. Es ist ein großer Tag und ein guter Schlaf wird dafür sorgen, dass Sie sich morgen gut fühlen. "Sie sind viel empfänglicher für kleine Gespräche, wenn Kinder etwas Gutes getan haben. Die meisten Eltern bieten Gespräche an, um Kinder zu ermutigen, wenn sie störrisch sind oder etwas falsch oder unangenehm gemacht haben. Diese Form der Aufmunterung verstärkt oft Gefühle von Unzulänglichkeit und Reue und trennt ein Kind letztlich von seinem angeborenen Wunsch zu kooperieren. Es scheint zu funktionieren, wenn Kinder sehr jung sind, aber in der Pubertät wird das Kind rebellieren, in dem Maße, wie es sich Ihrem Willen unterworfen hat, indem es ein gutes und gehorsames Kind war. Der Verzicht auf Erklärungen wird einen großen Unterschied machen, um die Kooperation zu fördern. Verzichten Sie auf Vorträge Noch schlimmer als Erklärungen vor der Aufforderung sind Vorträge darüber, was richtig oder falsch und gut oder schlecht ist.

Zu sagen: "Es ist nicht nett, seinen Bruder zu schlagen, ist eigentlich kontraproduktiv. Es ist nicht möglich zu schlagen. Würden Sie jetzt bitte aufhören, ihn zu schlagen?" Abgesehen davon, dass es sich künstlich und unnatürlich anhört, funktioniert es einfach nicht. Es ist zwar in Ordnung, ein Gesetz oder eine Richtlinie aufzustellen, aber nicht, ein Kind zu begeistern. Kinder ziehen sich zurück, wenn man ihnen Lektionen über Gut und Böse anbietet, um sie zu Handlungen zu ermutigen, und versuchen dann herauszufinden, was richtig von falsch, gut von schlecht ist. Kinder unter neun Jahren sind für diesen Kopfkram nicht ausgebildet, so dass sie nach neun Jahren tatsächlich das Lernen vermeiden. Die einzige Möglichkeit, Kindern oder Teenagern eine Lektion zu erteilen, egal wie alt sie sind, ist, wenn sie eine bestellen. Viele Eltern sagen, dass sie nicht mit ihren Babys sprechen. Der Hauptgrund dafür ist, dass Eltern viel zu viele Ratschläge geben und zu viele Vorträge halten. Kinder wenden sich von Vorträgen ab, vor allem, wenn ein Elternteil sie benutzt, um sie entweder zu motivieren, etwas zu tun, oder um ihnen zu sagen, warum sie falsch liegen. Diese Vorträge sind nicht nur in allen Situationen nutzlos, sondern oft auch schädlich. Hier ist ein kurzer Vortrag: "Dein Bruder hat dich doch gar nicht verletzt. Er ist nur gerannt und hat Sie unabsichtlich angerempelt. Der einzige Weg, um weiterzukommen, ist, die Worte zu benutzen, statt zu schlagen. Schlagen macht die Sache nur noch schlimmer.

Wenn Sie in der Schule von einem größeren Kind geschlagen würden, würde sich das nicht sehr gut anfühlen. In ähnlicher Weise fühlt es sich nicht gut an, wenn Sie Ihren Bruder schlagen. Benutzen Sie Ihre Worte besser als das Schlagen. Sie hätten sagen können: "Ich mag es nicht, wenn man mich schlägt, bitte hör auf", anstatt ihn zu schlagen. Wenn er weitermacht, dann wiederholen Sie Ihre Worte. Sie müssen nicht auf Rückruf klicken. Es gibt immer einen anderen Weg. Oft sollten Sie nur einen Schritt zurücktreten, auch wenn Sie diese Aktionen ärgern. Wenn Sie auf der anderen Seite kämpfen wollen, würde ich gerne einen Ringkampf anleiten oder wir sollten die Boxhandschuhe anziehen. Es ist schön zu wissen, wie man sich verteidigt, denn mehr kann man nicht tun, um sich selbst zu helfen, aber mit seinem Bruder zu konkurrieren ist nicht angenehm. Ihr wisst beide, wie man sich wehrt, und könnt mich jederzeit um Hilfe bitten. Schlage also deinen Bruder nicht." Wenn ein Kind nicht wirklich um die Information bittet, obwohl sie gut und nützlich sein könnte, wird sie nur noch mehr Widerstand erzeugen.

Was tun, wenn Kinder sich wehren

Es wird Ihren Kindern viel Kraft geben, wenn Sie diesen neuen Ansatz zuerst beginnen. Vielleicht lachen sie Sie aus, vielleicht sagen sie nein. Machen Sie sich keine Sorgen - das sollte passieren. Entweder werden sie in der Lage sein, mitzuarbeiten, oder sie werden bereit sein, zu kämpfen. Tun Sie schließlich immer das, was sie von Ihnen verlangen? Ich hoffe, sie tun es nicht. Die Verwendung des Wortes "Let's" ist in den meisten Situationen in Ordnung, bis ein Kind das Alter von neun Jahren erreicht. Zu diesem Zeitpunkt ist es ein wenig kitschig, zu sagen: "Lass uns das Zimmer aufräumen", es sei denn, Sie machen auch einen Teil des Aufräumens. Es erfordert Übung, sich an das Zauberwort "Lass uns" zu erinnern, aber irgendwann wird es zur zweiten Natur. Wenn Kinder sich Ihrer anfänglichen Aufforderung widersetzen, dann ist es an der Zeit, zu Schritt zwei überzugehen. Diese Fähigkeiten aus Schritt 1 werden benötigt, um die Grundlage für die Zusammenarbeit zu schaffen. Die Fähigkeiten der zweiten Stufe sind erforderlich, um Ihre Kinder zu motivieren, wenn sie sich Ihrer ersten Aufforderung widersetzen. Nach viel Übung, wenn sich Ihre Kinder an die verschiedenen positiven Erziehungsfertigkeiten gewöhnt haben, werden diese Fertigkeiten der ersten Stufe effektiver sein. Wenn Kinder daran gewöhnt sind, anfangs durch Angst kontrolliert zu werden, ist dieser erste Schritt notwendig, um die Grundlage für die Schritte zwei, drei und vier zu legen. Sie werden später feststellen, dass Sie die meiste Zeit nur zu fragen brauchen, und Ihre Kinder oder Teenager werden kooperieren. Im nächsten Kapitel werden wir, indem wir unsere Kinder verstehen, Schritt zwei erforschen und neue Fähigkeiten lernen, um den Widerstand zu minimieren. Der nächste Schritt, wenn Kinder die Teilnahme vermeiden, ist, ihren Widerstand zu verringern.

Wenn Sie Ihren Kindern die Erlaubnis geben, Widerstand zu leisten, ist das eine Garantie für Kooperation und nicht für hirnlosen Gehorsam. Auch wenn Sie manchmal das Gefühl haben, dass Ihnen ihr Widerstand lieber wäre als ein bisschen hirnloser Gehorsam, gibt es neue Fähigkeiten in der positiven Erziehung, um den Widerstand zu minimieren. Es gibt einen gewissen Widerstand von Seiten Ihres Kindes. Kinder müssen immer wieder die Erfahrung machen, dass Sie ihnen zuhören, genauso wie sie Ihnen zuhören, um den Geist der Kooperation zu nähren. Kinder bilden ein klares und positives Selbstwertgefühl vor allem dadurch aus, dass sie sich gelegentlich gegen Ihre Bitten wehren. Kinder müssen die Erfahrung machen, dass Sie ihnen genauso zuhören, wie sie Ihnen zuhören. Der Widerstand von Heranwachsenden, wenn er von einem Elternteil angemessen gefördert wird, ermöglicht es ihnen, langsam ein Verständnis für ihr inneres Universum von Gefühlen, Wünschen, Erwartungen und Bedürfnissen zu gewinnen. Letztlich sorgt es dafür, dass Kinder einen starken Willen behalten und entwickeln. Die Willensstärke kann später im Leben den Unterschied zwischen Erfolg und Misserfolg ausmachen. Diejenigen, die einen starken Willen haben, können erfolgreich sein, und diejenigen, die ihn nicht haben, werden zu Drückebergern. Erwachsene mit schwachen Persönlichkeiten wurden nicht darauf trainiert, sich als Heranwachsende dem Druck des Lebens zu stellen und ihn zu bewältigen. Anstatt sich motiviert zu fühlen, ihre Träume zu verwirklichen, geben sie sich mit dem Mittelmaß zufrieden.

Vier Fähigkeiten zur Reduzierung von Widerständen

Positiv-erzieherische Fähigkeiten nutzen statt der Forderung nach Gehorsam den Widerstand der Kinder, um ihren Willen zur Kooperation zu stärken. Wiederholte Versuche, den Willen eines Kindes durch die Androhung von Strafe oder Missbilligung zu brechen, untergraben letztlich die natürliche Bereitschaft des Kindes zur Kooperation. Solange der Wunsch genährt und nicht geschwächt wird, steigt die Fähigkeit der Kinder, den Wunsch zu erfüllen, und der Widerstand wird minimiert.

Indem wir in Momenten der Opposition auf die Interessen unserer Kinder eingehen, werden wir die Opposition effizienter abmildern und gleichzeitig ihren Willen intakt halten. Dies sind die vier Wege zur Pflege:

- Zuhören und verstehen
- Aufbau und Vorbereitung
- Ziel und Richtung
- Rhythmus und Ritual

Kinder brauchen Verständnis, Struktur, Rhythmus und Richtung, um ihren Widerstand loszulassen und ihren inneren Drang zur Kooperation zu spüren. Wenn diese unterschiedlichen Anforderungen erfüllt werden, werden Kinder schnell von ihrer intrinsischen Fähigkeit zur Kooperation getrennt. Eine Erzieherin kann z.B. durch verbesserte

Kommunikationstechniken zeigen, dass die Gedanken, Wünsche, Erwartungen und Bedürfnisse der Kinder wahrgenommen, anerkannt und wertgeschätzt werden. Die Kinder werden auf natürliche Weise weniger reaktiv und angenehmer, wenn dieser Wunsch nach Aufmerksamkeit erfüllt wird. Obwohl diese Bedürfnisse für alle Kinder universell sind, ist jedes Kind einzigartig und hat vielleicht in dem einen oder anderen Bereich ein größeres Bedürfnis. Wenn ein Kind mehr Verständnis braucht, heißt das nicht, dass es nicht auch andere Bedürfnisse hat. Für ein heranwachsendes Kind ist der Wille wichtig, aber ein oder zwei könnten für ein bestimmtes Kind wesentlicher sein. Eines Ihrer Kinder reagiert vielleicht gut auf Zuhören und Verständnis, während ein anderes Training und Struktur benötigt. Wenn Sie sich mit jeder dieser Fähigkeiten vertraut machen, werden Sie entdecken, wie mächtig jede einzelne ist. Je nach ihrem einzigartigen Temperament wird die Erfüllung bestimmter Bedürfnisse eine sofortige positive Reaktion bei Ihren Kindern hervorrufen.

Um die zwei größten Fehler im Lehrplan zu stoppen - Die Risiken von zu viel Gespräch und zu vielen Gefühlen. Die zwei größten Verhaltensfehler, die Eltern und andere Erwachsene in der Arbeit mit kleinen Kindern begehen, sind (1) zu viel Reden und (2) zu viel Fühlen. Es ist schlecht, Kinder als kleine Erwachsene zu betrachten und dann während einer Situation, die Disziplin erfordert, drauflos zu plappern, denn übermäßiges Erklären macht es unwahrscheinlicher, dass Kinder kooperieren, indem es sie irritiert, verwirrt und ablenkt. Außerdem führt endloses Geplapper zum Reden-Persuade-Argue-Yell-Hit-Syndrom. Warum aber ist im Zuge der Disziplinierung zu viel erwachsene Emotion schlecht? Man sagt Ihnen heute, Sie sollen "alles rauslassen" und Ihre Gefühle zeigen. Die universelle Empfehlung der modernen Psychologie scheint zu lauten: "Drück dich aus und behalte nicht alles für dich. Wenn Sie ein Elternteil sind, ist dies ein guter Ratschlag? Die eine Hälfte ist ein guter Rat, die andere Hälfte nicht. Die gute Hälfte ist folgende: Wenn Sie einem Kind gegenüber positive Gefühle haben, lassen Sie es diese mit allen Mitteln zeigen. Drücken Sie Ihre Zuneigung aus, oder loben Sie es. Die schlechte Hälfte der Loslass-Ratschläge bezieht sich auf Gelegenheiten, in denen die Kinder aufgebracht oder frustriert sind. In bestimmten Momenten loszulassen kann eine Herausforderung sein, da wir manchmal das Falsche tun, wenn wir Eltern wütend sind. Wütende Erwachsene können schreien, brüllen, herabsetzen und nörgeln. Sie können ihre Kinder auch in körperliche Gefahr bringen.

Warum ärgern sich Ihre Kinder über Sie?

Es gibt noch einen weiteren Grund, warum übermäßige Emotionen die effektive Erziehung und den Unterricht beeinträchtigen können. Kinder fühlen sich den Erwachsenen gegenüber minderwertig, wenn sie klein sind. Sie fühlen sich schuldig, weil sie schuldig sind. Sie sind kleiner, weniger privilegiert, weniger intelligent, weniger geschickt, weniger verantwortungsbewusst und weniger von allem, als ihre Eltern und ältere Kinder es sind. Sie sind also sehr genervt von diesem "Verlust" Sie mögen es einfach nicht. Wir mögen die Illusion, dass sie stark sind und bereit, einen Einfluss auf das Universum zu hinterlassen. Unbeabsichtigt führt Ihr emotionaler Ausbruch dazu, dass sich Ihr Kind stark fühlt. Schauen Sie sich zweijährige Kinder an. Sie streben danach, so zu sein wie diese hippen Fünfjährigen, die viel coolere Sachen machen können als sie. In Wirklichkeit wollen die Fünfjährigen genau so sein wie die hippen Zehnjährigen. Außerdem möchten die Zehnjährigen so sein wie Sie. Sie wollen Auto fahren und benutzen (und manche tun es auch!) Handys und Kreditkarten. Sie wollen Einfluss auf den Planeten nehmen und Dinge zum Leben erwecken. Haben Sie jemals einen kleinen Jungen gesehen, der zu einem Pool geht und Steine ins Wasser wirft? Kinder können das stundenlang tun, auch weil ein Zeichen ihres Einflusses die großen Spritzer sind. Sie sind es, die die ganze Aufregung auslösen. "Was hat das mit dem zu tun, was bei mir zu Hause passiert? "Dürfen Sie das wissen? Einfach. Ganz einfach. Wenn Ihr kleiner Junge groß wird, sind Sie ganz wütend; der große Spritzer für ihn ist, dass Sie wütend sind. Ihr emotionaler Ausbruch hat den unbeabsichtigten Effekt, dass sich Ihr Baby stark fühlt. Diese Reaktion impliziert nicht, dass er keine Moral hat oder dass er zu einem Berufsdieb heranwachsen würde. Dies alles ist eine Erinnerung an eine typische Kindheit. Das Festhalten all dieser Stärke fördert kurzzeitig die schwächere Komponente des Kindes - oder es fühlt sich erfolgreich dabei. Eltern, die sagen: "Wenn sie ihr Abendessen mit den Fingern isst, macht mich das total verrückt! Was macht sie da nur? " Ihre eigene Frage ist vielleicht schon beantwortet. Vielleicht tut sie das - zumindest teilweise - weil sie Mama und Papa damit verrückt macht. Deshalb ist ein wichtiges Konzept folgendes: Wenn Sie ein Kind haben, das irgendetwas tut, was Sie nicht wollen, werden Sie täglich sehr wütend darüber und sie wird es Ihnen sicher abgewöhnen. Sie wollen konsequent, entschlossen und ruhig sein, wenn es um die Disziplin geht. Deshalb empfehlen wir in diesem Buch, dass Sie in Momenten, in denen es um Konflikte oder Disziplin geht, die so genannten "No Talking and No Emotion Rules" anwenden. Da wir alle Menschen sind, bedeuten diese beiden Regeln wirklich sehr wenig Reden und sehr wenig Emotionen. Diese Regeln sind jedoch entscheidend für die Wirksamkeit Ihrer Disziplin.

Manche Eltern und Lehrer können das Gerede und die emotionale Aufregung wie einen Wasserhahn abdrehen, besonders wenn sie sehen, wie effektiv es ist, im richtigen Moment still zu sein. Andere Erwachsene müssen sich blutig auf die Lippen beißen, um den Job zu erledigen. Vor einiger Zeit habe ich ein T-Shirt gesehen, auf dem stand: "Hilf mir - ich rede und kann nicht aufhören! " Viele Mütter, Väter und Lehrer müssen sich immer wieder vor Augen führen, dass Reden, Streiten, Schreien und Brüllen nicht nur nicht hilft, sondern die Dinge sogar noch schlimmer macht. Nur wenige Sekunden lassen solche "Taktiken" einfach Dampf ab Große Eltern zeigen ihren Kindern Liebe und Wertschätzung. Wenn sich die Kinder aufregen, hören sie verständnisvoll zu. Bei Disziplinierungs- und Spannungsproblemen zwischen Eltern und Kind sollten Sie sich einfach selbst anschauen.

Die psychologische Wirkung von Disziplin auf Kinder

Disziplin lehrt Kinder Regeln und Grenzen, ob positiv oder negativ. Altersgerechte, verlässliche und rationale Disziplinierungsstrategien schaffen ein positives Selbstwertgefühl und legen den Grundstein für ein stabiles, ausgeglichenes und gesundes Erwachsenendasein. Im Gegensatz dazu trägt übermäßig strenge oder willkürliche Disziplin zu einem niedrigen Selbstwertgefühl eines Kindes bei, was negative Auswirkungen haben kann, die sich durch sein Erwachsenenleben ziehen können. Eltern, die eine proaktive Disziplinierung praktizieren, erkennen, welche Arten der Bestrafung nützliche psychologische Folgen haben und welche eher schädlich sind.

Ein Elternteil mit Autorität setzt klare Erwartungen und Konsequenzen und zeigt gleichzeitig Zuneigung und Respekt für seine Kinder.

Dieser Ansatz ist zwar streng, erlaubt aber Flexibilität und Zusammenarbeit. Belohnungen und Bestrafungen werden verwendet, um das Verhalten der Kinder zu formen und zu korrigieren. Laut WebMD ist diese Form der Disziplin die effektivste Art der Kindererziehung. Kinder, die in einem autoritären Elternhaus aufwachsen, haben tendenziell ein größeres Selbstwertgefühl und mehr Sicherheit. Wärme und hohe Erwartungen prägen die Eltern-Kind-Beziehung. Obwohl autoritäre Eltern auch klare Erwartungen stellen und vorhersehbare Konsequenzen für Fehlverhalten haben, neigen diese Eltern dazu, wenig Zuneigung für ihre Kinder zu zeigen. Zum Beispiel kann der autoritative Elternteil eine altersgemäße Erklärung für eine Regel geben, aber der autoritäre Elternteil vermeidet solche Diskussionen eher, anstatt Erklärungen nach dem Motto "weil ich der Chef bin" zu geben. Autoritäre Eltern neigen auch eher dazu, harte Strafen anzuwenden. Kinder, die mit diesem Erziehungsstil aufwachsen, berichten, dass sie sich unglücklich fühlen und weniger Vertrauen in sich selbst haben. Laut einer Untersuchung der Website der Weber State University schneiden sie im sozialen und akademischen Umfeld in ihrer Kindheit und Jugend schlecht ab.

Die permissive Erziehung unterscheidet sich von der strengen und unterdrückenden Erziehung, da es so wenig Gesetze und Implikationen gibt. Permissive Eltern zeigen sehr viel Liebe für ihre Sprösslinge, auch wenn diese sich daneben benehmen. Die Kinder permissiver Eltern beginnen, ihre eigenen Regeln und Grenzen festzulegen. Solche Kinder treffen häufig schlechte und möglicherweise riskante Entscheidungen, weil ihnen die elterliche Kontrolle fehlt, so ein Bericht auf der Website der University of Delaware. Da es ihnen an Impulskontrolle fehlt, können diese Kinder leicht Wutanfälle bekommen, neigen dazu, anspruchsvoll zu sein und sind oft unreif. Sie erbringen auch schlechte Leistungen in der Schule und können zu lebenslangen Außenseitern werden, die sich über die mangelnde Beteiligung ihrer Eltern ärgern.

Andere Ansichten dazu

Laut den Forschern Amy H. Cornell und Paul J. Frick, veröffentlicht im "Journal of Clinical, Child and Adolescent Psychology" (Journal der klinischen, Kinder- und Jugendpsychologie), schneiden Kinder in konsequenten Elternhäusern besser ab als in inkonsistenten. Wenn Kinder zum Beispiel für dasselbe Verhalten belohnt, ignoriert, gelobt oder bestraft werden, können sie verwirrt werden und Schwierigkeiten beim Lernen und Behalten haben. Die Forscher fanden heraus, dass es bei enthemmten Kindern zu Schuldgefühlen und mangelndem Einfühlungsvermögen kommen kann, wenn das Selbstwertgefühl leidet. Zusätzlich zur Konsequenz kämpfen Eltern damit, ob sie körperliche Züchtigung einsetzen sollen oder nicht. Während strenge Eltern das Gefühl haben könnten, dass körperliche Züchtigung notwendig ist, führen diese Autoren einige nachteilige Auswirkungen wie Mangel an Empathie und erhöhtes antisoziales Verhalten an.

Modellierungseinflüsse

Die Forschung und Theorie von Dr. Albert Bandura von der Stanford University ist sehr aufschlussreich. Seine Konzeptualisierung des psychologischen Modellierens oder Beobachterlernens ist mächtig und multidimensional. Basierend auf seiner eigenen Forschung mit Kindern, wie auch in der vorherigen Studie mit Martin, ist Dr. Bandura zu dem Schluss gekommen, dass das meiste menschliche Verhalten durch Modellierung durch Beobachtung gelernt wird. Indem man andere beobachtet, bildet man Verhaltensregeln, und diese kodierte Information dient als Leitfaden für das Handeln bei zukünftigen Gelegenheiten. Da Menschen durch Modellierung ungefähr lernen können, was zu tun ist, bevor sie ein Verhalten ausführen, bleiben ihnen die Kosten für fehlerhafte Bemühungen erspart. Die Fähigkeit, durch Beobachtung zu lernen, ermöglicht es Menschen, ihr Wissen und ihre Fähigkeiten auf der Grundlage von Informationen zu erweitern, die von anderen gezeigt und verfasst wurden. Ein Großteil des sozialen Lernens wird durch die Beobachtung der tatsächlichen Leistungen anderer Menschen und der Konsequenzen für diese gefördert.

Bandura stellte fest, dass das Individuum auf das Verhalten eines Modells achten muss, damit Beobachtungslernen stattfindet, die beobachteten Informationen behalten kann und in der Lage ist, das beobachtete Verhalten zu reproduzieren und dazu motiviert ist. Modellieren beinhaltet also die Aspekte der Fokussierung, des Behaltens, der Wiederholung und der Inspiration. Bandura und seine Kollegen zeigten in seinen klassischen Modellierungsexperimenten mit Kindern, dass Kinder, die sich an erwachsenen Vorbildern orientierten, durchaus gewalttätiges Verhalten zeigten, zu dem die Kinder selbst sehr gut in der Lage waren (z.B. eine große Puppe mit einem Hammer zu schlagen), die gewalttätige Aktivität offenbar durch bloßes Zuschauen erwarben oder beibehielten. Wie viel von dem aggressiven Verhalten sie später tatsächlich selbst ausübten, hing davon ab, was danach mit dem Modell geschah und was für die Kinder dabei herauskam, als sie das Verhalten ausübten. Indem er aufzeigte, dass verschiedene Faktoren am Erwerb und der Ausübung von Modellverhalten beteiligt sind, konnte Bandura den Unterschied zwischen dem Erlernen und dem Ausführen von Modellverhalten demonstrieren. Diese wichtige Unterscheidung sollte dazu dienen, Eltern auf die Wahrscheinlichkeit aufmerksam zu machen, dass ihre Kinder die Verhaltensweisen, die sie modellieren, wiederholen, wenn die Eltern selbst etwas davon zu haben scheinen (z. B. Vergnügen, Erleichterung oder Befriedigung) und das Verhalten weit in der Zukunft wiederholt werden kann. Diese Art von Wissen kann Eltern helfen, die Macht der Beispiele, die sie setzen, und die Macht anderer Modelle in der Umgebung ihrer Kinder (Geschwister, Gleichaltrige, Lehrer usw.) zu erkennen, die das Verhalten und die Funktionsweise der Kinder beeinflussen.

Bandura entdeckte außerdem, dass es fünf Arten von Effekten gibt, die Modelle auf Kinder haben können. Diese Effekte zeigten, dass zu dem, was von Modellen gelernt werden kann, nicht nur neue Verhaltensweisen gehören, sondern auch Standards, an denen Kinder sich selbst und ihre Fähigkeiten messen können, ihre Problemlösungs- und Konzeptualisierungskompetenzen und ihre internen Regeln zur Verhaltensgestaltung. Die fünf Modelleffekte sind:

1. Modelle legen neues Verhalten. Dies ist der Modellierungseffekt, bei dem Kinder völlig neue Verhaltensmuster lernen, die vorher nicht zu ihrem Repertoire gehörten, z. B. zu lernen, wie man sich anzieht oder wie man höfliche Fragen stellt, wie man ungewöhnliche Wörter wie Supercalifragilisticexpialidocious sagt oder wie man einen Baseball schlägt.
2. Modelle verstärken oder schwächen den Gebrauch von verbotenem Verhalten. Hier dienen Modellhandlungen dazu, jene Verhaltensweisen abzuschwächen oder zu verstärken, die Kinder bereits besitzen und die sie als verboten gelernt haben.

Wenn z. B. die Verwendung von Fluchen durch ein Kleinkind keine negativen Konsequenzen für das Kind hat, wird die Einschränkung des Fluchens durch das Kind abgeschwächt. Eine andere Erklärung ist, wenn ein Modell für ein bestimmtes Verhalten diszipliniert wird, z. B. für das Sprechen, obwohl es schweigen sollte. Dies verstärkt die eigene Abneigung des Kindes, gleiche oder ähnliche Handlungen vorzunehmen. Ein anderes Szenario wäre, dass ein Junge sieht, wie ein älteres Geschwisterkind etwas Geld aus der Geldbörse der Mutter nimmt und dadurch weniger zögert, es selbst zu tun.

3. Modelle fördern die Anwendung von bereits etablierten Mustern. Hier dienen die Handlungen des Modells als soziale Aufforderungen für zuvor erlernte Verhaltensweisen, die zwar nicht gehemmt, aber aufgrund unzureichender Anreize nicht genutzt wurden. Durch diesen ermutigenden Einfluss von Modellen wird es für Kinder einfacher, altruistisch zu sein, ihre Ressourcen zu spenden, Vergnügen aufzuschieben oder zu verfolgen, Liebe zu zeigen, andere Nahrungsmittel und Kleidung zu wählen, sich über verschiedene Themen zu unterhalten, neugierig oder untätig zu sein, kreativ oder konventionell zu denken oder sich an bestimmten angemessenen Verhaltensweisen zu beteiligen.

4. Modelle verändern, wie Artefakte und Umstände verstanden und genutzt werden. Das Verhalten von Modellen dient bei dieser Art der Beeinflussung dazu, die Aufmerksamkeit des Kindes auf bestimmte Objekte oder Einstellungen zu lenken, die das Modell bevorzugt. Dabei kann es sich um Situationen

handeln, in denen, wie in der kürzlich beschriebenen Forschung, das Gewaltparadigma den Fokus des Kindes darauf lenkte, mit einem Hammer auf Spielzeug einzuschlagen, oder in denen Kinder Zeuge werden, wie die Eltern im Bett essen und in ihrem eigenen Bett weiteressen.

5. Modelle erwecken identische Gefühle. Diese Art von Modellierungseffekt tritt auf, wenn die Modellierung einer Handlung eine emotionale Darstellung oder einen Ausdruck beinhaltet und das Kind auf ähnliche emotionale Weise reagiert. Eine Analogie könnte sein, dass ein Kind beobachtet, wie sich eine andere Person, z. B. ein anderer Erwachsener, negativ verhält, und das Kind sich deprimiert und verlegen fühlt. Eine andere Erklärung wird sein, dass ein Kind sieht, wie ein anderes Kind sich über ein Geschenk freut und sich ebenfalls erheitert fühlt. In Bezug auf die Frage, was darüber entscheidet, ob ein Kind dem Beispiel eines Modells folgt oder nicht, stellte Bandura fest, dass das, was mit dem Kind aufgrund der Teilnahme an der Aktion passiert, zu einer der wichtigsten Determinanten wird. Wenn die Reaktion auf das Modell gut ist, ist es wahrscheinlicher, dass es das Verhaltensmuster befolgt. Wenn das Ergebnis auf das Modell negativ ist, so ist es weniger wahrscheinlich, das Beispiel der Aktionen zu imitieren.

Unabhängig davon, ob die Auswirkung des vom Modell erlernten Verhaltens auf das Kind positiv oder negativ ist, würde das Ergebnis beeinflussen, ob das Verhalten tatsächlich befolgt wird.14 Eine weitere wichtige Determinante ist die Bedeutung und der Status des Modells in den Augen des Kindes. Je wichtiger das Modell für das Kind ist, desto wahrscheinlicher ist es, dass es die Handlungen des

Modells kopiert und von ihm beeinflusst wird.15 Dies hilft natürlich zu erklären, warum Eltern so mächtige Modelle sind.

Auswirkungen der Folgen

Unabhängig davon, ob Kinder ihr Verhalten durch Modellieren gelernt haben oder nicht, haben die Konsequenzen ihres eigenen Handelns einen großen Einfluss auf ihr Lernen. Darüber hinaus ist es, wie wir gerade besprochen haben, viel wahrscheinlicher, dass das Kind sein Verhalten fortsetzt, wenn diese Konsequenzen positiv sind oder das Kind sie als positiv ansieht. Das geschieht in zwei Formen. Jede Handlung spiegelt ein positives Ergebnis wider, oder die Aktivität wendet ein vorhergesagtes negatives Ergebnis ab. Wenn ein Kind zum Beispiel hilft, sein Zimmer aufzuräumen, können zwei Szenarien eintreten: Im ersten Szenario wird es gelobt oder anderweitig anerkannt und belohnt. Im zweiten vermeidet das Kind die negative Konsequenz des Aufräumens, um einen Elternteil zu täuschen, den es liebt und respektiert. In beiden Fällen ist es wahrscheinlicher, dass das Kind auch in Zukunft aufräumt. Kinder lernen auch dadurch, dass ihnen positive Auswirkungen entzogen werden, indem sie Konsequenzen erhalten, die sie als negativ empfinden. Sie lernen zum Beispiel, eine heiße Herdplatte nicht anzufassen, weil sie sich daran verbrennt, oder nicht mit einem Elternteil zu reden, wenn dieser betrunken oder schlecht gelaunt ist, weil sie im Gegenzug Sarkasmus oder Boshaftigkeit bekommen. Sie werden sogar wissen, dass sie nicht im Haus mithelfen sollen, weil sie Eltern haben, die selten mit dem zufrieden sind, was sie tun, und trotzdem vorschlagen werden, dass sie etwas tun können. Das Wissen um die vielfältigen Auswirkungen des Modellierens und die Forschungsergebnisse bieten einen informierten Kontext für Eltern, um ihren Einfluss auf ihre Kinder zu verstehen. Außerdem kann der Effekt, wie wir wiederholt gezeigt haben, ziemlich gut sein. Er kann aber auch sehr schädlich sein.

Beginnen Sie frühzeitig, Ihr Kind auf die Schule vorzubereiten

Es gibt keinen besseren Zeitpunkt, Kinder auf die Schule vorzubereiten, als wenn sie geboren werden.

- Platzieren Sie helle Formen, bunte Mobiles und interessante Fotos in der Umgebung Ihrer Kinder.
- Unterhalten Sie sich mit Ihrer Familie. Verwenden Sie unterschiedliche Ausdrücke und Stimmlagen. Erklären Sie, was Sie vorhaben. Ermutigen Sie sie, sich zu äußern, indem Sie ihre Sprechversuche loben und ihre Sprache korrigieren. Hören Sie Ihren Kindern auch zu. Ignorieren Sie das Lallen nicht; es ist ein früher Kommunikationsversuch.
- Spielen Sie gute Hörmusik, um den Kindern zu helfen, ihre Hörfähigkeiten zu schärfen; singen Sie ihnen vor und spielen Sie Reimspiele im Kinderzimmer.
- Lesen Sie die Geschichten und erzählen Sie sie Ihren Kindern.
- Machen Sie kurze Familienausflüge. Weisen Sie auf verschiedene Sehenswürdigkeiten und Geräusche hin. Zeigen Sie Begeisterung für das Tun und Lernen.
- Geben Sie Kindern einfache Aufgaben oder Aufträge zu erledigen.
- Kaufen oder mieten Sie lustige Werkzeuge, Spiele und andere Dinge, die Kinder tun sollten.
- Investieren Sie in den Kreislauf der Bildung. Zeigen Sie großes Interesse daran, was mit den Kindern in der Kita, im Kindergarten oder in der Grundschule passiert. Bitten Sie die Kinder, Ih-

nen zu sagen, was sie tun, auf wen sie sich beziehen und was sie wirklich wollen oder nicht mögen. Sprechen Sie mit Lehrern oder Erziehern über die Fortschritte und das Verhalten Ihrer Kinder.

Vielleicht möchten Sie das Discovery Tool auch mit den Lehrern und Managern Ihres Kindes teilen, damit auch sie sehen können, wie sich Ihr Kind im Vergleich zu seinen Altersgenossen entwickelt, und damit auch sie Ihr Kind besser kennenlernen und es besser genießen können. Es gibt eine Reihe von Büchern, Spielzeugen und anderen Hilfsmitteln, die Sie verwenden können, um kleine Kinder besser auf ihre Interaktionen in der offiziellen Schule vorzubereiten. Lassen Sie mich Sie jetzt auf ein fantastisches Buch hinweisen, das so aufgebaut ist, dass es mehrere Aktivitäten liefert, mit denen Sie Ihre Kinder einbeziehen können, um sie für die Realität und die Anforderungen des Kindergartens zu trainieren. Wie Sie zweifellos wissen, unternehmen staatliche Bildungseinrichtungen immer größere Anstrengungen, um alle Facetten der Bildung akademisch strenger zu gestalten.

Ob dieser Schwerpunkt auf Akademikern für alle sehr jungen Kinder geeignet ist oder nicht, ist Gegenstand einer ernsthaften Debatte, da viele junge Kinder einfach noch nicht bereit für die Entwicklung sind. Dennoch findet eine gewisse Fokussierung statt. Allerdings gibt es keine endgültigen Beweise. Mit Dr. Alana Ellisons "Kindergarten Survival Handbook: The Parents' Before School Checklist and Guide ist eine gute Idee. Es zeigt die breite Palette an grundlegenden Kenntnissen und Fähigkeiten, die Ihr Kind idealerweise beim Eintritt in den Kindergarten besitzen sollte.

Dinge, die sie lernen müssen, um für die Schule bereit zu sein, z. B. ihren Namen, ihr Alter, ihr Geschlecht, ihre Telefonnummer und ihre Adresse; Namen und Beziehungen von Familienmitgliedern; Teile ihres eigenen Körpers und Teile ihrer Freunde. Beschreibungen ihrer Kleidung, anderer Gegenstände im Haus, wie Waschbecken und Couches, Beschreibungen beliebter Tiere und gängiger Lebensmittel; Begriffe darüber, wie sie arbeiten und was sie arbeiten;

Was sie lernen und erkennen müssen, um zu verstehen und zu kommunizieren, wie z. B. in der Lage zu sein, mit angemessener Konsistenz zu sprechen, so dass andere als ihre eigenen Familien und Gleichaltrige sie leicht verstehen können. In der Lage sein, die Ausdrücke von Kindern und anderen Personen als Familienmitgliedern zu interpretieren; grundlegende Fragen beantworten und klare Antworten geben; spezifische Anweisungen befolgen, z. B. wo man sitzen und wo man anhalten soll.

Selbsthilfe und soziale Fähigkeiten, die sie brauchen werden, wie z. B. zu verstehen, dass von Kindern erwartet wird, das zu tun, was ihre Lehrer in der Schule verlangen; sich fern von ihren Eltern oder Betreuern wohl zu fühlen und neue Erwachsene und Kinder zu haben; zu wissen, wie man wartet; zu verstehen, dass andere genauso Rechte und Gefühle haben wie sie selbst. Den Gebrauch von Spielsachen zu teilen; eine Weile still zu sitzen und mit anderen Kindern zu spielen, ohne viele Streitereien zu haben; einige Möglichkeiten zu kennen, um zu versuchen, Streitereien zu schlichten. Ihre eigene Oberbekleidung aus- und anzuziehen; ohne Hilfe zur Toilette zu gehen; ohne Hilfe ihre Hände und ihr Gesicht zu waschen und abzutrocknen. Einen Löffel oder eine Gabel zu benutzen, um sich selbst ordentlich zu ernähren;

weiter an etwas zu arbeiten, auch wenn es anfängt, schwierig zu werden, und etwas zu beenden, bevor es etwas anderes beginnt.

Große Bewegungsfertigkeiten, die benötigt werden, wie z. B. Gehen mit Leichtigkeit; Laufen, ohne häufig zu fallen; Springen, wobei beide Füße gleichzeitig benutzt werden; ein paar Mal auf einem Fuß hüpfen, ohne zu fallen; einige Sekunden lang auf einem Fuß balancieren. Mit einem Fuß nach dem anderen die Treppe hinaufgehen und mit einem Fuß nach dem anderen die Treppe hinuntergehen und sich am Geländer festhalten, wenn es schnell geht oder die Treppe steil ist; sechs oder sieben Schritte rückwärts gehen, wobei die Zehen auf einer geraden Linie aufsetzen, ohne sich umzudrehen und nach hinten zu schauen. Einen großen Ball mit beiden Händen werfen und fangen; und etwas über etwas anderes tragen, wie einen Apfel auf einem Teller.

Erforderliche kleine motorische Fähigkeiten, wie z. B. Flüssigkeit in einer Tasse umrühren, ohne sie fallen zu lassen; einen handtellergroßen Ball aufheben und auf dem Boden oder Tisch bewegen; fünf Bauklötze übereinander stapeln. Wissen, wie man einen Löffel und eine Gabel und vielleicht ein Messer benutzt, um richtig zu essen; einen Bleistift oder Buntstift mit Daumen und Fingern halten; in der Lage sein, ein Glas mit Schraubverschluss zu öffnen und eine Tür durch Drehen des Knaufs zu öffnen; Wasserhähne auf- und zudrehen. Einen Schnürsenkel durch drei große Perlen zu ziehen; mit einer Schere zu schneiden; Knöpfe an der Vorderseite ihrer Kleidung zu schließen; eine Prise Salz oder Zucker oder irgendetwas fein gemahlenes zu nehmen; und eine kleine Bohne oder einen Kieselstein mit Daumen und Zeigefinger aufzuheben.

Fähigkeit, alle ihre Sinne zu nutzen, wie z. B. Haben (Größenunterschiede zwischen identischen Gegenständen wahrnehmen und wissen, welcher Gegenstand kleiner und welcher größer ist); Hören (darauf hinweisen, woher Geräusche kommen); Schmecken und Riechen (Identifizierung bestimmter gängiger Lebensmittel durch Geschmack). Berühren (Identifizieren von Gegenständen wie Bleistiften und Löffeln nur durch Berührung); und Körpersinn, wie das Nachahmen der Körperhaltung und Gesten einer anderen Person.

In der Lage sein, etwas über Bilder, Wörter und Buchstaben zu lernen, indem es Zeichnungen oder Fotos von gewöhnlichen Gegenständen in Büchern, Zeitungen oder Zeitschriften identifiziert; wissen, dass ihre Namen und Wörter für alles auf Papier geschrieben werden können; dass Wörter mit Buchstaben geschrieben werden; dass alle Buchstaben zusammen Alphabete genannt werden. Dass Zahlen wie drei, sechs und zwei auch mit Ziffern geschrieben werden können: drei, sechs und zwei; wissen, wie man einen Bleistift oder Buntstift richtig hält, um Markierungen auf einem Papier zu machen; und wissen, wie man eine einfache Figur wie eine verschnörkelte Linie oder Figur kopiert.

Diese aufgelisteten Punkte geben Ihnen eine Blaupause dafür, was jedes Kind wissen und tun muss, um auf die Anforderungen und Erwartungen des Kindergartens vorbereitet zu sein. Sie können Ihre eigene Checkliste erstellen und sich zu Hause Aktivitäten überlegen, die Ihrem Kind helfen, diese zu lernen.

Anwendung der Montessori-Methode zur Disziplinierung Ihres Kindes

Laut den Pionieren der Positiven Disziplin, Dr. Jane Nelsen, "basiert sie auf der Arbeit von Alfred Adler und Rudolf Dreikurs und soll jungen Menschen beibringen, verantwortungsbewusste, rücksichtsvolle und einfallsreiche Mitglieder ihrer Gemeinschaften zu sein. Positive Disziplin lehrt wichtige soziale und lebenspraktische Fähigkeiten auf eine Art und Weise, die sowohl für Kinder als auch für Erwachsene (einschließlich Eltern, Lehrer, Kinderbetreuer, Jugendarbeiter und andere) höchst respektvoll und ermutigend ist.

Neue Studien sagen uns, dass Kinder von Geburt an dazu verdrahtet sind, sich mit anderen zu verbinden, und dass Kinder, die ein Gefühl der Verbundenheit mit ihrer Gemeinschaft, Familie und Schule haben, sich weniger häufig daneben benehmen. Kinder müssen die notwendigen sozialen und lebenspraktischen Fähigkeiten erlernen, um erfolgreich zu sein und einen Beitrag zu ihrer Gemeinschaft zu leisten. Positive Disziplin basiert auf dem Verständnis, dass Disziplin gelehrt werden muss und dass sie Disziplin lehrt.

Wie sieht es in der Praxis aus, die Entwicklung der inneren Disziplin Ihres Kindes zu unterstützen, sowohl im Klassenzimmer als auch zu Hause? Es bedeutet, dass es bei der Disziplin nicht darum geht, etwas wegzunehmen; es geht darum, dem Kind wiederholt beizubringen, was es stattdessen tun soll, und die natürlichen Konsequenzen bestimmter Handlungen zu veranschaulichen und zu erklären. Einem Kind zu helfen, innere Disziplin zu entwickeln, ist eine Wissenschaft und eine Kunst. Hier sind vier Vorschläge, um diese Methode in der

Praxis zu demonstrieren, die wachsende Möglichkeiten aufzeigen, wie man ein Kind innere Kontrolle aufbauen lässt.

Um die Kausalität zu betonen, verwenden Sie einfache Wörter. Verwenden Sie zum Beispiel die Formulierung "wenn-dann". Wenn Sie regelmäßig spezifische Ziele haben, um Ihrem Kind zu helfen, zu erkennen, was es zu tun hat, wird Ihr Kind beginnen, die Trends zu erkennen und die Gewohnheiten auszuwählen, die die gewünschten Ergebnisse hervorbringen werden. Zum Beispiel: "Wenn du dich dafür entscheidest, dein Wasserglas selbst an den Tisch zu bringen, dann musst du es so halten, damit das Getränk nicht verschüttet wird." Oder: "Wenn du auf der Heimfahrt im Park Zeit zum Ausruhen haben willst, dann musst du schnell deine Schuhe und deine Jacke anziehen!" Der Wunsch eines Kindes, einer bestimmten Handlung nachzugehen oder sie zu üben, würde aus seinem Eifer resultieren, die Gelegenheit zum Handeln zu nutzen.

Im Klassenzimmer kann die Lehrkraft Ihres Kindes zum Beispiel vorschlagen: "Wenn ihr euch entscheidet, nach draußen zu gehen, dann müsst ihr euch still vor der Tür aufstellen und wir sind bereit, gemeinsam nach draußen zu gehen." Dabei wird sie alle Schritte klar umreißen und verdeutlichen, warum jeder Schritt notwendig ist. "Wir müssen draußen Schuhe anziehen, um unser Klassenzimmer sicher zu machen. Um uns warm zu halten, müssen wir unsere Jacken anziehen. Wir werden unsere Hüte aufsetzen, um zu verhindern, dass die Sonne unsere Nasen verbrennt, denn Sonnenbrände sind schmerzhaft! " Anstatt sich darauf zu konzentrieren, die Schüler zu bestrafen, indem wir ihnen die Pausenzeit wegnehmen, konzentrieren wir uns darauf, dass sie die Erwartungen und den kausalen Zusammenhang zwischen ihren Handlungen und der Gelegenheit verstehen.

Es ist wichtig zu betonen, dass je mehr dieser allgemeine Ansatz modelliert und geübt wird, desto mehr Kinder das Vertrauen bekommen, dass die Erwachsenen um sie herum ihnen klare und korrekte Informationen geben. Indem sie diese Konsistenz sehen und fühlen, lernen sie, sich auf die Muster um sie herum zu verlassen und haben weniger Motivation, in jeder Situation zu protestieren. Helfen Sie dem Kind, über die natürlichen Konsequenzen verschiedener Entscheidungen nachzudenken. Passen Sie sich dem Alter Ihres Kindes an, wann immer dies möglich ist, und helfen Sie Ihrem Kind, die Konsequenzen ausgewählter Handlungen aktiv und auf eine Weise zu durchdenken, die es verstehen kann. Denken Sie daran, dass ein Kind, das hungrig, müde oder überfordert ist, nicht in der Lage sein wird, effektiv zu denken. In diesem Fall sollten Sie, je nach Alter Ihres Kindes, die Situation später ansprechen, um dem Kind zu helfen, zu verstehen. Zum Beispiel, wenn Ihr älteres Kind an einem Schultag einfach länger aufbleiben muss. Anstatt ein hartes und schnelles "Nein" auszusprechen, könnten Sie nachfragen: "Wie wirst du dich fühlen, wenn du lange aufbleibst und früh wieder aufwachst? Wirst du dich erschöpft fühlen? Glaubst du, dass es sich gut anfühlt, in der Schule erschöpft zu sein?" Die Absicht ist, den Wunsch des Kindes zu bestätigen, indem man ihn ernst nimmt und mit ihm über das Szenario nachdenkt.

Maximale Freiheit für eine Reihe von Entscheidungen zulassen. Je nach Reifegrad kann ein Kind mehr oder weniger geneigt sein, solche Entscheidungen zu treffen. Oft erfordert das Treffen einer rationalen Entscheidung das Bewusstsein einer komplizierten Reihe von Umständen oder eine Belohnung, die zu vage oder zeitlich zu weit entfernt ist. Wenn Sie in diesen Fällen Entscheidungen treffen wollen, könnte das Kind durch die Auswirkungen seiner Entscheidung entmutigt oder durch den Versuch, zwischen zu vielen Optionen zu wählen, überfordert sein. Um Ihrem Kind zu helfen, die Fähigkeit zu entwickeln, Entscheidungen zu treffen, beginnen Sie damit, die Situation so weit wie möglich zu vereinfachen und bieten Sie Optionen an, die komplexer sind, wenn Ihr Kind älter wird und Vertrauen in seine Fähigkeit, Entscheidungen zu treffen, entwickelt. Indem Sie die Optionen vereinfachen, verstärken Sie das Bedürfnis Ihres Kindes, eine authentische Kontrollerfahrung zu machen, und stellen gleichzeitig sicher, dass das Ergebnis für Ihr Kind vorteilhaft oder zumindest nicht schädlich ist.

Wenn Sie wissen, dass Ihr Kind nicht in der Lage ist, in einer Situation eine informierte Wahl zu treffen, vermeiden Sie es, die Wahl anzubieten. Lassen Sie das Kind stattdessen klar wissen, was passieren wird, trösten Sie es, wenn es aufgebracht ist, und lenken Sie seine Aufmerksamkeit auf den Bereich, in dem es eine Wahl hat. Mit der Zeit wird der natürliche Entwicklungsprozess Ihres Kindes dazu führen, dass die Anzahl und die Art der Wahlmöglichkeiten, die es hat, zunimmt. Unabhängig vom Alter des Kindes besteht die grundlegende Methode darin, den Umfang der Wahlmöglichkeiten entsprechend dem Alter und den Fähigkeiten des Kindes zu begrenzen. Auf der Grundlage dieses Prinzips wird das Montessori-Klassenzimmer für jede Altersstufe gestaltet. Die Materialien in den Regalen sind spezifisch und begrenzt, und die Aufgabe des Lehrers ist es, die Schüler in die Klassenzimmer oder Arbeitsbereiche zu leiten, in denen sie frei handeln können. Im Elementarbereich können die Kinder aus einem viel breiteren Spektrum an Arbeiten wählen, darunter auch solche, die im Klassenzimmer nicht vertreten sind, wie z.B. große Forschungsprojekte oder gemeinschaftsbezogene Wohltätigkeits- oder unternehmerische Projekte.

Emotionen bei einem Kind validieren.

Ein Kind kann zum Beispiel auch versuchen, eine Aktivität zu wählen, die nicht akzeptabel ist. Ein Kind im Vorschulalter versteht nicht immer, warum es manche Entscheidungen treffen darf, andere aber nicht. Warum darf es wählen, was es zum Abendessen gibt, aber nicht, wann es zu Abend isst? Warum darf es sich aussuchen, was es zur Schule anzieht, aber nicht, ob es erst zur Schule gehen muss? Indem Sie als Erwachsener seine Gefühle anerkennen, können Sie dem Kind helfen, sich in diesen frustrierenden Momenten zu beherrschen. "Heute wolltest du nur deine Socken anziehen! Du bist nicht in Schuhlaune! Du bist deprimiert und wütend darüber." Geben Sie Ihrem Kind Zeit, die Traurigkeit zu fühlen, und versuchen Sie, einen Streit oder ein Gespräch zu verschieben, nachdem das ursprüngliche Gefühl abgeklungen ist.

Ihre größte Unterstützung als Elternteil ist die eigene Fähigkeit des Kindes, sich zu erheben, zu wissen, seine eigenen Emotionen zu beherrschen und seinen eigenen Charakter aufzubauen. Sie können ihr bei ihrer eigenen Suche nach innerer Disziplin helfen, indem Sie sie ruhig halten und Ihr Kind und seine Wünsche respektieren. Indem Sie klare Erwartungen setzen und das aktive Denken und Reflektieren Ihres Kindes unterstützen, können Sie das Gefühl der persönlichen Autonomie fördern, das es auf natürliche Weise anstrebt, während es seinen eigenen einzigartigen Weg zu körperlicher, emotionaler und intellektueller Unabhängigkeit verfolgt.

Kinder, die in glücklichen Familien aufwachsen, sind oft wohlhabend. Wenn Eltern sich auf die Bedürfnisse ihres Kindes konzentrieren, zeigen, dass sie ihr Kind lieben und wertschätzen und sich bemühen, ein gutes Vorbild zu sein, setzen sie positive Erziehungsmethoden ein. Positive Erziehung hilft Kindern effektiv dabei, eine stabile Beziehung zwischen Eltern und Kind zu entwickeln, und nährt laut der Website Parenting-Healthy-Children.com eine Ebene des Selbstwertgefühls

Selbsteinfühlung

KidsHealth.org weist darauf hin, wie wichtig das Selbstwertgefühl für ein Kind ist, da es sein Schutzschild ist, um die Kämpfe des Lebens zu meistern. Sie helfen ihm, ein gutes Selbstwertgefühl aufzubauen, indem Sie Ihrem Kind für seine Leistungen danken - nicht nur für das Ergebnis - und ihm helfen, Enttäuschungen zu überwinden. Denken Sie auch daran, dass die Verhaltensweisen Ihres Kindes einen Einfluss haben. Verwandeln Sie Ihre eigenen Fähigkeiten und Unzulänglichkeiten in eine optimistische, rationale Mentalität, die Ihr Kind nachahmen kann, während es wächst und sich entwickelt. In ihrem Buch "Positive Disziplin" teilt die Autorin und Familienberaterin Dr. Jane Nelson ihre Überzeugung, dass ein Kind fähig und verantwortungsbewusst wird, wenn man es auf eine Art und Weise diszipliniert, die es Kindern ermöglicht, Verantwortung in direktem Zusammenhang mit ihren Privilegien zu erfahren. Nelson befürwortet einen autoritativen Erziehungsstil, bei dem Eltern und Kinder gemeinsam Regeln zum gegenseitigen Nutzen aufstellen. Bei diesem Erziehungsstil ist der Elternteil freundlich und respektvoll, aber dennoch fest, wenn es um die Disziplinierung geht, was auch eine gesunde Bindung zwischen Eltern und Kind fördert.

Die American Academy of Pediatrics (Amerikanische Akademie für Kinderheilkunde) drängt Eltern dazu, jeden Tag Zeit mit ihren Kindern zu verbringen. Ihr Kind braucht Aufmerksamkeit und agiert möglicherweise so, dass es Sie auf sich aufmerksam macht, wenn es diese nicht hat. Indem Sie gemeinsame Mahlzeiten als Familie einnehmen und Zeit damit verbringen, gemeinsam Bücher zu lesen oder Brettspiele zu spielen, ermöglichen Sie Ihrem Kind eine positive Verbindung zu Ihnen. Diese Konzentration und Aufmerksamkeit erleichtert es Ihrem Kind, zufrieden zu sein, was auch zur Bildung positiver Gewohnheiten und eines gesunden Sicherheitsgefühls führt. Sie bieten ihm die Möglichkeit, Beziehungen aufzubauen, indem Sie Spielverabredungen abhalten und Ausflüge für Ihr Kind und seine Klassenkameraden arrangieren, so dass Sie ein gesundes soziales Wachstum fördern. Es beginnt, den Wert von Freundschaft zu verstehen, und es lernt wichtige soziale Fähigkeiten wie Teilen und Abwechseln. Wenn er eine Meinungsverschiedenheit mit seinen Freunden hat, hilft Ihr Eingreifen, ihn auf eine positive Weise zu trainieren, Konflikte zu lösen, ohne auf aggressives Verhalten zurückzugreifen.

Ersetzen der Strafe

In der Positiven Disziplin ist kein Platz für Strafen. Warum eigentlich? Wofür? Wofür? Hunderte von Forschungsstudien haben gezeigt, dass Strafe nicht der effektivste Weg ist, um positive Ergebnisse zu lehren.

Stattdessen regt sie auf, lässt andere sich schrecklich fühlen und nutzt Angst als Motivator.

Warum greifen dann viele Mütter zu Zwangsmaßnahmen oder Misshandlungen? Es. Es. Einfach. Ganz einfach. Sie glauben, dass es funktioniert und dass sie "etwas tun", anstatt ihren Kindern zu erlauben, mit ihrem Fehlverhalten "durchzukommen". Bestrafung ist ein Ventil für ihren Zorn und ihre Frustration. Andere verwenden Bestrafung, weil sie durch Erfahrungen konditioniert sind und ihnen das Wissen und die Fähigkeiten fehlen, andere Methoden anzuwenden. Sie akzeptieren, dass Schläge, Drohungen oder der Entzug von Privilegien die einzige Möglichkeit sind, wie Kinder lernen können. Man sagt ihnen, dass sie die Erziehung kompensieren müssen.

Eltern verwenden auch Bestrafung, da sie ihnen das Gefühl gibt, die Kontrolle zu haben - vor allem, wenn die Bestrafung das Problem schnell beendet. Sie wollen nicht nachgiebig sein und haben das Gefühl, dass die einzige Lösung Vergeltung ist. Wenn diese Eltern zurücktreten, um einen unvoreingenommenen Blick zu werfen, stellen sie fest, dass sie für dasselbe Verhalten immer wieder missbrauchen. Das ist ein starkes Indiz dafür, dass Rache langfristig nicht erfolgreich ist. Wenn diese Definition für Sie zutrifft, wird es Sie freuen zu erfahren, dass Sie in diesem Buch andere mitfühlende Erziehungsformen kennen lernen, die weder zwanghaft noch freizügig sind. Außerdem verwenden viele Eltern Vergeltung, da der menschliche Instinkt darin besteht, den geringsten Weg des Widerstands zu gehen. Es ist fast unmöglich, den etablierten Trend zu brechen, solange Sie nichts Neues haben, um ihn zu ersetzen. Versuchen Sie, für immer mit dem Rauchen aufzuhören oder Gewicht zu verlieren. Eine Leere wird im Bewusstsein der Menschen verabscheut. Etwas

Neues anzufangen ist besser, als etwas Gewohntes abzuschaffen und dann durch nichts zu ersetzen. Mit Ärger und negativer Energieabgabe kann man sehr wenig konstruktives Lernen betreiben. Manchmal, wenn die Kinder denken, dass Sie sich über sie aufregen, verhalten sie sich schlechter. Disziplin muss einfühlsam und fürsorglich (gleichzeitig mitfühlend und fest) sein, wenn sie wirksam sein soll. Obwohl es gut ist, Ihr Kind davon zu überzeugen, dass Sie über eine bestimmte Handlung verärgert sind, ist es kontraproduktiv, aus Frust eine Strafe zu schreien. Es gibt einen spürbaren Unterschied zwischen den beiden.

Wir werden in diesem Buch weitere Möglichkeiten anbieten, wie man Disziplin mit Chancen zum Lernen und zur Wertschätzung verbinden kann. Gute Disziplinierungsstrategien beruhen darauf, Kinder daran zu erinnern, dass ihre Handlungen Auswirkungen auf andere haben, so dass ein Erwachsener sie davon abhalten kann, wenn sie anderen schaden. Sie erkennen, dass eine bestimmte Einstellung zu einer Situation kein Grund ist, die Diskussion über zwischenmenschliche Bedürfnisse einzustellen. Hier gibt es nur ein paar Fälle.

- Bespritzen Sie Ihr Kind mit seinem Saft. Bestrafende Eltern würden anfangen zu schreien, zu schlagen oder den Saft wütend wegzunehmen, aber Sie werden ein Kleidungsstück für sich und eines für Ihr Kind nehmen und sagen: "Macht es gemeinsam sauber."
- Das Kind ist sehr hart im Umgang mit dem Hund. Die strafenden Eltern schimpfen, weinen, nörgeln, sticheln und schreien. Sie unterbrechen die beiden und erinnern sie daran: "Wenn ihr leichter spielen könnt, könnt ihr es später wieder versuchen."

- Grob gesagt, spielt Ihr Kind mit einem Spielzeug. Bestrafende Eltern verwenden emotionale Manipulation, um zu sagen: "Du bist so ein Kind. Du bist selbstsüchtig, du bist zu müde" und denken, dass die Drohungen ihre Kinder dazu inspirieren würden, sich besser zu verhalten. Sie nehmen jedoch das Set, legen es in eine sichere Position und sagen: "Sag mir Bescheid, wenn du es wieder versuchen kannst und ruhiger spielen kannst." "Ich bin bereit" und spielt weiter grob, legen Sie das Spielzeug weg und sagen: "Ich sage Ihnen Bescheid, wenn ich bereit bin, es noch einmal zu versuchen."

- Sie machen eine Aufgabe einfach nicht. Bestrafende Eltern nehmen das Privileg weg, und die Hausarbeit bleibt trotzdem unerledigt. Wie auch immer, Sie sehen Ihr Kind; stellen Blickkontakt her und sagen: "Zeit, die Arbeit zu beenden." Wenn Ihr Kind antwortet: "Heute", überlegen Sie: "Ich erwarte, dass du dein Versprechen einhältst, jetzt ist der Moment, die Arbeit zu erledigen."

- Ein kleines Kind greift Sie an. Die strafenden Eltern haben Sie wieder geohrfeigt, geschrien oder beschimpft. Sie ergreifen die Hand Ihres Kindes, decken sich freundlich damit zu und sagen: "Decken, schützen, beschützen. Sei sanft dazu.

Sie werden feststellen, dass Eltern, die Konstruktive Verstärkung anwenden, Probleme nicht vernachlässigen. Die Eltern sind wirklich daran beteiligt, dass ihr Kind lernt, mit Situationen leichter umzugehen, während sie ruhig, angenehm und unterstützend für das Kind und sich selbst bleiben.

Die Temperamente Belohnungen

Lassen Sie uns ein paar Beispiele untersuchen, wie dieselbe Belohnung je nach Temperament Ihres Kindes unterschiedlich kommuniziert werden kann. Bei einem eher aufgeschlossenen Jungen konzentrieren Sie sich darauf, wie er sich fühlen soll, während Sie ihm die Belohnung erklären. "Wenn du jetzt zum Beispiel mit mir kooperierst, dann habe ich später mehr Zeit, um etwas Besonderes zu machen. Wir könnten eine lustige Zeit im Garten verbringen und Blumen für Mami pflücken. Mutti liebt Rosen. Wir könnten einen ganzen Strauß machen. " Konzentrieren Sie sich bei einem aktiven Kind mehr auf die Details der Handlung, wenn Sie eine Belohnung beschreiben. "Wenn du jetzt mit mir zusammenarbeitest, dann habe ich später mehr Zeit, um etwas Besonderes zu machen. Wir sollten zum Spielen in den Garten gehen und Mami einen Blumenstrauß pflücken. Wir können sogar die Leiter rausbringen und die Blüten vom Baum pflücken. " Konzentrieren Sie sich mehr auf die sensorischen Details und erzählen Sie eine Geschichte mit einem ansprechbaren Kind, wenn Sie die Belohnung beschreiben. "Wenn du jetzt zum Beispiel mit mir kooperierst, dann habe ich später mehr Zeit, etwas Besonderes zu machen. Wir sollten raus in den Garten gehen und Mamas schöne Blumen sammeln. Wir dürfen einen Blumenstrauß in rot, grün und rosa machen. Ich garantiere, dass wir auch ein paar Schmetterlinge sehen werden. Wenn Ihre Mutter die frischen Rosen sieht, wird sie mit einem breiten Grinsen aufleuchten. " Konzentrieren Sie sich vor allem auf die Gangart eines ansprechbaren Kindes, während Sie den Anreiz erklären. Sagen Sie zum Beispiel: "Wenn du jetzt mit mir arbeitest, dann habe ich später mehr Zeit, um etwas Besonderes zu machen. Wenn wir nach der Schule nach Hause kommen, können wir im Garten Blumen für Mami pflücken. Ich brauche jetzt deine Unterstützung, und dann haben wir später Zeit, im Garten Blumen zu pflücken. " Auch wenn Sie den Anreiz für Ihr spezifisches Kind in verschiedenen Formen präsentieren, wird es Ihr Kind besser ermutigen, wenn Sie den Anreiz einfach ausdrücken. Die klare Botschaft, die Sie vermitteln, ist, dass die Zeit für Sie später mehr Energie für mich jetzt bedeutet. Du hilfst mir jetzt und ich werde dir in letzter Zeit mehr geben.

Hier ist eine Beispiel-Belohnungsliste. Nehmen Sie sich ein paar Minuten Zeit, um zu überlegen, wie Sie diese Belohnungen auf eine Weise vermitteln, die für Ihre Kinder am besten funktioniert. Berücksichtigen Sie dabei ihr Temperament. Sprechen Sie außerdem darüber, ob Sie Anreize einsetzen wollen und welche Anreize Ihrer Meinung nach gut zu Ihrer Familie passen.

- Wenn Sie jetzt aufhören zu reden, können wir zusammen mit dem Hund spazieren gehen. Wenn du jetzt in dein Auto steigst, spiele ich später mit dir Fangen.
- Wenn du jetzt mit mir zusammenarbeitest, werde ich später etwas Besonderes für dich tun. Wenn du jetzt deine Hausaufgaben machst, können wir später eine Teeparty machen.
- Wenn Sie Ihr Gemüse essen, gibt es heute Abend ein Dessert.
- Wenn Sie jetzt zum Abendessen kommen, dann können wir nach dem Essen Lieder singen.
- Sie können Ihr Spiel später üben, wenn Sie jetzt hierher kommen.
- Wenn Sie jetzt kooperieren und Ihr Spielzeug einsammeln, habe ich Zeit zum Kartenspielen.
- Wenn du mir jetzt hilfst, deine Spielsachen aufzuräumen, dann habe ich Zeit für dich, um ein Spiel zu spielen.

- Jetzt, wo wir aufräumen, können wir ein Kunstprojekt machen. Wenn Sie heute Abend Ihre Schulsachen aussuchen, dann haben wir noch Platz für Frühstückswaffeln.
- Wenn du jetzt gut angezogen bist, können wir sehr früh zurückkommen. Wenn du dich jetzt anziehst, dann können wir gleich nach der Schule Leckereien besorgen.

Wenn Ihre Kinder sich weigern, geben Sie ihnen etwas, anstatt sie zu verwerfen. Geben Sie ihnen mehr Unterstützung, damit sie ihre innere Bereitschaft zur Kooperation wieder spüren. Nutzen Sie die Möglichkeit, sie mehr zu ermutigen, statt Schmerzen als Abschreckung einzusetzen.

Lernen Sie, wie man Spiele spielt

Spielen ist ein wichtiger Teil des Lebens von Kindern, während sie aufwachsen. Es bietet ihnen die Möglichkeit, mit neuen Fähigkeiten und Ideen zu experimentieren, Gesehenes nachzuahmen, ihre Gefühle zu verarbeiten und zu lernen, wie man Freundschaften schließt und in einer sozialen Gruppe ist. Das Spielen mit Ihrem Kind ist immer ein notwendiger Teil Ihrer Aufgabe als Mutter. Es braucht Sie, um zu beobachten und von Ihnen zu lernen, um zu sehen, was sicher ist, und um zu helfen, wenn es alleine nicht zurechtkommt. Es mag verlockend sein, Ihr Kind allein spielen zu lassen, während Sie sich um die Liste der zu erledigenden Aufgaben kümmern; aber Sie werden feststellen, dass Sie ständig unterbrochen werden, dass es Hilfe braucht oder dass es zu Ihnen kommt und unter Ihren Füßen spielt, um mit Ihnen in Kontakt zu bleiben. Nutzen Sie die Gelegenheit, jeden Tag die Zeit zu finden, um mit Ihrem Kind zu spielen, wenn sie sich bietet. Wenn dies Ihr erstes Kind ist, haben Sie vielleicht vergessen, wie man spielt, also beobachten Sie und bauen Sie allmählich Vertrauen auf, während Ihr Kind Sie in seine Aktivität einbezieht.

Spielen ist eine Zeit des Lernens, aber versuchen Sie nicht immer, es in Unterricht zu verwandeln. Ich habe so viele Eltern gesehen, die sich hinsetzen, um mit ihren Kindern zu spielen, nur um sie mit einer Reihe von Fragen zu bombardieren. 'Welche Farbe hat dieses Auto? 'Es gibt so viele Autos? 'Lass uns die Autos zählen.' 'Wie heißt das? 'Welche Farbe hat ihre Kleidung?' Ihr Kind möchte spielen, ohne Fragen zu beantworten, die in seinen Augen für das Spiel irrelevant sind. Wenn Sie es nicht gewohnt sind, mit Vorschulkindern zu spielen, ist es auch sehr einfach, das Spiel zu übernehmen. Sie könnten versucht sein, alle roten Autos zu sortieren und zu kategorisieren, wenn alles, was Ihr Kind tun möchte, ist, sie auf dem Boden herumzuschieben und dabei "Brum Brum"-Geräusche zu machen. Nachdem Sie ihm anfangs gezeigt haben, wie man es ausrollt, übernehmen Sie vielleicht die Playdoh-Knete, aber dann stellen Sie fest, dass Sie es eher tun als er. Sie beginnen, alle Puppen anzuziehen, während Ihr Kind damit beschäftigt ist, sie alle auszuziehen. Sie hören sich selbst sagen: "Ich zeige dir, wie das geht", "Nein, das geht so", "Das geht so nicht". Achten Sie darauf, wie Sie spielen, und versuchen Sie, Ihr Kind zu beobachten; reflektieren Sie, was es tut, und gehen Sie darauf ein, wie es auf Sie zugeht. Manchmal verwickeln Sie sich so sehr in das Spiel, dass Sie vergessen, was Ihr Kind spielt. Sie stellen fest, dass Sie nicht wollen, dass er mit dem Zug spielt, während Sie alles zusammenbauen, weil Sie mit ihm spielen wollen. Wenn Sie 28 als ein gutes Elternteil betrachten, wo Ihr Kind wegzudriften scheint oder sich mit jemand anderem beschäftigt, wenn Sie mit ihm interagieren, dann sprechen Sie darüber, was Sie tun und wie er in die Übung einbezogen wird. Wenn Sie Schwierigkeiten haben, Ihren Vorschüler zu managen, dann ist das Spielen eine ausgezeichnete Möglichkeit, seine positive Seite zu fördern, seine Kooperation zu verbessern, um zu tun, was ihm gesagt wird, und die Beziehung zu ihm zu verbessern. Wenn Ihr Vorschulkind nur noch aggressive Spiele spielen will, kann das manchmal beunruhigend sein. Er fängt an, Sie damit jedes Mal zu erschießen, wenn er ein Spielzeug aufhebt, oder er schlägt bei einem gemeinsamen Kampf auf Spielzeug ein. Sie können sich unsicher fühlen, wie Sie damit am besten umgehen.

Unterstützung von Wachstum und Exploration

Es kann ein ungeheures Gefühl der Freude und Aufregung sein, Ihr Kind wachsen und sich entwickeln zu sehen. Sie lernen schnell, dass Ihr Kind kein unbeschriebenes Blatt ist, auf das Sie Ihre Hoffnungen und Wünsche für die Zukunft schreiben. Es ist ein Individuum mit eigenen Bedürfnissen, zu wachsen und zu lernen, zu forschen und zu entdecken. Es will die Erfahrungen der Welt in sich aufnehmen und braucht Sie, um das Wachstum und die Erkundung zu modulieren, zu schützen und zu unterstützen 31 und ihm zu helfen, mit dem, was passiert, fertig zu werden. Er lernt in einem enormen Tempo, denkt aber ganz anders als Sie. Viele Eltern sagen: "Es wird einfacher sein, wenn er sprechen kann und ich mit ihm argumentieren kann", aber in Wahrheit wird Ihr Kind, wenn es tun will, was es tun will, kein noch so gutes Argument es aufhalten. Machen Sie sich also keine falschen Hoffnungen, dass es einfacher werden wird. Er wird trotzdem nicht auf Sie hören. Sie haben es mit Willenskraft und einem berauschenden Gefühl des Erfolgs und der Macht zu tun, wenn er seinen eigenen Weg geht.

Das Erkunden und Ausprobieren der Umwelt ist eine wichtige Art des Lernens für Kinder. Manchmal machen sie dabei Fehler und geraten in Schwierigkeiten; aber es ist eine Möglichkeit für sie, die Regeln und Erwartungen unserer komplexen Erwachsenenwelt zu verstehen. Wie oft haben Sie sich schon geärgert, weil die "Erkundung" Ihres Kindes schief gegangen ist? Ist das die Schuld von irgendjemandem? Als Eltern lernen wir durch Versuch und Irrtum, die Filzstifte nicht wegzulegen, wenn wir nicht in der Nähe sind, damit die Tapete nicht als Zeichenblock benutzt wird. Wir lernen, den Fernseher außerhalb der Reichweite kleiner Finger zu stellen, damit die spannende Lektion von Ursache und Wirkung nicht dadurch gelernt wird, dass unser Zweijähriger den Fernseher immer wieder an- und ausschaltet. Wir lernen, Schlösser an den Küchenschränken anzubringen, damit nicht alle Töpfe und Pfannen auf dem Boden verteilt sind. Hoffentlich lernen wir als erfahrene und intelligente Erwachsene, Ereignisse vorauszusehen, damit Katastrophen, die das Wachstum und die Erforschung 33 unterstützen, vermieden werden. Aber tun wir das? Werden wir tatsächlich zu Reaktoren auf das Verhalten unseres Kindes, die darauf warten, dass es etwas tut, was wir dann zu verhindern versuchen? Manchmal werden unsere Kinder schneller erwachsen, als wir es bemerken, und sie sind schon auf die nächste Stufe der Erkundung übergegangen, während wir noch mit der früheren Stufe zurechtkommen. Wir wollen unsere Kinder dazu ermutigen, forschend zu sein, Fragen zu stellen und zu verstehen, was um sie herum geschieht, denn das ist ein Zeichen von Intelligenz. Wir möchten jedoch, dass sie zu unseren Bedingungen und innerhalb unserer Regeln forschen. Wenn sie Omas Ornamente nicht von ihrem niedrigen Regal aufheben dürfen, würden Sie dann sagen: "Tu das nicht, du wirst sie fallen lassen und kaputt machen", oder würden Sie sagen: "Sei vorsichtig, benutze zwei Hände und lege sie dann vorsichtig ab. Soll ich dir helfen?' Es gibt einen großen Unterschied zwischen diesen beiden Ansätzen. Die eine regelt das Verhalten und versucht, es zu stoppen, während sie dem Kind die Schuld gibt und ein Problem vorwegnimmt. Der andere hilft dem Kind, sicher zu erkunden, mit positiven Anweisungen, wie es vorsichtig sein soll. Das Hilfsangebot soll Ihr eigenes Gefühl der Angst lindern, ohne das Kind zu verärgern. In einem Fall hat das Kind gelernt, sich nicht zu benehmen, d.h. wenn es etwas anfasst, wird es es fallen lassen und kaputt machen; im anderen Fall hat das Kind eine Bewältigungsstrategie gelernt, d.h. zwei Hände zu benutzen und es sanft zu ersetzen. Wenn dieses Kind wieder zu Oma geht, welche Herangehensweise wird es Ihrer Meinung nach davon abhalten, die Ornamente erneut zu berühren, diejenige, die es gestoppt und seine Erkundung vereitelt hat, oder diejenige, die seinen Erkundungswunsch befriedigt hat? Ein weiterer großer Unterschied in diesen Ansätzen ist die Beteiligung des Elternteils. Bei der ersten Lösung kann der Elternteil aus der Ferne schreien und braucht sich nicht zu bewegen, solange das Kind nicht gehorcht, während bei der zweiten Lösung der Elternteil viel mehr in die Überlegungen einbezogen ist, wie er dem Kind in dieser Situation am besten helfen kann. Es findet eine Problemlösung statt und der Elternteil hat herausgefunden, was ein sicherer Weg für das Kind ist, um zu erkunden. Normalerweise geht ein Elternteil in dieser Situation zum Kind hinüber, um eine Katastrophe zu verhindern und ihm zu helfen oder ihm zu zeigen, wie man es sicher hält. Die Gemüter erhitzen sich viel leichter und schneller, wenn eine Anweisung ignoriert wird. Einem Kind zu sagen, dass es aufhören soll, etwas zu tun, hinterlässt eine Lücke, wenn das Kind nichts zu tun hat. Wenn man dem Kind jedoch eine positive Aussage darüber macht, wie es das tun soll, oder vielleicht etwas anderes zu tun, füllt man die Lücke und lenkt das Kind in ein akzeptables Verhalten.

Die Bedeutung der Hausordnung

Es gibt mehrere Gründe, Familienregeln zu haben und sich darüber im Klaren zu sein. Erstens helfen Familienregeln Kindern zu lernen, welche ihrer Verhaltensweisen sie für angemessen halten. Tatsächlich ist das Vorhandensein von Familienregeln wahrscheinlich der wichtigste Weg, wie Eltern ihren Kindern beibringen, welches Verhalten angemessen ist. Wenn Eltern sich über Familienregeln im Klaren sind, ist den Kindern in den Augen ihrer Eltern klar, welche ihrer Verhaltensweisen angemessen sind. Ein weiterer wichtiger Faktor, Familienregeln zu haben, ist, dass sie Kindern helfen zu wissen, was von ihnen erwartet wird. Sie fühlen sich sicherer, wenn Kinder wissen, was zu erwarten ist. So können Familienregeln ein Gefühl der Sicherheit für Kinder vermitteln. Ein dritter guter Grund ist, dass sie Regeln nutzen können, um Probleme zu vermeiden. Eine kleine Erinnerung an die Regel kann Konflikte und Spannungen verhindern, wenn Kinder die Regeln kennen und motiviert sind, sie zu befolgen, und wenn Sie sehen, dass Ihr Kind im Begriff ist, eine Regel zu brechen.

Ein Kind zum Beispiel über das Gesetz des Stehens auf der Couch zu informieren ("Erinnerst du dich an das Gesetz über die Couch? Wir sitzen auf der Couch; wir rennen oder springen nicht darauf") wird einen aggressiven Kampf oder den Drang, eine härtere Strafe anzuwenden, vermeiden. Wenn diese Art der präventiven Erinnerung funktionieren soll, müssen Ihre Kinder natürlich motiviert sein, die Regeln zu befolgen. Es gibt viele Möglichkeiten, wie Kinder motiviert werden können, z. B. indem man sie lobt und ermutigt, wenn sie die Regeln befolgen, oder indem man sicherstellt, dass sie die Gründe hinter den Regeln kennen. Kindern Erklärungen für Familiengesetze zu geben, was als "Appell an ihren Verstand und nicht an ihren Hintern" bezeichnet werden kann, ist eine Methode, die manchmal ignoriert wird und die es verdient, täglich angewendet zu werden. Die Gründe, die Sie Ihren Kindern in diesem Beispiel geben könnten, nicht auf die Couch zu springen, sind, dass das Springen die Couch kaputt machen oder abnutzen kann, und dass es die Couch alt und ramponiert aussehen lässt. Alle wollen ein Haus, auf das sie stolz sein können.

Eine weitere Erklärung für Gesetze, die das Zuhause regeln, ist, dass sie helfen, das Familienleben zu strukturieren. Sie helfen dabei, dass jeder im Haus weiß, was er zu tun hat und wann er sich in irgendeiner Weise verhalten soll. Wenn zum Beispiel jeder die Regeln für die morgendliche Zeit kennt und sich für die Schule fertig macht, sind die Dinge, die am Morgen erledigt werden müssen, leichter zu erledigen. Eine weitere wichtige Erklärung für Familiengesetze ist es, Kindern das Gefühl zu geben, dass sie vertrauenswürdig sind, während sie aufwachsen. Wenn Sie zum Beispiel Richtlinien für den Umgang mit dem Familieneigentum besprechen, wie z. B. den Umgang mit dem CD-Player der Familie, sagen Sie Ihren Kindern nicht nur, was vernünftige und richtige Handlungen in Bezug auf dieses wertvolle Familieneigentum sind, sondern zeigen Ihren Kindern auch, dass Sie ihnen vertrauen, dass sie sich dem CD-Player gegenüber richtig verhalten.

Ein anderes Beispiel ist, wenn Sie Ihrem Kind eine Hausarbeit erklären, z. B. warum und wie man den Müll wegbringt. Hier lassen Sie Ihr

Kind erkennen, dass es reif genug ist, weitere Verantwortung für die Hausarbeit zu übernehmen. In der Lage zu sein, mehr Verantwortung zu übernehmen, ist ein Zeichen dafür, dass das Kind wächst und reift. Ein weiterer sehr wichtiger Grund dafür, Familienregeln zu haben, ist, dass sie ein Gefühl von Familienzusammenhalt, Zusammenarbeit und Stolz fördern. Solche Gefühle helfen, die Familien zusammenzuhalten. Solange Kinder nicht in der Lage sind, die Gründe für Familienregeln und deren Wichtigkeit zu lernen und zu schätzen, ist es sehr wahrscheinlich, dass sie die Regeln regelmäßig brechen. Sie sollten eigentlich schon früh in der Entwicklung eines jeden Kindes eine Menge regelwidriges Verhalten erwarten. Denken Sie daran, dass die Kinder nicht auf die Welt kommen und wissen, was richtig und falsch ist. Wie Sie reagieren, wenn Kinder sich nicht an die Regeln halten, ist entscheidend, und einige ausgezeichnete Beispiele wurden bereits genannt. Hier finden Sie etwas mehr Details zu zwei der oben genannten Methoden.

Verwendung von Mild Social Disagreement

Dies ist eine Methode, bei der klare Anweisungen mit fester Stimme gegeben werden. Sie ist ein schneller und einfacher Weg, den Handlungen Ihres Kindes Grenzen zu setzen, und ihre Anwendung verhindert eine Menge Verschleiß bei den Beteiligten. Wie die Kunst des effektiven Lobes besteht sie aus sieben grundlegenden Komponenten, die jeweils zur Gesamtwirksamkeit Ihrer Erziehung beitragen:

a. Beobachten Sie Ihr Kind
b. Platzieren Sie Ihr Kind in der Nähe
c. einen missbilligenden Gesichtsausdruck haben

d. Geben Sie einen kurzen Befehl oder eine Anweisung (weniger als drei Sätze)
e. Behalten Sie Ihre Stimme bei niedriger Intensität bei
f. Eine Geste machen, die auf Missbilligung schließen lässt
g. Sofort in Aktion treten.

Milde soziale Missbilligung muss ihrer Natur nach ruhig, sanft und schnell eingesetzt werden, um so effektiv wie möglich zu sein. Sie soll Verhaltensweisen korrigieren, die gegen die Regeln verstoßen, bevor sie aus dem Ruder laufen. Verwenden Sie milde soziale Missbilligung, um die Dinge sofort unter Kontrolle zu halten, wenn Sie erkennen, dass regelwidriges Verhalten (Fehlverhalten) im Begriff ist, zu beginnen. Typischerweise nimmt Fehlverhalten an Intensität zu und gewinnt an Stärke und Energie, während es wächst. Ein Hauch von mäßiger sozialer Zurückweisung zu einem frühen Zeitpunkt wird später eine Reihe von Kopfschmerzen verhindern. Hier ein Beispiel: Ihre 3-jährigen Zwillinge John und Mary spielen friedlich auf dem Wohnzimmerboden mit ihren Bauklötzen. Sie werden schnell feststellen, dass John sehr genervt von Mary ist, weil sie die Bausteine nicht teilen will. Kurz darauf beginnt John, Mary anzuschreien und schnappt sich alle Klötze, die er in die Finger bekommt. Mary gefällt der Angriff auf John nicht, also verstopft sie ihn mit einem der Blöcke. Jetzt geht der Kampf los und Sie haben die Aufgabe, die beiden schreienden Kinder zu trennen. Sie sind alle heiß und gereizt, also werden Sie es wahrscheinlich auch sein, bis Sie die Sache wieder geradebiegen können. Diese ganze Szene hätte jedoch vermieden werden können, indem man einfach mit einer gut getimten, milden sozialen Missbilligung Grenzen gesetzt hätte, gerade als der Topf anfing zu kochen. Ein Elternteil, der den Ärger spürte, sobald die Kinder begannen, sich gegenseitig wegen der Blöcke zu quälen, und schnell mit etwas milder sozialer Kritik reagierte, hätte vielleicht viel unnötiges Leid für sich und seine Familie vermieden. Auf Mary zuzugehen, ihr direkt in die Augen zu schauen, einen Finger zu erheben und zu sagen: "Mary, bitte teile diese Klötze mit John", hätte wahrscheinlich ausgereicht, um das darauf folgende wilde Gerangel zu verhindern. Seien Sie also schnell mit milder Sozialkritik. Wenn Sie aufkeimenden Ärger riechen können, reagieren Sie sofort. Das frühzeitige Erkennen von Problemzuständen erfordert zwar einige praktische Erfahrung, aber als Lehrer sind Sie in dieser Hinsicht möglicherweise noch sehr erfahren.

Promptes Lob zurückbringen

Wenn Sie nun mäßige Gesellschaftskritik verwendet haben, haben Sie nur die Hälfte der Forschung abgeschlossen, die erforderlich ist, um diesen Ansatz so erfolgreich wie möglich zu machen. Milde Sozialkritik an sich zeigt Ihnen, was das Kind nicht tun will. Damit werden nur die Münzen "nicht anfassen" angesprochen. Ein effektives Lob ist ein besseres Mittel, um einem Kind ein respektvolleres Verhalten beizubringen. Es ist auch wichtig, dass Sie jeden Fall von milder Sozialkritik mit einer starken Dosis von Bestätigung überdecken, sobald Ihr Kind beginnt, sich angemessen zu verhalten. Dies kann anfangs schwierig sein, da die meisten Eltern einfach nicht daran gewöhnt sind, ihre Kinder so bald nach einem Fehlverhalten zu loben. Das ist auch der beste Ansatz, um das Kind über konstruktivere therapeutische Alternativen zu erziehen. Tun Sie also Ihr Bestes, um die Kette der Kritik durch Ermutigung zu ersetzen, bis Ihr Kind beginnt, sich richtiger zu verhalten. Wenn die Kinder Regelverstöße begehen, gibt es noch weitere Techniken, die man anwenden kann, darunter auch Strategien, die auf große Verstöße ausgerichtet sind. Einige von ihnen wurden bereits genannt, wie z.B. die "Auszeit" oder der Entzug von Privilegien oder die Einführung von speziellen Belohnungsprogrammen, bei denen die Kinder nur dann Belohnungen erhalten, wenn sie Punkte für gutes Verhalten bekommen. Die Besonderheiten all dieser Fähigkeiten hier aufzuführen, würde den Rahmen dieses Kapitels sprengen. In Kapitel 6, in dem die Programme, in denen solche Fähigkeiten erlernt werden, detailliert beschrieben werden, können Sie auch erfahren, wo Sie einen Workshop oder ein Seminar besuchen können, um sie zu üben. Zum Abschluss dieses Abschnitts müssen wir jedoch noch eine weitere Führungsfähigkeit näher betrachten, die speziell für ältere Kinder und Jugendliche von Vorteil ist: das Kontrahieren.

Dies ist eine Methode, die angewendet werden sollte, wenn es legitime Meinungsverschiedenheiten gibt, z. B. über die Nutzung des Autos oder des Computers, die richtige Sperrstunde, die Frage, wer den Haushalt macht, oder die Höhe des Wochengeldes. Das Thema dieser Streitigkeiten ist jedoch nicht annähernd so relevant wie die Art und Weise, wie sie behandelt werden. Contracting ist eine effektive und gerechte Lösung, um familiäre Probleme zu bewältigen. Contracting ist einzigartig, weil niemand verliert. Wenn Familienmitglieder sich nicht einig sind, ist es nicht ungewöhnlich, dass der eine oder andere auf Kosten des anderen "gewinnt". Das Problem dabei ist natürlich, dass oft harte Gefühle als unerwünschtes Nebenprodukt auftauchen. Contracting ist eine gute Möglichkeit, diese harten Gefühle zu vermeiden.

Schauen wir uns ein Beispiel an und sehen wir, wie das passiert. Dieses Beispiel stammt von einer Familie mit einem 16-jährigen Jungen

(Donald), der offen zugab, dass seine Eltern ihn nicht ausstehen konnten. Seine Mutter, so behauptete er, war ein "Dämon" und sein Vater kam "nie von ihm los". Die beiden Eltern sahen das jedoch anders. Sie hielten ihren Sohn für "herrisch", "unreif" und "einfach nur gemein". Er sei "trotzig" und "unmöglich" in ihren Augen. Er war offensichtlich nicht daran interessiert, sich an die Gesetze zu halten, die seine Eltern von ihm verlangten, und er war in keiner Weise höflich, sie das wissen zu lassen. Die Eltern hörten dann von dem Contracting-Prozess, der vier wesentliche Schritte hat, und begannen, ihn anzuwenden:

Schritt eins: Die Liste der Wünsche

Die Liste der Wünsche ist genau das, was der Name andeutet. Es ist eine Liste mit den Verhaltensweisen, die Sie sich von anderen Familienmitgliedern wünschen. Vage Worte oder Ideale sind hier nicht von Vorteil, wie z. B. Dankbarkeit oder Freundlichkeit. Vielmehr wird die Wunschliste aus allgemeinen Verhaltensweisen bestehen. Zum Beispiel können Sie "Respekt" nicht einfach beobachten, denn das ist ein Wert und eine Einstellung. Sie können jedoch die Verhaltensweisen bemerken und sogar zählen, die zu einem "Wert" führen, z. B. "bitte" und "danke" sagen, keine Schimpfwörter verwenden, zuhören, wenn jemand anderes spricht usw. Donald und seine Eltern erstellten ihre eigenen Wunschlisten. Donalds Liste der Wünsche war:

a. Am Freitag- und Samstagabend möchte ich eines der Familienautos benutzen, ohne Fragen zu stellen.
b. Ich möchte meine Haare färben.
c. Ich möchte, dass Mom und Dad mich nicht nerven.

d. Ich bin gerne allein in meinem Bett, wenn ich einsam sein möchte.

e. Jedes Mal, wenn ich ihm widerspreche, möchte ich, dass Papa mich nicht anbrüllt.

Mit Ausnahme von Punkt Nummer 3 war Donalds Liste wirklich ziemlich spezifisch. "Abhören" klingt ein bisschen zu zweideutig, aber er hat wohl eher an das gedacht, was er tatsächlich gesagt hat. Abnerven war, wie sich herausstellte, nur Donalds Wort für "Kritik". Genauer gesagt hatte er das Gefühl, dass seine Eltern seine Schularbeiten, seine Freunde, seine Kleidung und seinen Musikgeschmack zu sehr kritisierten. Er änderte Element 3, um es mit dieser Klarstellung zu lesen: "Ich möchte, dass Mama und Papa es vermeiden, meine Schularbeiten, meine Freunde und meine Musik- und Kleidungswahl zu beurteilen." Werfen wir also einen Blick auf die Wunschliste seiner Mutter.

a. Wir wollen nicht mehr, dass Donald zurückspricht.

b. Wir wollen nicht noch mehr von Donalds Profanität in unserer Gegenwart.

c. Wir wollen Donald im Haushalt helfen

d. Wir wollen, dass Donald seine Musik nicht mehr so laut spielt

Auch dies war eine sehr präzise und geradlinige Wunschliste, obwohl ihr Punkt 3 etwas vage war, genau wie bei Donalds Liste. Was würde Donald denn tun, das als "Hilfe im Haushalt" gelten könnte? Die Eltern überlegten dann genauer und kamen überein, dass sie zufrieden wären, wenn Donald beim Abwasch helfen, jeden Tag sein Bett machen und einmal in der Woche den Rasen mähen würde, also änderten sie Punkt 3, um diese spezifischen Aufgaben aufzunehmen.

Wie aus der Zusammenstellung dieser Listen ersichtlich sein sollte, sind die Probleme, die diese Familie mit Regeln und dem Umgang miteinander hat, viel handlicher geworden. Außerdem sind sie jetzt in der Lage, in die zweite Phase der Familien-Contracting-Methode überzugehen.

Schritt 2: Der Tausch

Der Austauschprozess ist einfach ein Verhaltenshandel, eine Art Vereinbarung: "Wenn du dies für mich tust, werde ich das für dich tun." Oft kann es sich um einen einfachen Eins-zu-Eins-Tausch im Verhalten handeln; bei anderen Gelegenheiten kann es sich um einen Zwei- oder Drei-zu-Eins-Tausch handeln. Alternativ können sich die Familienmitglieder auch einfach darauf einigen, sich an die Wunschlisten des anderen zu halten und hier und da nur kleine Änderungen vorzunehmen. Im Wesentlichen ist es das, was Donald und seine Eltern tun wollten. Alle Artikel schienen vernünftig zu sein; alle waren mit dem Tausch zufrieden, und das ist das Wichtigste. Sie gingen dann zügig zum nächsten Schritt über.

Stufe 3: Vertrag aufsetzen

Einen formellen Vertrag zwischen Familienmitgliedern zu schreiben, mag wie eine dumme Verschwendung von Zeit und Energie erscheinen, aber es ist wirklich eine gute Sache zu tun. Erstens: Wenn die Gesetze schriftlich festgehalten werden, sind alle sicher. Ein explizit definiertes Dokument nimmt einer oder beiden Seiten die Möglichkeit, schwache Ansprüche vorzubringen oder die Bestimmungen des Deals anzufechten. Im Vertrag ist alles schwarz auf weiß festgehalten. Zweitens hat ein schriftlicher Vertrag etwas an sich, das ihm mehr Bestimmtheit verleiht als eine einfache, mündliche

Vereinbarung. Die eigene Unterschrift auf einem unterschriebenen Vertrag vermittelt tendenziell ein stärkeres Verantwortungsgefühl, wenn es darum geht, sich an die Bestimmungen der Vereinbarung zu halten. Auf jeden Fall ist es einfach, einen Vertrag zu schreiben, und es erhöht die Wahrscheinlichkeit, dass sich alle Beteiligten an die Regeln halten. Deshalb schrieb Donald die vier Dinge auf, die er bereit war, für seine Eltern zu tun, und sie schrieben die fünf auf, die sie bereit waren zu tun. Dann verabredeten sie sich und unterzeichneten einen Vertrag mit der Familie. Nun sind diese Vereinbarungen nicht in Stein gemeißelt, sie werden und sollten also geändert werden, wenn Sie es wünschen. Daher gibt es noch eine weitere Phase.

Schritt 4: Vertragsänderung

Bei Donald und seinen Eltern lief alles gut, sie begannen, sich an den Vertrag zu halten, und sie fühlten sich alle besser in ihrem gemeinsamen Leben - bis auf eine Sache: die Haarfarbe, die Donald ursprünglich wollte. Er wollte seine Haare grün haben. Dies musste neu verhandelt werden, bis alle einverstanden waren. Der Weiße, Blondhaarige und seine Eltern waren sich in der Schattierung einig. Daraufhin wurde der Vertrag umgeschrieben und alle unterschrieben. Was schließlich mit Donald und seinen Eltern geschah, war, dass sie den Vertrag 3 Monate lang aufrecht erhielten und großen Erfolg hatten. Dann gaben sie ihn auf, weil sie merkten, dass das Einhalten der Vereinbarung für alle zur Routine geworden war und sie daher keinen Bedarf mehr an dem strukturierten Papier hatten. Diese Art von Ergebnis - dass eine neue und andere Herangehensweise nach einer gewissen Zeit der Anwendung zur Gewohnheit wird - ist normalerweise das, was die meisten Eltern berichten, die sich die Zeit und Mühe nehmen, diese Methode zu erlernen. Kurzum, die Arbeit lohnt sich in der Regel.

Umgang mit Fragen

Ein Teil des Drangs Ihres Kindes, die Welt zu erkunden, wird dazu führen, dass es unaufhörlich Fragen stellt, sobald es alt genug ist. Das kann Sie manchmal zur Verzweiflung treiben. Im Allgemeinen neigen Kinder jedoch dazu, nur dann wiederholt zu fragen, wenn sie die Antwort nicht verstanden haben. Achten Sie also darauf, wie Sie erklären, und Sie werden feststellen, dass die Häufigkeit des Fragenstellens abnimmt, wenn Ihr Kind zufrieden ist. Halten Sie Ihre Antworten einfach und innerhalb seiner Möglichkeiten, zu verstehen, was Sie sagen. Tappen Sie nicht in die Falle, mit einer komplexen Antwort zu beginnen, wenn eine einfache ausreicht.

Gutes Benehmen durchsetzen

Es scheint unglücklich zu sein, dass wir darauf eingestellt sind, die Schwierigkeiten und negativen Dinge, die passieren, zu bemerken. Schlechte Nachrichten sind einfach Nachrichten. Oft ist es so, dass wir unsere Kinder ignorieren, wenn sie ruhig sind oder sich gut benehmen, aber wir sagen ihnen plötzlich etwas, wenn sie anfangen, sich schlecht zu benehmen oder laut zu sein. Über ihr positives Verhalten wird fast gar nicht berichtet, aber auf ihr schlechtes Verhalten wird ziemlich heftig reagiert. Das hängt zum Teil mit unseren Lernmethoden zusammen. Wenn wir eine neue Fähigkeit erlernen, brauchen wir regelmäßiges und positives Feedback, damit wir unser Verhalten anpassen können, um genauer zu werden. Wenn wir die Fertigkeit jedoch einmal erlernt haben, brauchen wir nicht mehr dieses hohe Maß an Feedback, es reicht, wenn wir ab und zu einen positiven

Kommentar erhalten. Wenn wir der Lehrer sind, erwarten wir, dass unsere Lernenden kein so häufiges Feedback brauchen, sobald sie wissen, wie sie eine Aufgabe erledigen sollen. Dieses "intermittierende" oder unregelmäßige Feedback reicht im Allgemeinen aus, um den Lernenden glücklich zu machen. Kein Wunder, dass ich Eltern sagen höre: 'Er sollte sich benehmen können! ' Warum soll ich ihm sagen, dass es ihm gut geht, er weiß doch, dass er es können sollte? ' Wir gehen davon aus, dass unsere Kinder, wenn sie einmal gelernt haben, sich gut zu benehmen, dies auch weiterhin tun sollten. Wenn Sie sich jedoch an Ihre Schulzeit oder Ihre eigene Kindheit erinnern, haben Sie vielleicht sehr klare Erinnerungen an Lehrer, die Sie mochten, die Sie ermutigten und Ihnen sagten, wenn Sie gut waren, und an Lehrer, die kritisch waren und immer Ihre schlechten Seiten aufzugreifen schienen und Sie unglücklich machten. Das soll nicht heißen, dass wir Kinder nie beurteilen oder auf ein Problem hinweisen könnten, das angegangen werden muss, denn das ist Teil des Lernens, aber sie brauchen die konstruktive Verstärkung, um ihr Selbstwertgefühl zu erhalten und sich bewusst zu machen, wie gut sie sind. Ohne das Lob kann Kritik zu schlechter Motivation, Angst, Unruhe, Vermeidung und trotzigem Verhalten führen. Kleine Kinder sind stark auf die Zuneigung ihrer Eltern angewiesen und suchen sie möglicherweise, wenn sie nicht gegeben wird. Außerdem ist es klar, denn wenn sie nicht auf positives Verhalten achten, werden sie bald zu der Überzeugung gelangen, dass sie auf schlechtes Verhalten achten sollten, und es wird weiter wachsen. Sie sehen also, wie wichtig es ist, Ihrem Kind positives Feedback und Lob zu geben, wenn es leise oder konstruktiv spielt, brav am Tisch sitzt, seine Mahlzeit isst, kommt, wenn Sie es rufen oder das tut, was Sie von ihm verlangen. Sie ermutigen es und erinnern es daran, wie es sich gut verhalten soll, und erwarten nicht einfach, dass es das tut. Aufmunternde Bemerkungen, Ermutigung, Streicheleinheiten, Winken, Küsse, Ihrem Kumpel vor Ihrem Kind zeigen, wie toll er war, sind also wichtige Möglichkeiten, um die guten Zeiten aufrechtzuerhalten. Es würde die Aufmerksamkeit verlagern und Ihnen und dem Kind helfen, eine gesündere Partnerschaft aufzubauen, indem Sie sich auf die positiven Dinge konzentrieren und versuchen, das Negative zu vergessen.

Foster Bonding und Übernahme von Schichten

Teilen und Abwechseln sind Fähigkeiten, die sehr unterschiedlich sind. Die Neigung, bestimmte Gegenstände vorzuschlagen oder zu schicken, macht sich etwa im Alter von 8 Monaten bemerkbar (Hay et al., 1999). Junge Säuglinge können ihre Eltern oder Gleichaltrige bereitwillig von ihrem eigenen Löffel und ihrer eigenen Schale füttern. Im dritten Lebensjahr beginnen sie jedoch, sich des eigenen Besitzes besonders bewusst zu werden. Das mag anfangs komisch wirken, wenn er seine Süßigkeiten nicht teilt, sondern besitzergreifend die Tüte umarmt. Das kann zu Problemen führen, wenn es nicht kontrolliert wird. Außerdem scheint es so zu sein, dass unsere Kinder in jüngeren Jahren zum Teilen ermutigt werden und dennoch diese Fähigkeit zu fehlen scheint und sie neu erlernen müssen. Sie machen in ihrer Entwicklung einen Bewusstseinswandel in Bezug auf Besitz, werden sich der Wahl bewusst und entwickeln Vorlieben für das, was sie wollen. Die Kommunikation zu fördern, ist etwas, das Sie regelmäßig tun sollten, indem Sie es selbst tun und lernen, wie Sie mit Ihrem Kind teilen können. Sie können ihn daran erinnern, etwas zu tun, und wenn er dem nachkommt, sollten Sie ihn ergänzen, damit er weiß, dass es notwendig ist. Eine der vielen wichtigen Rollen, die ein

Elternteil spielen muss, ist es, seinem Kind das Teilen beizubringen. Es ist der Eckpfeiler des sozialen Lebens und notwendig für ein Kind, um in der Erziehung zu bestehen. Teilen ist eine Fähigkeit, die auf natürliche Weise erlernt wird. Denken Sie daran, wie oft Sie mit Ihrem Kleinkind etwas Essen von Ihrem Teller geteilt haben. Sie haben immer wieder Gelegenheiten, das Tauschen zu lehren, z. B. indem Sie Süßigkeiten mit Ihren Kindern teilen, anstatt ihnen eine eigene Tüte zu geben, oder indem Sie Ihrem Kind sagen, dass es jedem in der Familie ein Knusperstück aus seiner Packung geben soll. Manchmal haben wir das Gefühl, dass es einfacher ist, jedem Kind seine eigenen Spielsachen und Besitztümer zu geben, um die Anzahl der Streitereien zu reduzieren; aber manchmal ist es wichtig, darüber nachzudenken, ihnen beizubringen, einen Satz Buntstifte zu teilen, die Zeit am Computer zu teilen, einige Papiere und Farben zu teilen.

Teilen ist ein faszinierendes Talent, weil wir es für viel einfacher halten, uns mit denen zu verbinden, die wir bewundern, als mit jemandem, den wir nicht wollen. Dazu gehört auch, zu warten, bis man mit dem fertig ist, was die andere Person benutzen möchte. Es erfordert Selbstbeherrschung und die Fähigkeit, eine Pause in der Zeit und ein Gefühl der Enttäuschung zu akzeptieren. Kleine Kinder durchlaufen einen "egozentrischen" Prozess, bei dem sie glauben, dass sich das gesamte Universum um sie und ihre Wünsche dreht. Sie finden es fast unmöglich, zu warten, und haben keine wirkliche Vorstellung davon, sich zu drehen. Das Erlernen des Wartens ist eine Fähigkeit, die in Stufen und auf einfache Weise vermittelt werden kann. Der erste Schritt ist, Ihr Kind zunächst eine kurze Zeit warten zu lassen. Bei einem 2-Jährigen reicht eine halbe Minute und dann sollte er für das friedliche Warten gelobt werden. Je nach Alter und

Entwicklung Ihres Kindes können Sie die Zeitspanne schrittweise steigern. Denken Sie aber daran, dass Sie beim geduldigen Warten immer eine positive Rückmeldung geben. Probleme entstehen, weil das Kind nicht begreift, was Sie sagen, weil Sie gerade dabei sind, aufzuräumen, "warte mal", und es braucht Sie, um ihm eine Geschichte vorzulesen. Kleinkinder sind darauf ausgelegt, unsere Aktivitäten zu unterbrechen und sie haben kein Konzept, dass sie unterbrechen, sie denken nur an ihre Bedürfnisse. Sie werden Sie an den Beinen packen oder schubsen und sich an Ihre Kleidung hängen, um das zu bekommen, was sie wollen, und dabei ständig quengeln und fordern. Ihr Kind hat keine Ahnung, was "eine Minute" ist, und das ist nicht das, was Sie eigentlich meinen. Es ist viel einfacher, praktisch zu sein und zu sagen: "Ich lese dir eine Geschichte vor, wenn ich mit dem Abwasch fertig bin. Ob er sich auf einen Stuhl stellen und Ihnen zusehen muss, wie Sie fertig werden, sollten Sie ihn vielleicht fragen. Bei vielen Brett- und Kartenspielen im Vorschulalter geht es darum, sich gegenseitig abzuwechseln, und diese bieten eine hervorragende Möglichkeit, Ihrem Kind das Eins-zu-Eins-Spielen beizubringen. Warten Sie darauf, dass eine andere Person an der Reihe ist, so oft, wie es anfangs schaffen kann, also beginnen Sie nicht mit Spielen, bei denen vier Personen spielen müssen.

4.4 Tipps und Techniken für das Töpfchentraining

Mädchen müssen sich nur zum Pinkeln oder Kacken auf das Töpfchen setzen. Jungen müssen zum Kacken sitzen, aber wenn sie pinkeln, stehen die meisten auf. Aufgrund dieser leichten biologischen Ungleichheit kann es einfacher sein, Ihr männliches Kind zu motivieren und zu unterstützen, das Töpfchen zu benutzen! Hier sind einige Ideen, über die Sie vielleicht nachdenken möchten:

- Schießen oder auf etwas zielen zeigt Wirkung. Wenn ein kleiner Junge beginnt, im Stehen zu urinieren, machen Sie sich bereit, um die Toilette herum und auf dem Sitz zu wischen - und zwar oft!
- Bringen Sie dem Jungen bei, wie er mit seinem Penis nach unten zielen kann, um eine Überschwemmung im Sitzen oder Stehen zu verhindern.
- Zeigen Sie dem Jungen, wie er genau zielen kann, indem Sie ihn Gegenstände fallen lassen, die im Pool schweben. Es kann eine Ecke eines Briefumschlags oder ein Streifen Toilettenpapier sein, aber wir finden, dass schwimmende Cheerios oder Froot Loops noch mehr Spaß machen und auf die Öffnung zielen
- Entfernen Sie das Wasser aus der Toilettenschüssel und markieren Sie mit einem Fingernagellack oder rotem Fettmarker eine rote Zielscheibe auf der Porzellanrückseite. Lassen Sie ihn ins Schwarze treffen.
- Das Urinieren von Darmwasser in die "blaue" Toilette wird diese grün färben. (Das passt auch für Kinder, obwohl es schwieriger zu sehen ist.) Sie können bei dieser Methode sogar färbende Lebensmittel verwenden. Rote oder blaue Lebensmittelfarbe verwandelt sich orange oder grün, wenn die Flüssigkeit sie bespritzt. Das kann ein Riesenspaß werden, wenn Ihr Kind mit seinen Körperflüssigkeiten Zaubertricks macht!
- Lassen Sie einen Jungen sein Ziel in der Sommerzeit und der Sicherheit eines Hinterhofs oder eines Waldes üben. - Lassen Sie die Söhne und Väter eine "Pinkelparty" veranstalten.
- Lassen Sie einen Jungen im Winter "in den Schnee schreiben".

- Wenn ein Kind versucht, aufzustehen, aber etwas größer ist, bleiben Sie hinter ihm und lassen Sie es auf Ihrem Fuß balancieren.
- Achten Sie darauf, dass der Toilettensitz in dieser Anfangsphase nicht auf ein Kleinkind fallen kann. Lassen Sie Ihr Kind prüfen, ob der Sitz bis zum Urinieren fest aufliegt.
- Fangen Sie jetzt an, Ihrem Sohn beizubringen, dass er den Toilettenrand abstellen muss, wenn er fertig ist.

Schließlich haben wir noch einige allgemeine Tipps, die in keine bestimmte Kategorie passen. Nun, wenn wir uns wiederholen, tut es uns leid, aber Töpfchentraining ist eine ernste Angelegenheit, also wiederholen sie sich!

Allgemein

Hier sind einige Ideen und Gedanken, die in diese allgemeine Kategorie der Vermischung fallen. Hier finden Sie eine Fülle von Informationen. Beobachten Sie, wann die Toilettensitze anfangen zu kippen. Manche Sitze neigen dazu, schnell zu kippen, wenn sie aufrecht stehen. Wenn der Sitz kippt oder manuell gestützt werden muss, wechseln Sie ihn aus. Der Sitz muss oben bleiben, damit er nicht herunterfällt und den Penis eines Jungen trifft, wenn er im Stehen uriniert. Wenn Ihr Kind gerne das Toilettenpapier abrollt, sollten Sie Folgendes beachten. Drücken Sie die Rolle zusammen, bis Sie eine frische Rolle auf die Rolle legen, so dass das Innere der Papprolle nicht mehr fest ist. Auf diese Weise lässt es sich nicht mehr so leicht abrollen. Oft wird es für die Kleinen, die gerade aufs Töpfchen gehen, nicht zu viel Papier pro Zug auf das Blatt bekommen.

Spielen Sie Töpfchen, als ein Kuscheltier oder eine Puppe in der Schule ist. Verwenden Sie die zukünftige Unterwäsche, die Ihr Kind an dem Tier haben wird. Da die Unterwäsche durch ist, würde es einfacher sein, dem Kind zu zeigen, wie man die Hose runter und hoch zieht. Spielen Sie mit Ihrem Bruder, und stellen Sie sich vor. Sie sind die Mutter eines Tieres. Füttern Sie die Katze, lassen Sie sie zum Töpfchen sprinten, ziehen Sie die Hose runter, setzen Sie sich hin, lesen Sie ihr vielleicht ein Buch vor, bedanken Sie sich für den Versuch, schrubben Sie, ziehen Sie die Schuhe hoch, spülen Sie und waschen Sie das Gesicht. Spielen Sie es noch einmal vor. Lassen Sie Ihr Kind Mutter sein und nehmen Sie das Tier, wenn nötig, mit, um Korrekturen durch die Schritte anzubieten. Achten Sie genau auf die Begriffe, die Ihr Kind hier verwendet. Die gleichen Begriffe sollten Sie auch später verwenden, wenn Sie wieder die echte Mama sind! Wiederholen Sie. Sich hier mit exzessiven Wiederholungen Zeit zu lassen, kann Sie langweilen, gibt Ihrem Kind aber eine gute Anleitung. Damit es noch mehr Spaß macht, führen Sie hier einige lustige Lieder und Tänze ein! Versuchen Sie, eine Puppe zu verwenden, die nass wird. Dies ist ein Tipp, der von dem bekannten Psychologen Dr. Phil vorgeschlagen wird. Dr. Phil schlägt vor, eine anatomisch passende Puppe zu haben, die nässt, damit Sie dem Kind veranschaulichen können, wie man aufs Töpfchen geht. Vielleicht sollten Sie damit beginnen, kotige Windeln im Badezimmer zu entleeren, anstatt sie nur wegzuwerfen. Dadurch bringen Sie Ihrem Kind bei, dass die Fäkalien dorthin gehören und dass es weniger geneigt ist, sie beim Toilettengang loszulassen. Denken Sie daran, dass die Psyche eines Menschen unglaublich kompliziert ist. Es ist nicht fair, von einem Kind zu erwarten, dass es eine begrenzte Anzahl von Gefühlen hat, nur weil es von geringer Statur ist.

Halten Sie Ausschau nach jemandem, mit dem Sie sich anlegen können. Durch das Spielen mit Wahrnehmungen und Annahmen können Geschwister ein Kind aus der Fassung bringen; Gleichaltrige oder sogar Lehrer können das Falsche tun. Zeichnen Sie ein Bild von Ihrem Kind im Badezimmer. Bitten Sie um Klarheit über etwas, das Sie nicht verstehen. Vielleicht erhalten Sie Hinweise auf Sorgen oder Ängste, die das Kind verdrängt hat. Vermeiden Sie in diesem Zyklus unbedingt die Verwendung von Klimmzügen oder Windeln. Das Wegwerfen der Windeln kann helfen, mehr aus dem zu machen, was Sie für ein effektives Töpfchentraining wissen. Ihr Kind wird wissen, wenn Sie eine große Produktion daraus machen, dass es an der Zeit ist, diesen Teil seines Lebens loszulassen. Wenn Sie Klimmzüge verwenden, sieht es so aus, als würde Ihr Kind eine Windel tragen. Sie erlauben ihm gewissermaßen, den Pull-up als Windel zu benutzen und hineinzunässen. Ihr Kind muss lernen, wie es sich anfühlt, eine nasse Hose zu haben. Auf diese Weise wird es lernen. Wippen Sie nicht wochen- und monatelang zwischen Windeln und Klimmzügen und Hosen hin und her. Für Kleinkinder ist das sehr verwirrend und zerstört ihr Selbstwertgefühl. (Es ist in Ordnung, für ein paar Wochen nachts Klimmzüge zu benutzen, während Ihr Baby an seiner Körperbeherrschung arbeitet, aber benutzen Sie sie nicht tagsüber). Wenn Ihr Baby 5 Minuten lang ergebnislos auf dem Topf gesessen hat, geben Sie es auf. Versuchen Sie es zu einem anderen Zeitpunkt erneut. Wenn Sie Ihr Kind so lange dort sitzen lassen, ist das genug Zeit, um zu sehen, ob es seinen Kot ausscheiden kann oder nicht. Wenn Sie das Kind länger auf dem Topf sitzen lassen, führt das nur zu Frustration und Langeweile!

Eine weitere Idee für das Töpfchentraining ist es, dafür zu sorgen, dass Ihr Kind Kleidung hat, die es schnell an- und ausziehen kann. Obwohl es für eine Mutter einfach sein mag, ihrem Kind diese süßen Shorts anzuziehen, kann es sein, dass die Shorts für Ihr Kind einfach zu schwer herunterzuziehen sind. Versuchen Sie, die Dinge so zu betrachten, wie es Ihr Baby tun würde: Das ist der beste Tipp, den Sie zum Töpfchentraining finden können. Wenn Sie beim Kauf von Trainingshosen Baumwolle auswählen, lassen Sie Ihr Kind seine/ihre Lieblingssachen auswählen (Rugrats, Superman, Barbie, etc.). Trainingshosen aus Baumwolle können Ihrem Kind helfen, die Wärme zu spüren und schneller zu lernen. Der Nachteil ist, dass sie einfach unordentlicher sind! Einweg-Trainingshosen sind leicht zu reinigen und gehen, aber wenn Ihr Kind die Unannehmlichkeiten der Nässe nicht spürt, kann es länger dauern, bis es trainiert. Wenn Sie Baumwolle kaufen, sollten Sie mehr als eine Dreierpackung kaufen. Sie werden diese schnell verbrauchen und wollen genügend davon in Ihrer Wickeltasche und Kommode haben. Das Toilettentraining kann chaotisch werden, also bereiten Sie sich vor und rechnen Sie damit, dass viele Fehler gemacht werden. Ihr Kind lernt gerade eine sehr schwierige Fähigkeit. Bereinigen Sie alle Unfälle, ohne wütend oder entrüstet zu sein. Seien Sie nicht zu streng. Machen Sie eine große Sache daraus, die letzte Rutsche zu benutzen, oder lassen Sie Ihr Kind Ihnen helfen, die Rutschen in den Mülleimer zu werfen. Kaufen Sie jetzt gemeinsam neue Unterwäsche ein! Ziehen Sie Ihrem Kind Kleidung an, die es leicht an- und ausziehen kann. Bedrohen Sie Ihr Kind nicht, indem Sie es in verschmutzten oder feuchten Windeln halten.

Frühling und Sommer sind eine gute Gelegenheit für das Toilettentraining. Lassen Sie Ihr Kind ohne Windel gehen und beobachten Sie, wie es seine Körperfunktionen wahrnimmt. Wenn sie sehen können, woher was kommt, bekommen sie ein klareres Gefühl dafür, was sie tun werden! Achten Sie darauf, dass Ihr Kind viel frisches Obst, Gemüse und Saft auf dem Speiseplan hat. Diesen Aspekt können wir nicht stark genug betonen: Lassen Sie Ihr Kind nicht gegen seinen Willen auf der Toilette sitzen. Achten Sie darauf, dass die Garderobe Ihres Kindes an das Töpfchentraining angepasst ist. Anders ausgedrückt: Vermeiden Sie Overalls und Hemden, die im Schritt einschnüren. Einfache Kleidung ist in dieser Phase notwendig, und Kinder müssen sich selbst ausziehen können, wenn sie aufs Töpfchen gehen. Achten Sie darauf, dass alle Bezugspersonen Ihres Kindes den gleichen Zeitplan einhalten, den Sie aufgestellt haben. Lassen Sie sie sehen, was Sie tun und wie Sie eventuelle Herausforderungen bewältigen. Wenn Ihr Kind bei ihnen ist, bitten Sie sie, dieselben Techniken anzuwenden, damit Ihr Kind nicht verwirrt wird. Denken Sie nicht, dass das Toilettentraining unmöglich ist, nur weil Ihr Kind in einer Kindertagesstätte ist. Studien haben gezeigt, dass Sie beim gemeinsamen Töpfchentraining erfolgreich sein können, solange Sie in ständigem Kontakt mit Ihrer Tagesmutter bezüglich Ihrer Vorgehensweise stehen! Wenn Sie sie auf dem Laufenden darüber halten, was Sie tun, um Ihrem Kind beim Toilettentraining zu helfen, können sie die gleichen Abläufe viel einfacher durchführen, während sie bei Ihnen sind und alles verstärken, worauf Sie sich konzentriert haben! Lassen Sie sich nicht von den negativen Assoziationen anstecken, die viele Erwachsene über den menschlichen Körper haben. Das Toilettentraining ist Teil eines lebenslangen Lernprozesses über den Körper und seine Funktionen. Die Einstellung der Erwachsenen zu den Genitalien und der natürliche Prozess des Toilettentrainings haben einen erheblichen Einfluss auf die sich entwickelnden Gefühle des Kindes zu seinem Körper und die Übernahme von Verantwortung für körperliche Bedürfnisse. Stellen Sie sicher, dass ein Elternteil oder ein vertrauenswürdiger Erwachsener das Kind bei der Benutzung der Toilette beobachtet hat. Beantworten Sie Fragen in einer entspannten Art und Weise.

Ruhig und positiv durchgeführtes Toilettentraining ist eine wichtige Unterstützung für die Wertschätzung der menschlichen Sexualität während des gesamten Lebens. Kleine Kinder empfinden das Vergnügen, zu urinieren oder Stuhlgang zu haben. Sie möchten vielleicht mit ihrem Urin oder mit ihren Fäkalien spielen. Sie möchten vielleicht auch in die Genitalien ihres eigenen oder anderer Kinder schauen, wenn sie die Toilette benutzen. Dies ist ein experimentelles Verhalten, das normal ist. Das Lehren von korrekten Namen für Körperteile und Körperfunktionen ist ein guter Zeitpunkt. Ziel ist es, Kindern beizubringen, dass alle Körperteile gut sind und dass Körperfunktionen natürlich sind. Einige der besten Ratschläge kommen von Menschen, die dabei waren und das getan haben.

Sauberkeitstugenden lehren - Wie man den Hintern putzt

Da ihnen erklärt wird, wie man das Töpfchen benutzt, erkennen Mädchen früh, warum sie sich selbst waschen müssen, und wenn es ihre eigene Pflicht ist, ihren Po zu reinigen, sind sie noch sehr kompetent. Jungen haben in der Regel ihre Mütter oder Väter, die für sie putzen. Sie rufen "Mommmmmy!", sie übernehmen die Rolle, wenn sie bereit sind, und das war's. Sie können nur nicht den Anschein erwecken, ihren rechten Rücken zu beugen, um ihre Hand richtig zu waschen. Selbst wenn sie Toilettenpapier oder Feuchttücher benutzen, kommen sie nicht wirklich dazu, etwas abzuwischen. Jungen putzen sich gerne den Po und versuchen, ihn abzuwaschen, aber sie können sich nicht einmal ansatzweise hoch genug strecken, um ihn herauszubekommen. Wir hatten sogar Zweijährige, die besser wischen konnten als Vierjährige! Sie sollten Ihrem Kind zeigen, was es bei der Körperpflege tun will, wenn es das Töpfchen benutzt, und auch wissen, wie man es sauber macht. Die Verhaltensweisen, die sie jetzt anlegt, sollten ein Leben lang halten, daher ist es wichtig, diesen Zyklus von Anfang an zu beginnen. Schon während es lernt, das Töpfchen zu benutzen, können Sie damit beginnen, ihm beizubringen, wie man sich die Hände wäscht, Pipi und Kacka die Toilette hinunterspült und Spritzer rund um den Topf abwischt. Sie werden kleinen Jungen helfen wollen, ihren Urinstrahl zu lenken, damit sie nicht die Wände oder den Boden bespritzen. Juckende Hintern, der Preis dafür, nicht sauber zu bleiben. Stinkende Hintern machen keinen Spaß. Noch wichtiger ist, dass Ihr Kind weiß, dass es krank werden kann, wenn es beim Wischen eine Sauerei macht und sich danach nicht gut die Hände wäscht.

"Kein Kacka irgendwo anders als" Bedeutung im Töpfchen stärken. Sie sollten auch wissen, dass sie baden müssen, wenn sie Kacka auf ihren Körper bekommen. Wenn ein Kind versucht, mit den Händen hineinzugreifen und Kackreste zu schaufeln, liegt das einfach an seiner Neugierde. Das kann unangenehm sein, aber Kleinkinder versuchen nicht, Sie zu ärgern. Bestrafung macht es nicht besser, denn Sie müssen nicht unbedingt sagen, dass Sie sich darüber freuen. Sie sollten das unterbinden, ohne ihn zu irritieren, indem Sie einfach sagen: "Das ist nichts, womit man spielen kann." Waschen Sie also seine Hände mit Wasser und Seife und achten Sie darauf, dass Sie auch unter seinen Fingernägeln sauber machen. Wenn Kacke auf andere Oberflächen als das Töpfchen gelangt, reichen in der Regel heißes Wasser und normale Haushaltsreiniger aus, um Kinderbettchen, Wände und andere Möbel zu reinigen. Ab wann können Kinder lernen, wie man wischt? Wenn Ihr Kind sich weit genug zurückziehen kann, ist es an der Zeit, dass es das tut. Vor allem im Alter von 3 Jahren sollten sie damit beginnen können, es alleine zu tun. In den meisten unserer Kindertagesstätten und Vorschulen wird inzwischen erwartet, dass sie mit 4 Jahren schon gründlich aufs Töpfchen gehen und lernen, wie man aufräumt.

Richtige Methodik

Erklären Sie, was zu tun ist, ziehen Sie Tücher heraus; wischen Sie hin und her, um Infektionen zu vermeiden. Am Anfang müssen Sie Ihrem Kind den Po abwischen, bis es lernt, es selbst zu tun. Bringen Sie dem Mädchen bei, die Vagina, Harnröhre oder Blase vorsichtig von vorne nach hinten abzuwischen, um zu verhindern, dass es Keime aus dem Enddarm mitbringt. Wenn dies für sie zu kompliziert ist, bringen Sie ihr nach dem Pinkeln einfach bei, sich selbst trocken zu tupfen. Bringen Sie ihr bei, wie sie das Tuch testen kann, also wischen Sie noch einmal, wenn es nicht klar ist. Bringen Sie dem Kind bei, die gleiche Stelle nicht mehr als einmal mit Toilettenpapier zu reinigen, sonst verschmiert es am Ende den ganzen Hintern mit Durchfall. Wenn Sie Toilettenpapier verwenden, bringen Sie dem Kind bei, wie es ein anderes Quadrat des Toilettenpapiers verwenden kann, um mit frischen Quadraten weiterzuwischen, bis kein Fleck mehr vorhanden ist.

Nassspülbare Pads

Sie werden damit beworben, dass sie viel besser zu gebrauchen sind, da sie klebrig sind und die Kinder sich unbedingt den Hintern abwaschen müssen. Doch ein Ratschlag eines Kunden, dessen Familie ein Sanitärgeschäft betreibt: "Spülbare Tücher können niemals ausgespült werden. Sie schmelzen nicht wie Klopapier und Klempner haben schon mehr Toiletten entstopft, als ihnen lieb ist, darüber nachzudenken. Stellen Sie einen gefütterten Mülleimer neben dem Töpfchen bereit, indem Sie spülbare Tücher verwenden, um sicher zu sein, dass sie dort hingeworfen werden. Mehr als ein paar hundert Dollar zu verschwenden, um die Toilette für Sie durch einen anderen zu öffnen. Also sind spülbare Tücher doch nicht so 'spülbar'. (Siehe vorheriges Kapitel über Alternativen zu spülbaren Tüchern)

Papier für das Bad

Arten von Toilettenpapier zur Verfügung sind -post-Verbraucher umweltfreundliche Art, die etwas rau auf empfindliche Bereiche ist - basic Tissue -soft Tissue w / Aloe und vet. E -dickes, starkes Toilettenpapier, das jetzt leicht erhältlich ist, aber es ist immer noch die beste Praxis, Toilettenpapier in einem ausgekleideten Mülleimer zu entsorgen, nicht in der Schüssel, wo der Abfluss verstopft werden kann. Bringen Sie Ihrem Kind bei, den Stuhlgang anschließend aufzuwischen. Toilettenpapier eignet sich hervorragend zum Reinigen und entlastet den Druck beim Waschen. Ein weiches Papiertuch reicht aus, denn es ist umständlich, Ihrem Kind beizubringen, wie man mit dickem Toilettenpapier wischt. Es könnte damit enden, dass es die Toilette anhält, wenn es eine gute Arbeit macht und viel davon verbraucht.

Spülen lernen

Das Spülen der Toilette nach dem Hineinkippen des Töpfcheninhalts ist ein notwendiger Schritt, den Ihr Kind lernen muss. Einige Kinder haben Angst vor dem lauten Geräusch und wollen nicht in den Vorgang involviert werden, während andere es nicht erwarten können, den magischen Knopf zu drücken, der das Papier und die Kacke wegbringt. Alle Eltern können ihre Wasserrechnung geringfügig höher sehen, wenn sie ihr Kind beim Spülen zum Vergnügen erwischen. Vergewissern Sie sich immer, dass Sie einen Toilettendeckel mit Sicherheitsschloss haben, damit Puppen, Handys und andere einfache Dinge, die im Haus verstreut sind und nicht für den Badespaß gedacht sind, nicht umkippen.

Lernen, die Hände zu reinigen

Entwickeln Sie bei Ihrem Kind die Gewohnheit, nicht aus dem Bad zu kommen, ohne sich die Hände zu waschen. Eine Möglichkeit, Ihr Kind zum Händewaschen zu motivieren, ist, es mit lustigen Seifen zu tun, besonders mit solchen, die viel Schaum machen. Mädchen wollen luxuriöse Handtücher und bunte Seifen. Um zu verhindern, dass Handtücher auf den Boden fallen, befestigen Sie das Handtuch an einer Stange oder einem Duschvorhang. Gute Hygiene beginnt mit einfachem Händewaschen. Die richtige Technik des Händewaschens hält nicht nur die Hände Ihres Kindes sauber, sondern hilft auch, die ganze Familie vor Krankheiten zu bewahren. Waschen Sie die Hände mit normaler Seife und Wasser oder verwenden Sie alkoholhaltige Reiniger, die nicht abgewaschen werden müssen. Bei bestimmten Viren und Mikroben sind solche Reiniger eine sichere Lösung zu Seife und Wasser und haben Feuchtigkeitsspender, die trockene Hände vermeiden und antibakteriell wirken. Sie sind perfekt für die Verwendung unterwegs in Bereichen wie dem Park, dem Lebensmittelladen, der Kirche und Restaurants, wo Wasser und Seife nicht ohne weiteres zugänglich sind. Wenn die Hände durch Körperflüssigkeiten wie Schweiß, Erbrochenes, Speichel, Schleim usw. infiziert oder verschmutzt sein könnten, ist die einzige Zeit Seife und Wasser gegenüber Reinigungsmitteln auf Alkoholbasis völlig vorzuziehen. In jedem Szenario braucht das Kind eine Dusche und ein Wasserbad. Bringen Sie Ihrem Kind von Anfang an bei, wie man sich die Hände richtig wäscht. Fünf Schritte zum richtigen Händewaschen:

- Befeuchten Sie Ihre Hände
- Seife auftragen (vorzugsweise einen Flüssig- oder Schaumreiniger über Stückseife)
- Reiben Sie Ihre Hände aneinander und erzeugen Sie dabei etwa 15 Sekunden lang Reibung zwischen Ihren Fingern
- Trocknen Sie Ihre Hände richtig mit coo
- Hände mit einem feuchten Handtuch abtrocknen

Stellen Sie einen zweiten kleineren Tritthocker für Ihr Kind vor das Waschbecken, um es beim Händewaschen zu unterstützen. Achten Sie darauf, dass die Seife und die Handtücher in Sichtweite des Kindes liegen, um den richtigen Gebrauch zu fördern. Es kann sein, dass Wasser herumspritzt, so dass ein kleines Aufwischhandtuch übrig bleibt, das die Kinder nach der Benutzung der Wanne benutzen können. Bitten Sie das Kind, ein Lied zu singen, das mindestens eine Minute dauern sollte, um Mikroben und Keime wegzuspülen, und achten Sie bei Verwendung einer dualen Warm-/Kaltwasserversorgung darauf, den Heizkörper auf eine ausreichende Temperatur einzustellen, um Verbrennungen zu vermeiden. Benutzen Sie sich selbst als Anleitung oder bringen Sie Ihrem Kind bei, einen Teddybären zu benutzen, um die richtigen Handlungen und Orte zu erreichen. In den ersten paar Tagen, in denen Ihr Sohn / Ihre Tochter Stuhlgang hat, müssen Sie Ihre Hand auf seine legen und ihm beibringen, wie man sich reinigt ... Danach, wenn alles in Ordnung zu sein scheint, sollten Sie regelmäßig seine Hose testen und sicherstellen, dass es keine Flecken gibt. Jedes Mal, wenn er sauber macht, können Sie ihm einen speziellen Aufkleber auf seine Töpfchenkarte kleben. Das können Blumen, Käfer, Flugzeuge, lustige Gesichter oder sogar halbe Aufkleber sein, wenn Ihr Kind der Typ ist, der darauf anspricht. Ziehen Sie in Erwägung, eine Digitalkamera zu benutzen, um einige Bilder von seinem Hintern zu machen, damit sie sehen können, was Sie denken, wenn eine weitere Reinigung notwendig ist. Für diejenigen, die glauben, dass sie ein realistischeres Beispiel brauchen, sollten Sie die Erdnussbutter auf einem Teller verwenden und lernen, wie man putzt. (Keine Sorge, Erdnussbutter wird immer noch gut schmecken?) Es gibt nämlich Kinder, die nicht wissen, wie man etwas abwischt; sie wissen nur, wie man schmiert. Ein Kind wird behaupten, dass es das nicht kann, aber es kann es, sogar 3-Jährige, wenn man es ihm nur oft genug auf seiner eigenen Seite demonstriert. Was einen effektiven Unterricht angeht:

- Beginnen Sie mit "Ich bin dran" - erklären Sie, was, wie und warum jeder Schritt, den Sie machen, gemacht wird;
- "Unser Zug" ist der nächste - weisen Sie ihn an, indem Sie sein Handgelenk halten und demonstrieren, was er tun wird;

- "Ihr Zug" ist der letzte Schritt, der ihm individuelles Üben mit Modifikation nach Bedarf ermöglicht. Sie müssen nicht alles in einer Sitzung machen.

Wenn er in den Kindergarten kommt, sollte er völlig unabhängig für seine Töpfchenbedürfnisse sein. Erzieherinnen haben keine Zeit, uns die Nase oder den Hintern abzuwischen, und sie werden auch nicht dafür bezahlt. Leider erwarten aber viele Eltern, dass sie dies tun. Alternativ dazu kann die Schule ein wirksamer Motivator sein. Wenn Sie Ihrem Kind klarmachen, dass die Lehrer ihm nicht den Hintern waschen würden, würde es das motivieren, sich anzubieten und zu wissen, wie man sich selbst reinigt. Die Arbeit mit anderen Kindern, die lernen, wie man das Töpfchen benutzt, sich schrubbt und einseift, kann ihn dazu anregen, das Gleiche zu tun. Diese Techniken helfen Ihrem Kind, seine Denkfähigkeiten weiter zu nutzen und danach zu streben, es selbständig zu handhaben. Lassen Sie die Tücher in Reichweite liegen, auch Handtuch, Seife und Desinfektionsmittel. Denken Sie daran, dass er ein großer Junge ist und Sie stolz auf ihn sind. Ermutigende Sätze können Ihr Kind so weit bringen, dass es sich leichter um sich selbst kümmern kann.

Fazit

Da Kinder die Fähigkeit, verantwortungsbewusste, fürsorgliche Erwachsene und Bewohner ihrer Gesellschaft zu werden, von den Personen erwerben, die am engsten mit ihnen verbunden sind, ist die Elternschaft die wichtigste und herausforderndste Rolle, die jeder von uns haben kann; sie erfährt jedoch wenig Ermutigung oder Wertschätzung in unserer Gemeinschaft. Für diese Aufgabe gibt es nur wenig formale Ausbildung und die Eltern sind oft isoliert und ohne adäquate Netzwerke der Unterstützung. Die Programme des Center for Parenting Education gehen auf diese Bedürfnisse der Eltern in unserer Gemeinde ein. Die Leute fragen sich oft, warum Eltern Erziehungskurse besuchen. Ist angeborene Elternschaft nicht gut? Studien haben gezeigt, dass die meisten Eltern in der Tat etwas Anleitung gebrauchen können, um die bestmögliche Arbeit bei der Erziehung ihrer Kinder zu leisten.

Eine gute Erziehung durch die Eltern ist für den akademischen Erfolg eines Kindes wichtiger als eine gute Schulbildung. Junge Menschen geben ihr Bestes bei den Hausaufgaben, wenn ihre Eltern ihnen helfen, sie können sogar die Wesentlichkeit von Bildung betonen und so Schulveranstaltungen besuchen. Einfach ausgedrückt: Eltern sind die größten Lehrmeister eines Kindes. Kinder lernen Moral, Manieren und Disziplin von zu Hause aus. Ihre gute Erziehung hilft ihnen, in der Zukunft erfolgreich zu sein.

Es macht den Kindern nichts aus, wenn sie unterstützende Eltern haben, die eine Schule mit schlechter Qualität besuchen. Tatsächlich erbringen sie die besten Leistungen, wenn ihre Eltern ein hohes Interesse an ihrer Bildung haben. Die entscheidende Tatsache ist, dass man soziale Mobilität nicht allein durch die Reparatur des Schulsystems erreichen kann. Es sind auch einige Initiativen erforderlich, die darauf abzielen, die Beteiligung der Eltern zu verbessern.

Kinder lernen in der frühen Kindheit eine weitere Fähigkeit zur Selbstfürsorge, die ihnen mehr Unabhängigkeit verleiht als jede andere Fähigkeit, die sie in dieser Lebensphase erlernen werden - das Toilettentraining. Es ist auch eine der Selbstversorgungsfähigkeiten, die von den Betreuern am meisten erwartet wird, da es eine große Erleichterung ist, die Windelpflicht hinter sich zu lassen. Das Toilettentraining ist überraschenderweise ein kontroverses Thema. Wie früh sollten Kinder lernen, ihre eigene Toilette zu benutzen? Welche Methode ist die beste? Sollten Eltern Trainingshosen (manchmal auch als "Klimmzüge" bezeichnet) verwenden oder einen kalten Entzug mit echter Unterwäsche machen? Wenn Sie auch ein Elternteil sind, das um die Antworten auf diese Fragen kämpft, ist dieses Buch genau das Richtige für Sie.

Töpfchen-Training in 2 Tagen ist nicht nur ein Handbuch für Sie, um die beste Methode für Ihr Kind zu wählen, sondern es wird Ihnen auch helfen, das Konzept in der Tiefe zu erfassen, von warum Sie es tun sollten, bis zu warum es für das psychologische Wohlbefinden Ihres Kindes wichtig ist, dieses Buch wird Sie über alles informieren, was Sie als neue Eltern wissen müssen. In diesem Buch lernen Sie, dass der Beginn des Toilettentrainings immer auf dem Entwicklungsstand des Kindes basieren sollte, und nicht auf dem Alter des Kindes. Mit dem Toilettentraining zu beginnen, bevor das Kind entwicklungsreif ist, kann Angst und Stress für das Kind und die Familie verursachen und die Zeit verlängern, die das Kind für das Training benötigt. Außerdem wird der Leser darüber informiert, wie normale Kinder die Aufgaben des Toilettentrainings in einer bestimmten Entwicklungsreihenfolge meistern, was den meisten Eltern nicht bewusst ist. Typischerweise lernen Kinder zuerst, die Warnsignale zu bemerken und rechtzeitig zu reagieren, um die Defäkation am Tag und dann die Defäkation in der Nacht zu meistern. Als Nächstes lernen Kinder typischerweise, wie sie auf die Signale ihres Körpers für das Urinieren am Tag reagieren können. Das nächtliche Urinieren ist für kleine Kinder am schwierigsten zu kontrollieren und dieser Schritt kann länger dauern als die anderens.

CPSIA information can be obtained
at www.ICGtesting.com
Printed in the USA
LVHW060919300321
682547LV00033B/414

9 781802 244892